便捷通关一本通

“关务通·监管通关系列”编委会◎编著

中国海关出版社

图书在版编目（CIP）数据

便捷通关一本通／“关务通·监管通关系列”编委会编著．—北京：中国海关出版社，2013．10

（关务通·监管通关系列）

ISBN 978-7-80165-984-2

Ⅰ．①便… Ⅱ．①关… Ⅲ．①海关-业务-中国 Ⅳ．①F752．5

中国版本图书馆 CIP 数据核字（2013）第 216644 号

便捷通关一本通

BIANJIE TONGGUAN YIBENTONG

作　　者：“关务通·监管通关系列”编委会
出 品 人：杨振庆
总 策 划：谭宁
策划团队：刘倩　赵中娜　钟刘　郭坤　马超
责任编辑：刘倩
责任监制：王岫岩
出版发行：中国海关出版社
社　　址：北京市朝阳区东四环南路甲 1 号　　邮政编码：100023
网　　址：www．hgcbs．com．cn；www．hgbookvip．com
编 辑 部：01065194259（电话）　　01065194234（传真）
发 行 部：01065194221/4238/4246（电话）　　01065194233（传真）
社办书店：01065195616/5127（电话/传真）　　01065194262/63（邮购电话）
　　　　　北京市建国门内大街 6 号海关总署东配楼一层
印　　刷：北京京都六环印刷厂　　经　　销：新华书店
开　　本：710mm×1000mm　1/16
印　　张：16．75　　字　　数：231 千字
版　　次：2013 年 10 月第 1 版
印　　次：2013 年 12 月第 2 次印刷
书　　号：ISBN 978-7-80165-984-2
定　　价：60．00 元

前　言

通关作业改革是我国海关顺应外贸发展方式转变，创新管理方法，优化监管服务，促进我国进出口贸易平稳健康发展的有力举措之一。近年来，随着我国海关相继推出“属地申报，口岸验放”，“分类通关”，“通关作业无纸化”等改革措施，海关通关手续更加简化，进出境物流更加顺畅，通关成本也显著降低。

正是基于这一背景，我们邀请了海关通关领域众多一线专家执笔编写了本书。他们不仅精通海关基本通关规则与各项改革措施，而且拥有丰富的业务实践经验。在本书筹备和撰写过程中，他们积极了解企业通关需求，以及在通关过程中遇到的难点和困惑，力争将本书做成精品。

全书从企业角度出发，将海关近年来推出的各项通关作业改革措施进行系统梳理，重点介绍了各项通关作业改革措施的操作要点、进出口企业所能享受到的益处，不仅给企业提供了一个深入了解海关各项现行通关新政的渠道，还力争使企业在面对众多通关新政时，能依照本书，按图索骥，快速办理通关业务。

为了方便读者更好地阅读、使用本书，全面、准确地了解本书所介绍的六种通关便捷措施，本书还创新性地设计了“便捷通关的适用路径”框架图，依次从企业“通关报关地的适用”、“通关程序的适用”、“其他便捷通关措施的适用”、“申报形式的选择”四个方面展示了企业适用的各项便捷通关措施（程序、模式），以方便企业更加准确、快速地寻找出便捷通关适用路径，受益于海关通关改革的丰硕成果。同时，本书紧紧围绕“可读性”与“可操作性”两大主旨，从适用政策的最细微处入手，力求在每一个细节处理上做到完美，努力将本书打造成一本“海关政策的导读册、企业操作的指导书”。

作为凝结了编者无数心血的一本精品，本书的特点在于：

“全面”：本书选取了现阶段最常见、常用的六种便捷通关模式（或程序、措施）。而在向读者介绍每一种通关模式（或程序、措施）时，编者都尽量从最细节处着手，全面介绍企业选择采用各种通关模式的各项要点，引导读者在阅读本书后就能熟练参与到相关操作中，切实体验到便捷通关的益处。

“全新”：本书向读者重点介绍了当前海关通关管理中最热门的“分类通关”、“通关作业无纸化”、“属地申报，口岸验放”等管理模式，并以全新的信息、全新的视角、全新的写法来向读者重点介绍。此外，本书所提到的通关作业流程和相关政策法规均截至2013年5月，具有极强的时效性。

“全力”：本书凝结了众多海关一线专家的心血，全心全力为读者呈现近年来海关通关作业改革的演变和完善过程，向读者介绍企业的操作细节和注意事项，以便让读者可以在阅读完本书后，及时、准确、便捷地选择适合本企业进出境的通关模式。

特别要说明的是，本书还收录了海关总署监管司提供的“中国海关监管通关业务改革新动态”。此为2013年9月期间，海关总署监管司在全国多个海关举行的“‘关企零距离’——监管司落实群众路线教育实践活动恳谈会”上，向企业宣讲的中国海关监管通关业务改革的最新内容。在宣讲过程中，“对AA类企业无需查验的低风险货物实行属地申报，属地放行”等内容，引起了企业的高度关注和极大期待。本书特别对此进行了收录，以使企业能更全面、详细地了解改革的最新动态，做好享受改革成果的准备，从而快速通关，创造更多的利润。

阅读本书时，建议与该系列丛书中的《通关典型案例启示录》、《快速通关自查手册》、《进出境物品通关攻略》等一起配套使用，以便更好地掌握通关全过程及相关业务知识，切实解决通关难题。

本书导论文字部分由上海海关徐贵元编写，图片由上海海关学院顾佩军绘制，第一、二、三章由上海海关时纲、徐贵元撰写，第四、五章由青岛海关王超、尹怀志撰写，第六章由黄埔海关高剑影撰写，最后由海关总署监管司审定。

本书在组织编写、统审稿等过程中得到了北京海关、天津海关、大连海关、上海海关、南京海关、青岛海关、长沙海关、广州海关、深圳海关、拱北海关、黄埔海关、兰州海关、上海海关学院、中国海关管理干部学院大力支持，特此表示衷心的感谢！

由于时间仓促，水平有限，不妥之处在所难免，恳请读者批评指正。“关务通”邮箱：guanwutong@ mail. customs. gov. cn。

“关务通·监管通关系列”编委会

目　录

导论：便捷通关的适用路径

随着近几年我国海关各项通关便利措施的不断推出和深入推进，海关在通关监管基础、通关申报形式以及通关管理方式上较之传统方式均有了较为显著的进步和成果。以分类通关的深入推进为标志的海关通关监管基础得到进一步夯实，而通关作业无纸化实施领域的不断扩大，则标志着海关在申报形式上取得了新的突破。此外，“属地申报、口岸验放”“提前申报、货到验放”“担保验放、便捷通关”“集中申报”等各种新型海关通关管理方式的出现，体现了海关不断整合监管资源、优化通关流程，积极促进贸易便利的创新之举。

为了方便读者更好地阅读、使用本书，全面、准确地了解本书所介绍的六种通关便捷措施，我们特意制作本导论，依次从企业“通关报关地的适用”“通关程序的适用”“其他便捷通关措施的适用”“通关申报形式的适用”四方面为您展示企业适用的各项便捷通关措施（程序、模式），以方便企业能更加准确、快速的寻找出便捷通关适用路径，受益于海关通关改革丰硕成果。

一、通关报关地的适用：在通关报关地的选择上，您可以选择在口岸海关申报，也可以在属地海关进行申报。如果选择在口岸海关申报，则可适用“口岸申报、口岸验放”通关模式；而选择在属地海关申报，则可采用“属地申报、属地验放（需采用转关运输）”或“属地申报、口岸验放”两种通关模式来完成货物的报关与验放。

二、通关程序的适用：当您向海关申报时，在分类通关全面推行的基础上，常规申报模式下货物通关将被分“低风险快速放行”“低风险单证审核”“高风险单证审核”三种风险等级。而在分类通关这一常规的通关程序外，符合条件的企业可以选择“担保验放、便捷通关”这一便捷程序，也即通常所说的“即报即放，先放后税”，可以为企业节约大量的通关时间和精力。

三、其他便捷通关措施的适用：在确定了“通关报关地的适用”和“通关程序的适用”后，您还可以对其他便捷通关措施的进行选择，如我们常见的“提前报关、货到验放”“广东陆路口岸跨境快速通关”等便捷通关措施。此外，也还有“集中申报”“汇总纳税”等便捷措施。

四、通关申报形式的适用：在报关申报形式上，您可以根据企业自身情况选择“通关作业无纸化”和“通关有纸申报”两种方式进行申报。现阶段，“通关作业无纸化”正是我国海关着力推广的申报形式，也是海关今后通关改革发展的一个重点。需要注意的一点是，为了方便与“通关作业无纸化”区分，我们这里所述的“通关有纸报关”包括常规有纸报关，也包括在分类通关推进中开展的“无纸申报、事后交单”。

作为“便捷通关的适用路径”的四个组成部分，“通关报关地的适用”“通关程序的适用”“其他便捷通关措施的适用”“通关申报形式的适用”四者之间并非简单的并列关系，而是存在于一个完整的申报过程中，既逐级递进又相互交织，是企业享受便捷通关的有力支撑。

为了方便读者能够全面熟知、掌握“便捷通关的适用路径”，能够更好地利用本书，我们特意为您制作了“通关常规申报模式海关/企业流程图”和“便捷通关的适用路径结构图”，以期能够为您在阅读、使用本书时带来更多地便利和帮助。

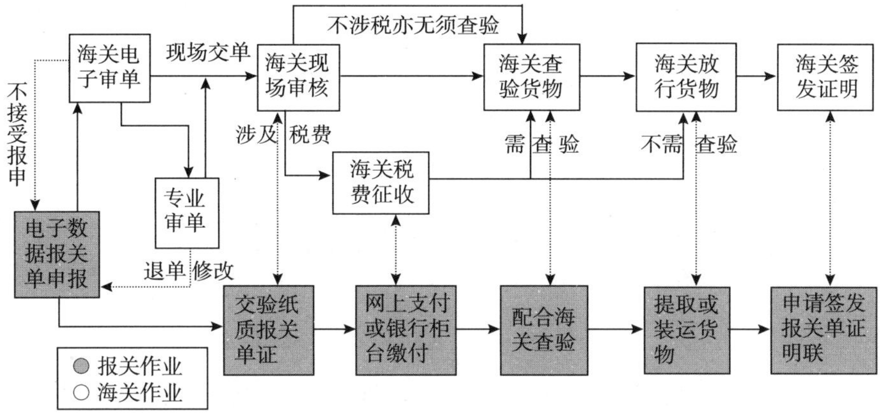

图 1　通关常规申报模式海关/企业流程图

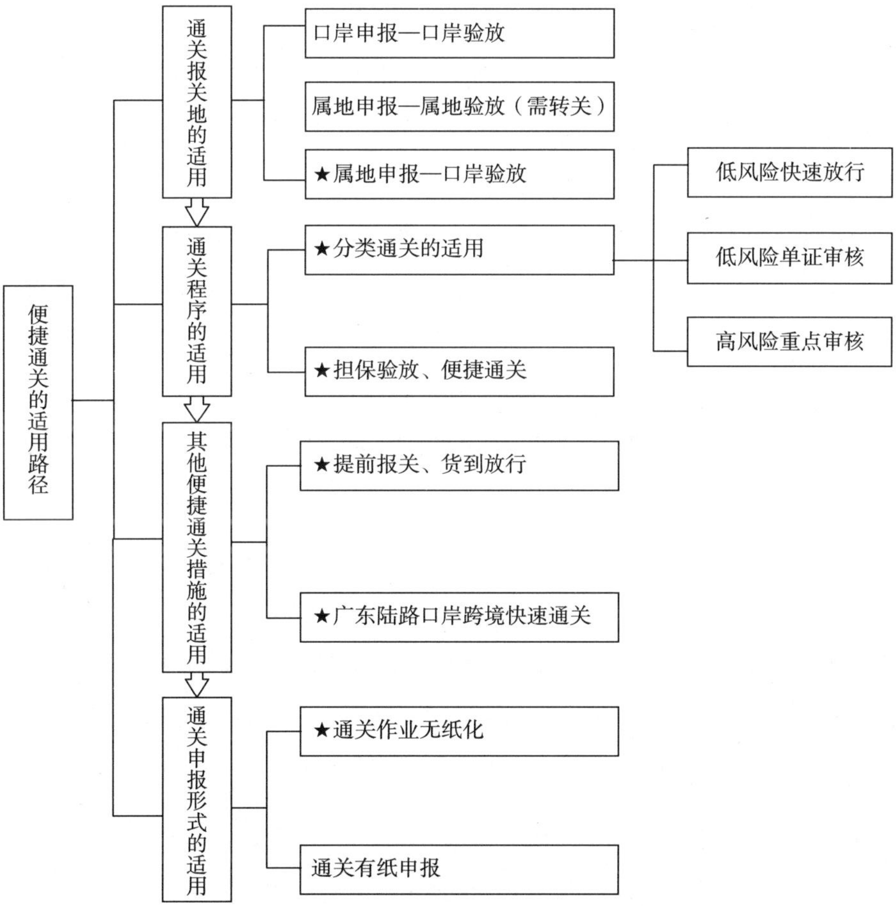

图 2　“便捷通关的适用路径”框架示意图

第一章　分类通关

您是否有过这样的疑惑：为什么我在向海关传送电子数据报关单后还必须在规定期限内向现场海关递交纸质报关单证？为什么我的报关单查验率总比别人的高、审核时间总比别人的长，只因为我公司是C类企业，而别人的是A类？或者只因为我公司进出口的货物应证或应税？不同类别的企业或者应证应税与否在海关通关过程中还有哪些不同呢？我又该如何把企业资信升级为高资信类呢？

下面，我们就向您详细介绍近年来海关大力推行的分类通关制度以及企业分类管理制度，相信通过我们的介绍，您的这些疑问就会迎刃而解了。

第一节　了解分类通关

分类通关作业是指海关通过科学运用风险管理的理念和方法，以企业守法管理为基础，综合企业类别、商品归类、价格、原产地、监管证件、贸易国别、航线、物流信息等各类风险要素，按照风险高低对不同企业进口的货物实施分类，在通关过程中采取不同的管理要求和管理程序，实施差别化作业的通关管理模式。

一、分类通关改革的重要意义

（一）分类通关改革是全国海关深入学习实践科学发展观的重要成果

科学发展观是我国经济社会发展的重要指导方针。分类通关改革，是按照海关总署党组的要求，深入学习实践科学发展观，坚持用科学发展观要求审视和检验海关工作的重要成果；是着力转变不适应、不符合科学发展观要求的思想观念，着力解决海关工作中存在的突出问题与深层次矛盾的重要成果；也是从整体上提高海关监督管理效能进行战略性、全局性思考和探索研究取得的重要成果。

（二）分类通关改革是增强海关把关服务能力、促进经济社会又好又快发展的迫切需要

随着全球经济一体化进程的加快和我国开放型经济的发展，海关监管、征税、打私、统计等传统职能不断加重，反恐、贸易安全、环境保护、知识产权保护等非传统职能快速拓展。特别是当前国际金融危机和世界经济衰退对我国经济造成严重冲击，海关工作面临的责任更大、担子更重、要求更高。分类通关改革，以企业守法管理为核心，以风险分析为手段，对诚信守法企业的低风险报关单（货物）由计算机快速验放，提高通关效率，对高风险报关单（货物）实施重点审核和查验，加强实际监管，实现了有效监管与高效运作的统一，切实提高了海关执法能力和水平。

（三）分类通关改革是构建海关大监管体系的重要内容

构建海关大监管体系，要以有效监管为目标导向、以风险管理为中心环节、以综合监管为基本模式、以形成整体功能为根本要求，进一步统筹海关各项工作，从通关模式、监管体系、管理机制、队伍素质四个

方面，全面优化海关监管和服务，努力建立模式更优、权责更明、运行更顺、能力更强的海关监督管理机制。分类通关改革是实现这一要求的具体体现，是推动新时期海关监管模式和监管方式变革的突破口，是多年来海关通关作业改革的延续、深化和发展。

二、分类通关改革的总体目标

分类通关改革的总体目标是按照构建海关大监管体系和现代海关制度第二步发展战略的总体要求，以企业守法管理为基础，以风险管理应用为依托，在通关环节上由以纸质单证审核为基本方式转变为以计算机管理为基本方式，对低风险报关单（货物）实行快速放行，合理调配管理资源，突出海关监管重点，缓解一线监管人员相对不足，与时俱进改革通关模式，向国际通行做法积极靠拢，进一步在严密监管前提下提高通关效率，实现有效监管和高效运作的有机统一，适应当前经济发展的特点和要求。

三、分类通关的基本原则

（一）必须坚持有效监管与高效运作的有机统一

“有效监管与高效运作的有机统一”是衡量海关通关监管工作质量的重要标准。在推进分类通关改革的过程中，既要对高风险货物的单证进行重点审核，有针对性地加强货物查验，增强实际监管的有效性；又要对低风险货物实行简易通关，快速验放，提高通关效率。真正做到既“管得住”，又“通得快”。

（二）必须把风险管理贯穿通关作业的全过程

海关分类通关的核心是对报关单（货物）实施风险式管理。因此，通关监管工作的各个环节都应把风险管理作为工作的必经程序：通过风险分析作业系统选择查验子系统，将相关风险参数纳入 H2010 系统，对报关单电子数据进行实时风险分析；专业审单作业环节和接单审核岗位，结合风险分析结果，对不同风险等级的报关单（货物）进行分类处置；物流监控岗位，结合风险分析结果，选择高风险货物做重点查验，同时对低风险货物进行抽查。

（三）必须实现海关与企业的双赢

海关分类通关改革要得到海关和社会各界的认可，就必须实现海关与企业双赢，这也是分类通关改革的生命力所在。一方面通过应用风险分析，甄别监管重点，有利于海关合理调配资源，加强实际监管；另一方面通过分类通关、快速验放低风险货物，有利于提高通关效率，降低企业通关成本，促进企业守法自律。

四、分类通关作业基本模式与原有通关作业模式的区别

分类通关作业基本模式是将风险管理的理念贯穿于原无纸通关和有纸通关两种通关作业模式全过程。分类通关是在系统风险分析的基础上将所有接受申报的报关单按风险高低进行分类，并在完成电子审单、专业审单后，在现场作业环节根据风险分析及审单结果将报关单分为“低风险快速放行”、“低风险单证审核”、“高风险重点审核”三类，其中“低风险快速放行”的报关单根据单证管理方式又分为“现场交单”、“无纸通关、事后交单”和“无纸通关、单证暂存”。根据《海关总署关于开展报关单证企业暂存试点的公告》（公告〔2010〕59 号），“无纸通关、单证暂存”的模式目前在全国海关试行。

海关总署公告超链接

海关总署公告2009年第33号

为进一步优化海关监管和服务，提高通关效率，海关总署决定在部分海关开展出口货物分类通关改革试点。现将有关事项公告如下：

一、出口货物分类通关改革试点范围：北京、天津、大连、上海、南京、杭州、宁波、福州、厦门、青岛、广州、深圳、拱北、黄埔、江门海关关区出口的海运和空运货物。

二、出口货物分类通关是海关通过科学运用风险管理的理念和方法，以企业资信状况为基础，综合商品、物流等各类风险要素，按照风险高低对出口货物实施分类通关作业。

三、对诚信守法企业的低风险出口货物，海关计算机系统对电子数据报关单完成电子审核后，快速放行。纸质报关单证有“事后交单”和“现场交单”两种方式供企业自主选择。

（一）“事后交单”，即经海关审核准予适用“事后交单”通关方式的企业采取“无纸报关”方式录入报关单向海关申报，经海关审核满足计算机自动放行条件的，货物放行后在规定期限内向海关递交纸质报关单证。

（二）“现场交单”，即企业按照《中华人民共和国海关进出口货物申报管理规定》（海关总署令第103号）要求，在货物放行前向海关递交纸质报关单证。

四、涉及监管证件的出口货物不适用“事后交单”通关方式。

五、试点海关范围内A类及以上的进出口企业和代理报关企业，可以向注册地海关申请适用“事后交单”通关方式。

经海关审核准予适用“事后交单”通关方式的进出口企业需要委托报关企业代理报关的，应当委托经海关审核准予适用“事后交单”通关方式的报关企业。

六、A类及以上企业经注册地海关同意，并与海关、电子口岸签订协议书后，可在全国试点海关范围内适用“事后交单”通关方式。

七、适用“事后交单”通关方式的企业应当自货物放行之日起10日内到海关办理交单验核等相关手续。

本公告内容自发布之日起施行。

特此公告。

二〇〇九年六月十七日

海关总署公告2010年第56号

分类通关改革试点开展以来，海关通关作业系统运行稳定，改革成效明显，社会反应良好，达到了改革的预期目标。为进一步优化海关监管和服务，提高通关效率，海关总署决定在出口货物分类通关改革试点的基础上，在全国海关进一步深化分类通关改革工作。现将有关事项公告如下：

一、出口货物分类通关改革扩大到全国海关开展；进口货物分类通关改革在北京、天津、大连、上海、南京、杭州、宁波、福州、厦门、青岛、广州、深圳、拱北、黄埔、江门海关开展试点。

二、适用范围：所有通过海关通关作业系统（H2000）报关的进出口货物均适用分类通关。

三、分类通关是海关以企业资信状况为基础，综合商品、物流等各类要素，按照风险高低对进出口货物实施分类通关作业。

四、对诚信守法企业的进出口货物，海关快速放行。纸质报关单证有“事后交单”和“现场交单”两种方式供企业自主选择。

（一）“事后交单”，即经海关审核准予适用“事后交单”通关方式的企业采取“无纸报关”方式录入报关单向海关申报，经海关核准放行后，报关人在规定期限内向海关递交纸质报关单证。

（二）“现场交单”，即企业按照《中华人民共和国海关进出口货物申报管理规定》（海关总署令第103号）要求，在货物放行前向海关递交纸质报关单证。

五、涉及许可证件的进出口货物不适用“事后交单”通关方式。

六、试点海关范围内A类及以上的进出口企业和代理报关企业，可以向注册地海关申请适用“事后交单”通关方式。

经海关审核准予适用“事后交单”通关方式的进出口企业需要委托报关企业代理报关的，应当委托经海关审核准予适用“事后交单”通关方式的报关企业。

七、A类及以上企业经注册地海关同意，并与海关、电子口岸签订协议书后，可在全国试点海关范围内适用“事后交单”通关方式。

八、适用“事后交单”通关方式的企业应当自货物放行之日起10日内到海关办理交单验核等相关手续。

九、对分类通关的进出口货物报关单及随附单证实行企业单证暂存试点。具体事项另行公告。

十、本公告内容自发布之日起施行，海关总署公告2009年第33号同时废止。

特此公告。

二〇一〇年八月二十七日

拓展阅读

分类通关：守法者得便利

“真的是非常快！公司代理的大部分进出口商品都被系统判别为低风险，我们直接拿着单证去窗口办理放行手续就行，立等可取。”谈到杭州海关正在推行的进出口分类通关改革，浙江报关行经理张俊掩饰不住喜悦，“业务增加了，人力反而更省了。”浙江报关行是杭州海关辖区内最早一批参与到这项改革试点中的报关行之一，分类通关给张俊的生意带来了切切实实的好处。数据显示，实施分类通关后，参与改革试点的杭州经济技术开发区进、出口平均海关作业时间缩短为0.84小时和0.03小时，进、出口作业效率分别提高了92.2%和92.9%。

张俊的体会并非个案。自2009年年底海关总署在北京等15个海关启动出口分类通关改革试点至今，全国海关现均已实现分类通关改革在所有进出口货物通关现场的全面覆盖。对于众多外贸企业而言，分类通关正从一个陌生的名词，变得越来越亲近。借助于分类通关，我国外贸企业的进出口之路再次“提速”。

一场基于“信用”的通关变革

给张俊的生意带来实惠的“分类通关”具体内容有哪些呢？这种模式是怎样运作的？又是如何帮助海关在进出口业务大幅度增长的同时，实现通关速度的有效提升以及监管风险的最小化呢？

据了解，分类通关是指海关通过科学运用风险管理的理念和方法，以企业守法管理为核心，综合企业类别、商品归类、价格、许可证件、贸易国别、航线、物流信息等各类风险要素，按照风险高低对进出口货物实施分类，在通关过程中采取不同的管理要求和管理程序，实施差别化作业的通关管理模式。

简单地说，分类通关改革后，海关对于企业的报关数据不再平均用力，而是由海关通关系统对报关单电子数据进行实时数据比对分析，综合评价企业和货物的风险，并将进出口货物报关单分为低风险快速放行、低风险单证审核以及高风险重点审核三类。

不管是低风险快速放行通道还是低风险单证审核通道，验放的大多都是高资信企业的低风险货物，通关手续比较简便。所不同的是，走低风险快速放行通道的货物不涉及税款征收和国家监管证件管理，因此省去了人工审核环节，由系统直接放行。企业只需拿着单证去窗口办理放行手续即可，通关时间往往只需几秒钟。而那些涉及税款征收或者国家监管证件管理的低风险货物，则需要走低风险单证审核通道，由海关关员对所涉及的监管证件进行验核，开具税单。对于剩下那些进入“高风险重点审核”的货物，海关将集中监管力量进行重点审核和查验。

从试点的情况看，2010 年，在杭州海关参与分类通关的 87 619 份报关单中，80. 29% 的报关单实现了低风险快速通关，其中 68. 78% 的报关单实现了低风险快速放行。

杭州海关监管通关处处长朱崇武表示，这主要得益于分类通关改革的“分类”二字，实施“分类”后，大多数货物被判别为低风险得到快速放行，海关可以集中查验力量重点管好高风险货物，这让海关监管真正实现了有的放矢。

高资信成为企业快速通关“关键词”

那么对于外贸企业来说，如何才能享受到分类通关带来的通关便利呢?

杭州海关监管通关处处长朱崇武表示，外贸企业只要是诚信守法、规范申报，不弄虚作假，不伪报、瞒报，就能享受到海关分类通关带来的种种通关便利。

朱崇武介绍，分类通关模式下，判别一票进出口货物风险高低的依据不是简单的几个数据，而是要综合考虑货物本身及所属企业情况，所涉及的参数多达几十个，由计算机根据程序自动判别。“这些参数的权重各有不同，比如企业的管理类别就是一个重要的、优先考虑的参数。海关 AA 类、A 类这些高资信的企业，其进出口货物被判定为低风险的概率就比其他类别的企业要高，这也充分体现了守法便利原则。另外，这些参数也并非一成不变，海关会根据进出口的实际情况适时地对一些参数值进行动态调整。”

实施分类通关对守法企业是重大利好。高资信企业日常进出口的那些不涉及税款征收和国家监管证件管理的普通商品，大多会被系统判别为低风险快速放行，通关速度将得到显著提升。

杭州东芝信息技术有限公司是杭州经济技术开发区内一家专门生产笔记本电脑和手机的高新技术企业，平均每天都有价值 600 余万美元的 50 多票料件需要报关进口，对物流速度要求近乎苛刻。“自从海关实施分类通关改革以来，公司 85% 以上单证都被确认为低风险放行单据，我们直接拿着单证去窗口办理放行手续就行，真的是非常方便。”该公司报关员卢毕远说。

在出口加工区从事保税物流业务的高资信物流企业也尝到了分类通关带来的“甜头”。由于诚信守法，分类通关后，这些物流企业的大部分报关单可以走低风险放行通道，一票即进即出的物流业务，几分钟就可以“搞定”。上海东芝外服货运代理有限公司是一家高资信的报关企业，其杭州分公司报关员李朋现在一人就能报完 50 多份进口报关单，他欣喜地说：“60% 以上的单据被确认为低风险放行单据，短短 10 多分钟就办完了大部分单证的报关手续，真的是非常方便。”东芝外服杭州分公司的关务课长黄丽敏十分看好分类通关政策的前景，“这必将强化出口加工区保税物流配送的竞争优势，进一步提升出口加工区在招商引资中的竞争力”。

如果货物被判别为“高风险重点审核”，企业也不必慌张。有些外贸企业因为商品知识欠缺或者粗心大意等原因，发生了归类错误或者申报不规范，使得货物进入了“高风险重点审核”通道。如珠海经济特区全达实业有限公司曾在嘉兴乍浦口岸报关出口一票货物，该报关单被系统判定为“高风险”，海关关员在仔细审核单证后，发现其中一项商品申报的海关编码有误，并进行了调整。调整海关编码后，这项商品的出口退税率由之前的9%提高到了15%。一次“高风险重点审核”不仅让“全达实业”从中学到了正确的商品归类知识，还享受到了差点错失的退税实惠。

分类通关让海关与企业“双赢”

分类通关不仅为企业节约了通关时间和成本，也让海关的监管变得更加高效，更加具有针对性。而监管重点的突出，则使海关腾出更多的精力用于优化服务成为可能。

据参与改革试点的杭州经济技术开发区海关反映，试点后，海关在监管好重点货物之余，针对企业实际需要，及时调整企业管理措施，整合出台了多条企业管理的具体服务措施，专门为区内企业定制了个性化服务措施，包括特别推出服务咨询岗、及时解答企业在通关方面遇到的问题或疑惑、更多开展上门验放，等等。

随着分类通关改革的不断深入，这项能实现企业与海关双赢的通关方案正受到越来越多的外贸企业的推崇。（记者：俞晶、王勇）

（来源：海关总署网站 http：//www. customs. gov. cn/publish/portal0/tab39267/info298393. htm；2011 年 4 月 19 日）

第二节　分类通关适用范围

一、分类通关适用关区

（一）试点阶段范围

海关总署2009年第33号公告规定：为进一步优化海关监管和服务，提高通关效率，海关总署决定在北京、天津、大连、上海、南京、杭州、宁波、福州、厦门、青岛、广州、深圳、拱北、黄埔、江门海关关区出口的海运和空运货物开展出口货物分类通关改革试点。

（二）推广阶段范围

海关总署2010年第56号公告规定：为进一步优化海关监管和服务，提高通关效率，海关总署决定在出口货物分类通关改革试点的基础上，在全国海关进一步深化分类通关改革工作。出口货物分类通关改革扩大到全国海关开展；进口货物分类通关改革在北京海关、天津海关、大连海关、上海海关、南京海关、杭州海关、宁波海关、福州海关、厦门海关、青岛海关、广州海关、深圳海关、拱北海关、黄埔海关、江门海关开展试点。

二、分类通关适用企业

根据海关分类通关改革方案，所有企业均纳入分类通关改革。对诚信守法企业的进出口货物，海关快速放行。分类通关过程中，纸质报关单证有“事后交单”和“现场交单”两种方式供企业自主选择。“事后交单”，即经海关审核准予适用“事后交单”通关方式的企业采取“无纸报关”方式录入报关单向海关申报，经海关核准放行后，报关人在规定期限内向海关递交纸质报关单证。A类及以上企业经注册地海关同意，并与海关、电子口岸签订协议书后，可在全国试点海关范围内适用“事后交单”通关方式。

表 1－1　海关分类通关企业适用情况

企业类别		是否适用分类通关	是否适用“事后交单”
AA 类		√	√
A 类	生产型企业	√	√
	非生产型企业	√	√
B 类		√	
C 类		√	
D 类		√	

拓展阅读

上海海关在全国海关率先实现分类通关改革全覆盖

人民网北京 5 月 18 日电（记者　李海霞）15 日，上海外高桥保税区海关分类通关改革全面启动，至此，上海海关所有进出口货物报关单全部纳入分类通关改革，在全国海关率先实现分类通关改革全覆盖。2009 年在上海等海关率先试点的分类通关改革目前已经在全国范围内全面推广，成为中国海关通关作业的主要模式。

分类通关改革给诚信企业带来的是实实在在的便捷。索尼物流是入驻上海外高桥保税区的一家现代化物流企业，作为视时间为生命的现代物流企业，索尼物流从指令的下达到申报装运的完成仅 6 个小时。分类通关改革的实施让索尼物流的通关时间由原先的 1 天时间缩短至 4 小时，如遇特殊情况更是可缩短至 3 个小时。海关高效便捷的通关服务正是吸引索尼物流把全球维修配送中心从东京迁至上海的重要因素之一。

上海海关作为全国第一个启动分类通关改革试点的海关之一，多年来，上海海关从浦江海关海运出口报关单起步，从出口货物到进口货物、从海运方式到空运方式、从口岸海关到区域海关稳步推进分类通关改革，率先实现了分类通关对关区进出口货物报关单的全覆盖，推动上海海关的通关作业改革进入了一个新的历史阶段，也让更多的诚信守法企业享受到便捷通关的好处。

分类通关改革以企业守法为基础，运用风险管理手段，以后续管理为保障，综合商品归类、价格等信息要素，对不同资信企业和不同风险的进出口货物采取分类处置的作业模式。通俗地讲，分类通关改革的好处在于"管得住"的同时又"通得快"。实施分类通关改革后，诚信企业快速验放的货物，作业时间进入以"秒"计算的时代；实施低风险快速审核验放的货物，作业速度提升近一倍。社会各界对海关分类通关改革给予高度评价。目前，分类通关改革已经在全国范围内全面展开，成为中国海关通关作业的主要模式。

"分类通关改革在我关实现全覆盖，标志着上海海关通关作业改革又迈上了一个新的台阶。下一步，通关作业无纸化改革试点即将启动。"上海海关巡视员闻学祥介绍道。

（来源：人民网 http://finance.people.com.cn/GB/70846/17927107.html；2012 年 5 月 18 日）

第三节　企业适用分类通关的操作要点

分类通关改革是海关应对当前国际金融危机、努力保增长和保税收的重要举措。当前，国际金融危机仍在蔓延，国际市场需求继续萎缩，全球通货紧缩趋势明显，贸易保护主义抬头。受国际金融危机影响，我国经济仍面临着巨大的下行压力，广大进出口企业经营比较困难。在这个关键时期，海关果断扩大出口货物分类通关改革，大幅度提高出口货物的通关效率，为我国企业提高国际竞争能力、巩固和扩大国际市场提供有力的支持，是海关应对国际金融危机挑战、保持经济平稳较快发展的重要举措。

一、分类通关的基本流程

分类通关是以企业守法管理为核心，综合企业类别、商品归类、价格、许可证件、贸易国别、航线、物流信息等各类风险要素，H2010 系统对报关单电子数据进行实时风险分析，实施红绿通道判别，对绿通道的报关单直接转现场处置，按风险高低分别实施“低风险快速放行”、“低风险单证审核”和“高风险重点审核”；对红绿通道的高风险报关单实施专业审单，根据专业审单结果，由接单现场实施上述 3 种作业方式。如图 1－1 所示：

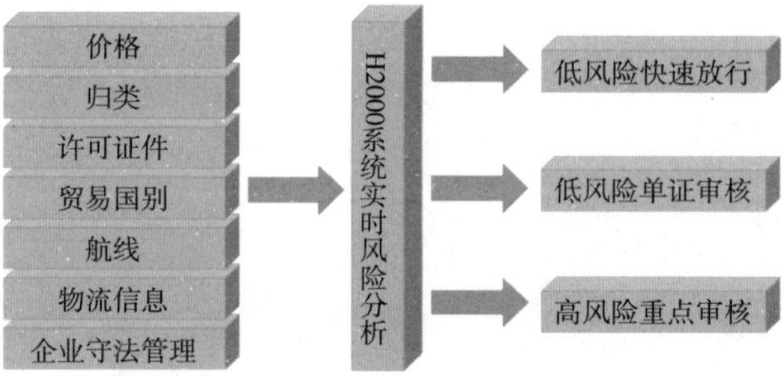

图 1－1　分类通关风险分析示意图

那么，我们了解了 H2010 系统对报关单电子数据风险分析模式后，再回过头来，将这一风险分析模式嵌入企业参与分类通关的整体流程中，即从企业申报到货物最终放行这一完整的操作流程来看，分类通关的整体模式应该是这样的，如图 1 -2 所示：

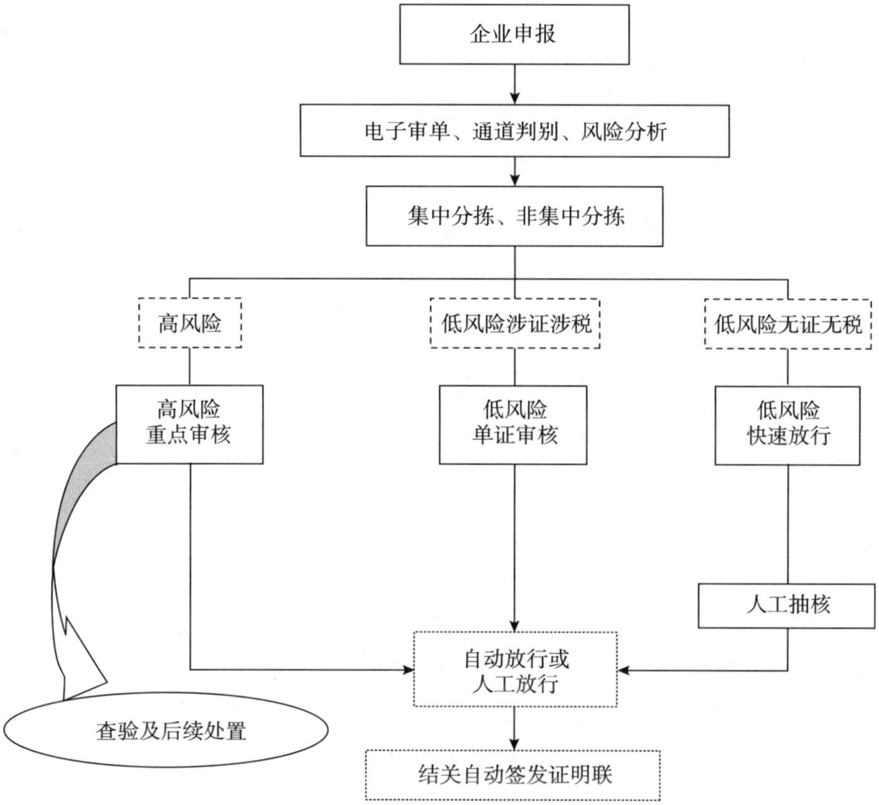

图 1 -2　分类通关整体流程示意图

二、企业适用分类通关的操作要点

海关分类通关改革后，原有的“提前申报、货到验放”，“担保验放”等便捷通关措施也相继融合到分类通关改革框架下，在分类通关系统中能够实现相关操作（因在后面几章我们将对这几类便捷通关模式进行详细介绍，此处我们就不赘言了）。这里，我们将重点向大家讲述分类通关改革后“有纸报关”和“无纸通关、事后交单”这两种常用模式，以及企业应该重点做好的“提高企业资信”和“加强规范申报”等参与分类通关的一些基础性工作。

（一）如何参与分类通关中的“有纸报关”

分类通关改革中的企业有纸报关和企业在传统报关模式中的有纸报关是相同的，没有做出任何改变，改变的是海关在单证审核中的风险判别方式和审单程序。

1. 低风险快速放行

（1）申报人向海关申报报关单电子数据。

（2）H2010 系统完成电子审单后，经风险分析或经专业审单确定为低风险且符合快速放行条件的，系统自动放行。

（3）H2010 系统向监管场所和申报人发送海关放行信息。

（4）申报人按照规定要求在货物放行前向海关递交单证，现场海关设置专门岗位抽核部分纸质单证。

2. 低风险单证审核

（1）申报人向海关申报报关单电子数据。

（2）H2010 系统完成电子审单后，经风险分析或经专业审单确定需人工审核纸面单证的，向申报人发送现场交单回执。

（3）申报人接收到“现场交单”回执后，打印出纸质的报关单，备齐随附单证并签章后，到海关现场接单岗位办理接单手续。海关收取报关单证，按相关审核要求进行审核并征收税费、核注许可证件后直接完成验放作业。对审核过程中有疑问的，可退回企业修改或布控查验核实。

（4）H2010 系统向监管场所和申报人发送海关放行信息。

3. 高风险重点审核

（1）申报人向海关申报报关单电子数据。

（2）H2010 系统完成电子审单后，经风险分析或经专业审单确定为高风险的，系统向申报人发送现场交单回执。

（3）申报人接收到“现场交单”回执后，打印出纸质的报关单，备齐随附单证并签章后，到海关现场接单岗位办理接单手续。海关收取报关单证，根据相关风险提示或专业审单审核结果进行重点审核。对审核有疑问的，进行布控查验；对审核无疑问的，征收税费、核注许可证件后完成验放作业。

（4）H2010 系统向监管场所和申报人发送海关放行信息。

（二）如何适用分类通关程序中的“无纸通关、事后交单”

“无纸通关、事后交单”是海关在分类通关改革中的创新之举。无纸通关是利用中国电子口岸及现代海关业务信息化管理系统功能，改变海关验放凭进出口企业递交书面报关单及随附单证办理通关手续的做法，直接对企业联网申报的进出口货物报关电子数据进行无纸审核、验放处理的特定通关方式。它的实施为企业通关节约了大量的时间。

“无纸通关、事后交单”这一模式主要适用复核以下几类条件的：不涉及税费、无须监管证件、一般贸易方式、没有设置预定式布控，并且必须是与海关签订无纸通关协议的企业。

它的基本流程是：无纸申报→无纸审结→无纸放行→事后交单。如图 1 – 3 所示。

具体通关手续：

（1）企业申请无纸通关资格。

企业需向海关申请，经海关审核批准并与海关和电子口岸签订三方协议后，方可获得无纸通关资格。一般情况下，各分类通关试点海关均对该申请和三方协议有具体的格式要求，我们以深圳海关“关于适用‘事后交单’通关方式的申请”和“‘事后交单’通关协议书”为例，了解相关文本的基本格式。

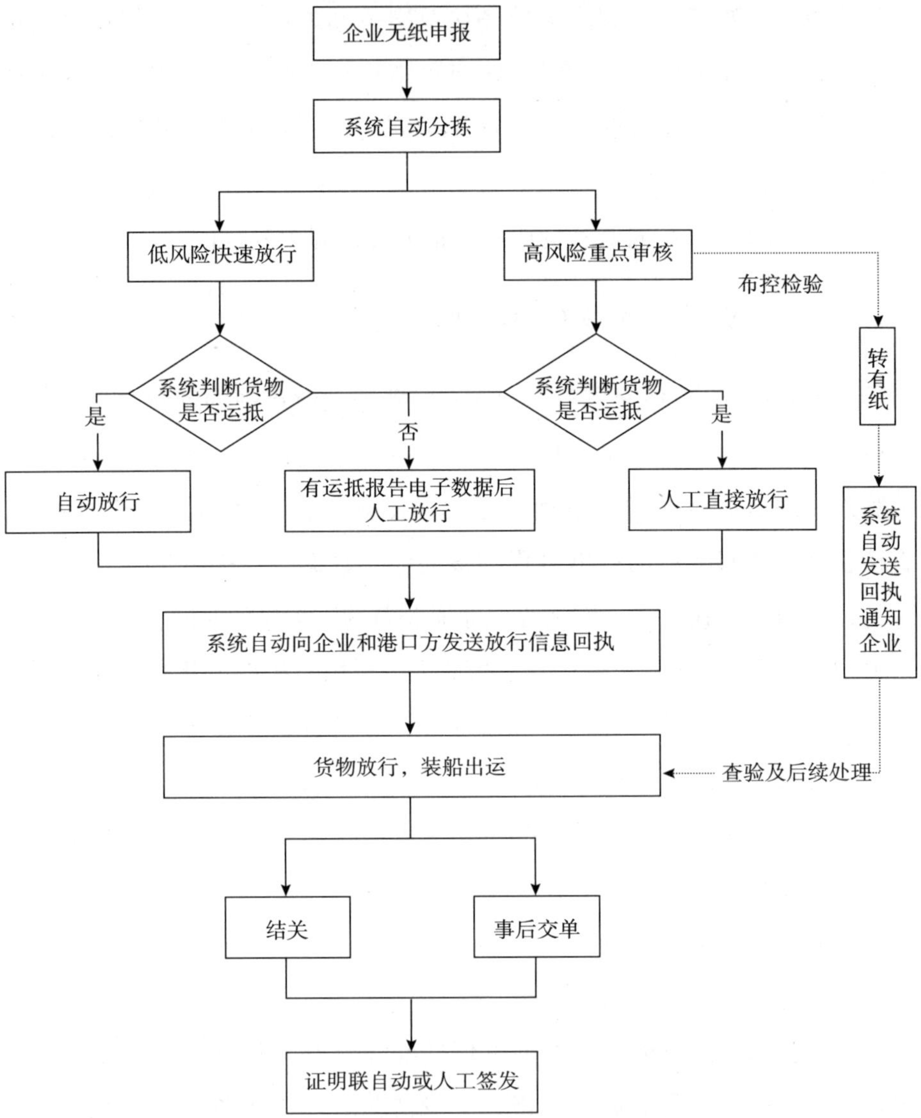

图1－3　“无纸通关、事后交单”流程示意图

关于适用“事后交单”通关方式的申请

中华人民共和国深圳海关：

为进一步加快通关速度，降低贸易成本，我公司特向贵关申请适用“事后交单”通关方式，我公司承诺在取得适用“事后交单”通关方式资格后做到以下事项：

一、我公司现企业管理类别为__________类，保证按照分类通关的要求，配置相应的软、硬件等需要的设备。

二、我公司保证对采用“事后交单”通关方式申报的，自货物放行之日起10日内到海关办理交单验核等相关手续。

三、我公司将严格遵守海关分类通关的管理规定，积极配合海关工作，严格内部管理，并加强对受委托的报关、运输、仓储等企业的监督。

特此申请，请批准为盼。

申请人：________________公司

二〇一____年____月____日

“事后交单”通关协议书

甲方：中华人民共和国深圳海关

地址：深圳市福田区深南大道2006号

乙方：　　　　　　　　　　公司

地址：

丙方：中国电子口岸数据中心

地址：北京市东城区金宝街63号鑫海大厦

为简化进出口货物的报关手续，加快通关速度，方便企业合法进出，严密海关监管，根据《中华人民共和国海关法》和有关法律法规，经乙方提出申请，甲方通过对乙方守法和资信等情况的审查，允许乙方按以下方式之一办理“事后交单”通关手续，丙方为甲、乙双方开展“事后交单”通关提供服务，包括提供服务平台、技术支持、电子数据的保存、验证、出证以及其他中介服务。

□作为进出口货物的经营单位，在全国各实施“事后交单”通关模式的海关办理“事后交单”通关手续。

□作为报关企业，代理适用“事后交单”通关方式的经营单位，办理“事后交单”通关手续。

本协议书所称“事后交单”通关，是指乙方将进出口货物报关单证以标准格式电子报文，选择“事后交单”方式通过丙方提供的网络向甲方进行申报。甲方的计算机系统对电子数据进行自动处理，在有关环节将审核结果以网络传输方式通过丙方向乙方发送电子回执。乙方根据回执信息办理相关通关手续，并在甲方放行货物的规定期限内向甲方递交纸质报关单证。

为解决甲、乙双方对通过丙方电子网络系统传输电子数据的过程和所记录数据的共同认可等问题，经甲、乙、丙三方共同协商，达成以下协议。

第一条 甲方同意乙方使用丙方的电子网络系统以电子数据报关单的形式向甲方申报进出口货物。

乙方通过丙方以电子数据报关单的形式向甲方申报。甲方认为必要时，可以对比书面单证确认申报行为和事实。

第二条 乙方申报的电子数据报关单应当符合规定的格式要求，申报内容应当完整、准确、真实，并和纸质单证相一致。

第三条 乙方通过丙方向甲方申报的电子数据报关单，甲方审核后，向乙方发送不受理回执的，视为乙方的申报行为不成立；审核后发送其他回执的，视为乙方的申报行为成立。

第四条 甲方接受乙方申报后，电子数据报关单的内容不得修改或撤销；确有正当理由的，由乙方提出书面申请，经甲方审核批准后由甲方进行修改或删除。

第五条 丙方应当准确记录甲乙双方传输电子数据的过程和时间，保证所存储的数据不被人为更改和灭失。由丙方负责备份和保存的电子数据包括下列内容：

（一）乙方向甲方报送的报关单等电子数据；

（二）甲方向乙方反馈的回执、联系单和其他指令的电子数据。

电子数据的保存期限为20年。

第六条 丙方应采取国际上通行的网络安全措施保证存储在系统内的电子数据的安全、真实、完整，不得对电子数据进行删除、修改、篡改等。

丙方存储的电子数据因不可抗力导致灭失或更改的，丙方不负法律责任。

第七条 甲、乙双方认可丙方有能力对电子数据涉及的数字签章的真实性作出判断，并能够提供安全、可靠、公正的服务及技术认证机制。

甲、乙双方对电子数据的归属、原始性等产生争议时，以丙方备份或保存的电子数据为原始数据。

第八条 乙方自行打印的纸质报关单应当与丙方存储的电子数据报关单一致，乙方应该承担纸质报关单与电子数据报关单不一致而引起的相关法律责任。

第九条 丙方应保守甲方的工作秘密和乙方的商业秘密，未经授权或许可，不得对外提供其存储的电子数据。

丙方应当在甲方或乙方提出要求时，按照符合证据要求的方式出具相关证明文件，证实其备份和保存原始数据的情况。

第十条 在遵守甲方有关管理规定的前提下，由于丙方网络系统发生故障或其他原因，乙方可以采取现行的其他申报方式向甲方申报。

第十一条 乙方作为进出口货物的经营单位，可以通过丙方向甲方自行办理“事后交单”通关手续，也可以委托有资格的报关企业办理。

乙方作为报关企业代理“事后交单”通关事务，应与具有“事后交单”通关资格的经营单位签订具有法律效力的报关委托书，并明确事后交单的权利和义务，由此承担相应的法律责任。

第十二条 乙方作为进出口货物的经营单位，应当依法设置、编制、保管会计账簿、会计凭证、会计报表和其他会计资料，保证其真实、准确、完整地记录和反映进出口货物的有关情况，并在法定期限内妥善保存报关单证、进出口许可证件、合同、发票以及其他与进出口货物直接有关的资料，以备甲方核查；使用计算机记账的，应当按照甲方的要求提供记账软件、使用说明书及有关资料，并向甲方开放其计算机记账管理系统供甲方核查。

第十三条 乙方有下列情形之一的，甲方可以暂停对乙方适用本协议书所确定的“事后交单”通关程序：

（一）进出口货物经甲方放行后，未在甲方规定期限内自行或应委托人委托办理事后交单手续的；

（二）未依法设置、编制、保存有关簿记、资料或者记录不真实、管理混乱的；

（三）AA、A类企业涉嫌走私或违规被立案调查的；

（四）内部管理混乱，致使报关专用IC卡被滥用、出借、冒用的，或遗失报关专用IC卡未立即向甲方报告的；

（五）多次发生报关重大差错的；

（六）拖欠税款或者不履行海关行政处罚决定的；

（七）资信或者财务状况恶化的；

（八）有违反海关监管规定行为，情节轻微的；

（九）有其他影响海关正常监管事项的。

乙方在甲方规定的期限内纠正上述行为的，甲方可以允许乙方重新适用本协议书所确定的“事后交单”通关程序。

第十四条 乙方有下列情形之一的，甲方有权取消对乙方适用本协议书所确定方式办理“事后交单”通关手续：

（一）构成走私犯罪或走私行为的；

（二）进出口侵犯知识产权货物或者代理报关的货物侵犯知识产权，情节严重的；

（三）有违反海关监管规定行为，情节严重的；

（四）企业管理类别由AA、A类被调整为B类及以下的；

（五）被甲方暂停适用本协议书所确定的“事后交单”通关程序后，未在甲方规定期限内对其行为进行纠正的；

（六）其他甲方认为需要取消对乙方适用本协议书所确定方式办理“事后交单”通关手续的情形。

自甲方取消乙方适用本协议书所确定的“事后交单”通关程序一年内，甲方不再受理乙方提出的“事后交单”通关的申请。

第十五条 本协议书的履行，不免除乙方承担法律、行政法规、海关规章和规范性文件规定的其他义务和责任。

甲方作为行政管理单位，依法行使行政管理的权力不因本协议受到任何影响；本协议中涉及的行政管理之事宜，不属于民事关系，各方应按行政程序依法处理。在本协议中，乙方与丙方之间产生的民事责任与纠纷，由乙方与丙方依法处理，与甲方无关，甲方不需参与。

在本协议书的有效期内，如遇有法律、行政法规、海关规章和规范性文件的规定发生变化，直接影响本协议书履行的，应先依照法律、行政法规、海关规章和规范性文件的规定执行。甲、乙、丙三方应按上述规定及时协商修改本协议书。

第十六条 本协议书自甲、乙、丙三方共同签字盖章之日起生效，有效期一年。本协议有效期届满前30天内，甲、乙、丙三方任何一方提出终止该协议书的，本协议自动终止；未提出的，本协议书自动延期一年。

第十七条 有关未尽事宜由甲、乙、丙三方根据需要经商定后签署补充协议书解决。

第十八条 本协议书一式三份，具有同等效力，由甲、乙、丙三方各执一份。

甲方：中华人民共和国深圳海关（盖章）

代表：（签字）

日期：

乙方：公司（盖章）

代表：（签字）

日期：

丙方：中国电子口岸数据中心（盖章）

代表：（签字）

日期：

（2）企业申报。企业采用电子口岸 QP 系统或联网监管系统申报报关单电子数据。采用电子口岸 QP 系统申报的，需勾选“无纸申报”；联网监管申报的，录入方式保持现行做法。

1）企业进入“中国电子口岸”，选择“进/出口报关单录入”功能进行预录入；

2）在录入电子数据时选择“无纸申报”；

3）在预录入完毕并核对无误后，选择“申报”向 H2010 发送电子数据；

4）发送电子数据后，企业可通过“中国电子口岸”的“查询/打印功能”查询该报关单的回执详细信息（或通过报关大厅的“H2010 通关管理系统”项下的“海关信息查询”功能查询该报关单的具体状态）；

5）查询结果显示“已放行”的无纸报关单，企业在放行之日起 10 日内到现场通关科“事后交单岗”集中办理事后交单；

6）查询结果显示“接单交单”的，企业应打印纸质报关单，并按规定在放行前向现场通关科“无证无税岗”或“涉税涉证岗”递交相关单证办理海关手续。

（3）通关环节。符合无纸通道设置条件的报关单转入无纸通道，在通过电子审单或人工专业审单后，由系统进行风险判断：系统判别为“低风险快速放行”的，海关系统自动放行；系统判别为“低风险单证审核”或“高风险重点审核”的，无纸验放岗位经综合性风险分析后，进行相应操作。

（4）无纸通关查验。涉及查验的货物，海关计算机系统自动向企业发送查验信息，企业在获得查验信息后，凭“查验通知书”及有关单证到现场海关办理实物查验手续（转入有纸通关模式）。

（5）无纸放行。海关系统向监管场所（码头等）发送电子放行信息（QP 系统同时向企业发送“出口查验/放行通知书”），企业凭电子放行信息即可办理提货或装船手续。

（6）事后交单。报关单放行后10天内企业到接单中心办理事后交单手续。

海关提醒

1. A类及以上企业经注册地海关同意，并与海关、电子口岸签订协议书后，可在全国试点海关范围内适用“事后交单”模式；

2. 对选择“事后交单”模式的，企业在电子口岸申报时应选择“无纸申报”；

3. 对于“事后交单”的报关单，企业应在报关单放行之日起10日内向海关递交纸质单证；

4. 涉及监管证件的出口货物不适用“事后交单”模式。

三、企业如何申请向上调整海关管理类别，加快分类通关

在前文对分类通关的介绍中，您一定还记得，海关分类通关的核心是企业守法管理。那么海关对企业守法管理的手段和方式又是什么呢？接下来我们就将为您介绍海关企业分类管理办法，以及企业如何才能申请向上调整管理类别。

为帮助守法企业加快通关速度，降低通关成本，增强企业竞争力，2008年1月海关总署第170号令公布了《中华人民共和国海关企业分类管理办法》。为适应形势发展的需要，2010年11月15日，海关总署又以第197号令公布了修订后的《中华人民共和国海关企业分类管理办法》（以下简称《办法》），同时废止了海关总署170号令的老《办法》，新《办法》于2011年1月1日起施行。

《办法》中规定，海关按照企业的守法状况、经营管理状况以及进出口业务量等，自高向低设置了AA、A、B、C、D五个管理类别，并将企业分类管理与便捷通关措施紧密结合。其中，AA类和A类企业适用相应

的通关便利措施，B类企业适用常规管理措施，C类和D类企业适用严密监管措施。海关实施这种差别化管理措施，主要是遵循“守法便利、失信惩戒”的原则，对高类别的守法企业简化通关手续，加快通关速度，降低通关成本；对低类别企业实施严密监管，使之强化守法意识，规范自身的进出口行为。

由此可见，企业在海关分类管理中管理类别越高，企业享受到的通关便利越多；反之则越少，企业通关成本也将不断上升。以AA类企业为例，对AA类企业，除享受A类企业通关便利措施外，海关还将实行信任放行；指派专人负责协调解决企业办理海关事务的疑难问题；报关单电子数据经电子审核后，直接进入现场验放环节办理复核、验放手续；对进出口货物一般不予开箱查验等通关便利措施。为了鼓励更多企业守法自律，提高海关管理效能，保障进出口贸易的安全与便利，海关根据企业遵守法律、行政法规、海关规章、相关廉政规定和经营管理状况，以及海关监管、统计记录等，对符合条件的企业进行向上调整管理类别。

那么，企业本身又应该如何及时、准确申请向上调整管理类别呢？

（一）各类管理类别企业申请应具备的资格、条件

1. 申请AA类的进出口收发货人应具备的资格、条件

（1）符合A类管理条件，已适用A类管理1年以上；

（2）上一年度进出口报关差错率3%以下；

（3）通过海关稽查验证，符合海关管理、企业经营管理和贸易安全的要求；

（4）每年报送企业经营管理状况评估报告和会计师事务所出具的上一年度审计报告，每半年报送进出口业务情况表。

2. 申请A类的进出口收发货人应具备的资格、条件

（1）已适用B类管理1年以上；

（2）连续1年无走私罪、走私行为、违反海关监管规定的行为；

（3）连续1年未因进出口侵犯知识产权货物而被海关行政处罚；

（4）连续1年无拖欠应纳税款、应缴罚没款项情事；

（5）上一年度进出口总值50万美元以上；

（6）上一年度进出口报关差错率5%以下；

（7）会计制度完善，业务记录真实、完整；

（8）主动配合海关管理，及时办理各项海关手续，向海关提供的单据、证件真实、齐全、有效；

（9）每年报送企业经营管理状况评估报告；

（10）按照规定办理《中华人民共和国海关进出口货物收发货人报关注册登记证书》的换证手续和相关变更手续；

（11）在商务部、人民银行、工商、税务、质检、外汇、监察等行政管理部门和机构无不良记录。

3. 申请AA类的报关企业应具备的资格、条件

（1）符合A类管理条件，已适用A类管理1年以上；

（2）上一年度代理申报的进出口报关单及进出境备案清单总量在2万票（中西部5 000票）以上；

（3）上一年度进出口报关差错率在3%以下；

（4）通过海关稽查验证，符合海关管理、企业经营管理和贸易安全的要求；

（5）每年报送企业经营管理状况评估报告和会计师事务所出具的上一年度审计报告，每半年报送报关代理业务情况表。

4. 申请A类的报关企业应具备的资格、条件

（1）已适用B类管理1年以上；

（2）企业以及所属执业报关员连续1年无走私罪、走私行为、违反海关监管规定的行为；

（3）连续1年代理报关的货物未因侵犯知识产权而被海关没收，或者虽被没收但对该货物的知识产权状况履行了合理审查义务；

（4）连续1年无拖欠应纳税款、应缴罚没款项情事；

（5）上一年度代理申报的进出口报关单及进出境备案清单等总量在3 000票以上；

（6）上一年度代理申报的进出口报关差错率在5%以下；

（7）依法建立账簿和营业记录，真实、正确、完整地记录受委托办理报关业务的所有活动；

（8）每年报送《企业经营管理状况评估报告》；

（9）按照规定办理注册登记许可延续及“中华人民共和国海关报关企业报关注册登记证书”的换证手续和相关变更手续；

（10）在商务、人民银行、工商、税务、质检、外汇、监察等行政管理部门和机构无不良记录。

5. 申请B类的进出口收发货人、报关企业应具备的资格、条件

C类企业自海关作出类别调整决定之日起满1年未再发生《中华人民共和国海关企业分类管理办法》所列应实施C类管理情形的，经企业申请，海关将其调整为B类。

6. 申请C类的进出口收发货人、报关企业应具备的资格、条件

D类企业自海关作出类别调整决定之日起满1年未再发生《中华人民共和国海关企业分类管理办法》所列应实施D类管理情形的，经企业申请，海关将其调整为C类。

（二）如何申请上调企业管理类别

1. 申请AA类企业

第一步：企业向海关申请实施AA类管理，向注册地海关提交下列材料文件：

（1）“适用AA（A）类管理申请书”（见表2）。

表1－2 适用AA（A）类管理申请书

企业类型	□进出口货物收发货人　　□报关企业		
企业名称			
海关注册编码		组织机构代码	
法定代表人		联系人	
联系电话		传真	

海关：

本单位已适用□A/□B类管理一年以上。经自我评估，认为符合《中华人民共和国海关企业分类管理办法》相关规定，现向你关提出适用□AA/□A类管理申请。

本单位知悉并同意遵守《中华人民共和国海关企业分类管理办法》及相关海关规定，保证所提交的所有申请材料真实、齐全、有效，并存有相关文件、资料备查。

本单位承诺适用□AA/□A类管理后，按海关规定时间报送如下材料：

每年4月30日前报送：□《企业经营管理状况评估报告》，□会计师事务所出具的上一年度《审计报告》和上一年度下半年的□“进出口业务情况表”/□“报关代理业务情况表”；

每年7月31日前报送：本年度上半年的□《进出口业务情况表》/□《报关代理业务情况表》。

附：□《企业经营管理状况评估报告》

□会计师事务所出具的上一年度《审计报告》

□“适用A类管理决定书”或“企业管理类别调整决定书”复印件

□“报关注册登记证书”（复印件）

法定代表人签章：　　　　　　　　　　　　　　申请单位（盖章）

年　月　日

（2）企业经营管理状况评估报告。

（3）会计师事务所出具的上一年度审计报告。

第二步：直属海关审核企业提交的材料，根据企业实际通关情况进行审定并报海关总署核准，符合条件的予以核准，并由注册地海关通知企业。

2. 申请 A 类企业

第一步：企业向海关申请实施 A 类管理，向注册地海关提交下列材料文件：

（1）适用 A 类管理申请书（见表2）

（2）企业经营管理状况评估报告。

第二步：直属海关审核企业提交的材料，根据企业实际通关情况进行审定，符合条件的予以核准，并由注册地海关通知企业。

3. 申请 B 类企业

第一步：企业向海关申请实施 B 类管理，向注册地海关提交：企业管理类别调整申请书（见表3）。

表 1－3　企业管理类别调整申请书

<table>
<tr><td>企业类型</td><td colspan="3">□进出口货物收发货人　　□报关企业</td></tr>
<tr><td>企业名称</td><td colspan="3"></td></tr>
<tr><td>海关注册编码</td><td></td><td>组织机构代码</td><td></td></tr>
<tr><td>法定代表人</td><td></td><td>联系人</td><td></td></tr>
<tr><td>联系电话</td><td></td><td>传真</td><td></td></tr>
<tr><td colspan="4">海关：
本单位现管理类别为□C/□D 类。自海关于　　年　月　日作出类别调整决定之日起已满 1 年。现向你关提出调整为适用□B/□C 类管理的申请。
本单位知悉并同意遵守《中华人民共和国海关企业分类管理办法》及相关海关规定，保证所提交的所有申请材料真实、齐全、有效，并存有相关文件、资料备查。
附：□《企业管理类别调整决定书》复印件
□《报关注册登记证书》（复印件）

法定代表人签章：　　　　　　　　申请单位（盖章）
年　月　日</td></tr>
</table>

第二步：直属海关审核企业提交的材料，根据企业实际通关情况进行审定，符合条件的予以核准，并由注册地海关通知企业。

4. 申请C类企业

第一步：企业向海关申请实施C类管理，向注册地海关提交企业管理类别调整申请书。（见表3）

第二步：直属海关审核企业提交的材料，根据企业实际通关情况进行审定，符合条件的予以核准，并由注册地海关通知企业。

海关提醒 《办法》规定因企业的管理类别不同导致应当实施的管理措施抵触的，海关按照下列方式实施：

（1）报关企业或者进出口收发货人为C类或者D类的，按照较低的管理类别实施相应的管理措施。

（2）报关企业和进出口收发货人均为B类以上管理类别的，按照报关企业的管理类别实施相应的管理措施。

拓展阅读

南京海关为江苏外贸创良好发展环境

假设两票货同时进场站，采用旧模式通关的货物完成手续出场站时，采用新模式通关的货物已经从苏州到上海了，南京海关为江苏外贸创良好发展环境。

2012 年，一系列通关业务改革在南京海关先行先试，改革红利第一时间转化为企业的便利和快捷。春节前，记者在南京海关隶属金陵海关驻新生圩办事处看到，LG 显示有限公司申报出口一批液晶显示屏，过去需要花费 1 天才能办完的通关过程如今只用不到 1 小时。LG 公司谭经理认为："通关改革让我们这种对物流需求高的 IT 企业能够实现'零库存'生成，竞争力进一步增强。"

"放得快、管得住，这是南京海关通关改革的最大特色。"南京海关关长李多宽说。在"管精、管少、管好"的新型监管理念及服务措施支持下，江苏外贸在困境中增长 1.6%，进出口总值达到 5481.9 亿美元，2012 年，江苏省外贸进出口无论是绝对值还是同比增幅在长三角地区均处于领先地位。

"分类通关"让守法企业获得更大便利

南京海关是全国海关首批分类通关改革试点单位，2011 年 4 月全面实现进出口货物分类通关，比预期提前了近 6 个月。2012 年分类通关报关单 558.88 万份，其中"低风险快速放行"报关单占 3/4 以上。对诚信守法企业的低风险货物单证自动放行，省去了人工审单环节，手续也比较简单，将单票报关单审核时间降低到以秒计算，提高了通关效率，降低了企业通关成本，也促进了企业守法自律。

百得（苏州）科技有限公司与百得（苏州）精密制造公司是第一批

参与关检合作“通关单无纸化”的A类企业，在报关时免于提交出入境通关单纸质单证。得知海关推出通关作业无纸化改革后，便积极要求参与试点。关务曹明说：“免交纸质通关单后我们已经感觉到通关手续简单多了，没想到参加通关作业无纸化改革后，可以免交所有的纸质单证。我们公司提供给报关公司的本来就是电子版的单证，现在报关公司不用打印，直接在电脑上理单后上传申报，申报后又不用等号排号，系统自动放行，快的不是一点半点啊！”

“提前申报”让物流时间大大缩短

单证流转时间缩短了，不能让实货的物流时间成为制约通关的瓶颈。经过反复研究论证，南京海关在海关系统率先推出出口货物“提前申报，运抵验放”模式。新模式一改以往出口货物必须进入监管场站后方能向海关申报的传统做法，企业最多可以在发货前3天就向海关申报，通关审核与企业生产可以同步进行，通关时间明显缩短。

目前，约90%的货物场站停留时间缩短到10分钟。苏州工业园区海关查验科科长秦文打了个比方：“假设两票货同时进场站，采用旧模式的货物完成手续出场站时，采用改革后新模式的货物已经从苏州到上海了。”

货物进出海关特殊监管区域，原本需要发货方报出口，收货方报进口，产生一进一出两份报关单，出口方海关与进口方海关分别审核放行。为进一步简化通关手续，去年4月16日，南京海关特殊监管区域“两单一审”通关改革开始试点，通过计算机自动处理，将进出特殊监管区域的货物改为一次申报、一次审核。同年9月17日，在海关总署支持下，试点范围扩大至昆山综合保税区和苏州高新区综合保税区。截至去年年底，该项业务试点共惠及企业3 486家，自动放行比率99.9%，试点工作取得了明显成效。

“海关联动”让异地通关更为便捷

得益于南京海关区域通关改革，江苏进出口实货物流越来越“顺风顺水”。在苏北淮安，华达利家具有限公司一票3个集装箱大柜运抵海关监管点申报出口，南京海关隶属淮安海关办理放行手续后直接运至连云港码头配载，全程约5小时，而在以前，走完这些程序一般需要1~2天时间。淮安没有海运码头，但海关创造性地构建“港站快速转场/集港”便捷通关模式，实现两地进出境货物的直通。目前，该模式试点口岸已拓展至上海和青岛口岸，除节约时间外，每年也能为淮安企业节省千万余元物流成本。

在太仓港，2008年开启的“苏太联动”通关模式已实现太仓港与苏州地区乃至整个江苏地区的联动，使太仓港港口功能延伸至全省范围。2012年这一模式不断做大做强，进出口通关时间再缩短近2小时，企业物流成本得到进一步降低。在严峻的外贸形势下，2012年太仓口岸外贸集装箱吞吐量同比增长23.12%，外贸业务保持逆势强劲增长。

为了更进一步促进江苏外贸通关便利化，去年7月16日起，沪宁两关之间正式取消出口转关纸质关封的传递，通关手续更加便捷。

（来源：科技日报 http://tech.hexun.com/2013-02-18/151179107.html；2013年2月18日）

第四节　企业适用分类通关程序的好处

通过以上对海关分类通关改革的介绍，你也一定对该种便捷通关方式有了比较详细的认知了。那么，让我们一起从它的实施背景以及操作流程来看，它能为企业带来哪些切实的好处呢？

分类通关改革是海关应对当前国际金融危机、努力保增长和保税收的重要举措。当前，国际金融危机仍在蔓延，国际市场需求继续萎缩，全球通货紧缩趋势明显，贸易保护主义抬头。受国际金融危机影响，我国经济仍面临着巨大的下行压力，广大进出口企业经营比较困难。在这个关键时期，海关果断扩大出口货物分类通关改革范围，大幅度提高出口货物的通关效率，将为我国企业提高国际竞争能力、巩固和扩大国际市场提供有力的支持，是海关应对国际金融危机挑战、保持经济平稳较快发展的重要举措。

分类通关是以企业守法管理为核心，综合企业类别、商品归类、价格、许可证件、贸易国别、航线、物流信息等各类风险要素，H2010 系统对报关单电子数据进行实时风险分析，实施红绿通道判别，对绿通道的报关单直接转现场处置，对不同资信企业和不同风险进口货物采取按风险高低分别实施“低风险快速放行”、“低风险单证审核”和“高风险重点审核”。尤其是在分类通关的“无纸报关、事后交单”的模式下，在操作上仅仅表现为企业发送信息——海关电脑审核——企业接收回执的电子化流程，而电脑系统自动审核的速度最快则可以秒计。

由此我们可以看出，海关分类管理改革至少从以下三个方面给企业带来切实的好处：

一、提高企业通关效率

分类通关过程中海关在“集中分拣”窗口将报关单分拣分类，对于“低风险快速放行”的报关单由海关作业系统现场直接放行结关，只有“低风险单证审核”和“高风险重点审核”报关单才由人工审核。根据海关统计，2009 年下半年，全国 15 个试点现场的出口报关单量为 1 136.7万份，出口金额为 4 149.4 亿美元，分别占同期全国出口总报关量的 62% 和总出口额的 61%。其中，八成以上出口货物适用低风险模式通关，而不到两成的出口货物被海关重点审核查验。据统计，15 个试点海关的整体通关速度由 2009 年 1－6 月的 1.92 小时降到 7－12 月的 1.8 小时。资信良好的企业，出口的又是低风险货物，海关办理手续有可能在一分钟之内完成。

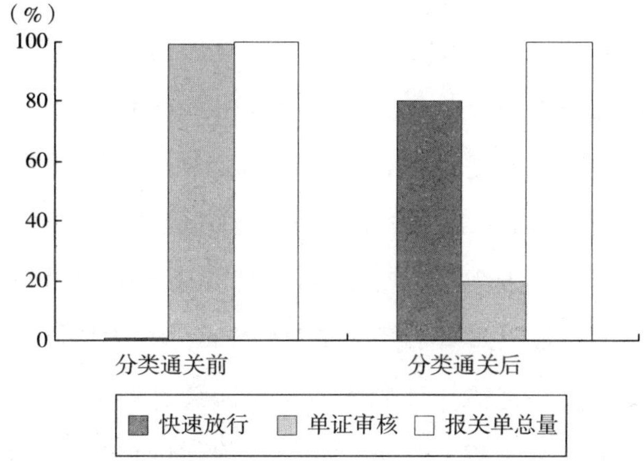

图 1－4　分类通关实施前后快速放行单证所占比率对比

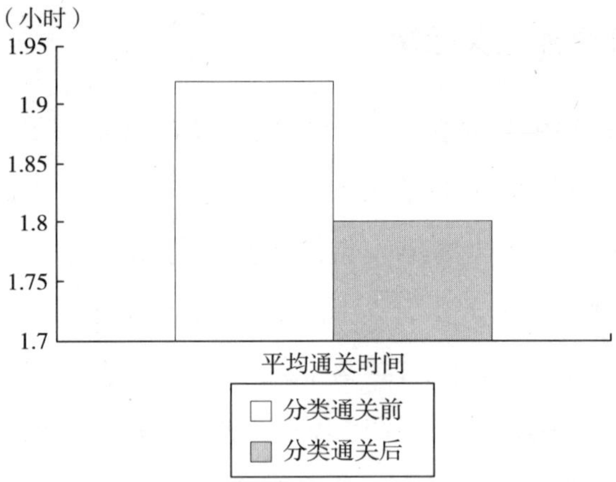

图1-5　分类通关实施前后平均通关时间对比图

二、促使企业“以诚信换效率”，增强企业诚信意识

分类通关改革，一定意义上把通关效率决定权交给企业，以“守法便利”为原则，引导企业诚信规范经营，让诚信守法企业享受海关最大通关便利。当前，海关企业分类管理制度中，海关按照企业守法和信用度以自高向低的顺序设置了AA、A、B、C、D五个管理类别。在分类通关中，被海关选中的AA、A类试点企业将享受“担保验放、自动放行”和“事后交单”等便捷通关模式。而要想成为被海关认可的守法企业，应该注意把进出口报关差错率控制在3%以下，同时需要企业会计制度完善，业务记录真实、完整，且能主动配合海关管理，及时按规定办理各项海关手续，按时报送相关材料，向海关提供的单据、证件要真实、齐全、有效。此外要在商务、人民银行、工商、税务、质检、外汇、监察等行政管理部门和机构无不良记录等。因此，一定程度上，分类通关成为了企业诚信建设的助推器。

三、增强我国企业国际竞争力

全球经济一体化进程加快和我国开放型经济的发展，对海关的通关效率提出了更高的要求。诚信企业的货物通关时间大幅缩短，企业不仅可以节约货物物流费用，还提高了流动资金的利用效率，这将提高企业进入国际市场的竞争力。海关总署启动实施分类通关改革试点时，中国经济正面临着“应对当前国际金融危机、努力保增长和保税收”的重大课题，大幅度提高出口货物的通关效率，被认为是对我国企业提高国际竞争能力、巩固和扩大国际市场提供有力的支持。分类通关模式即对不同风险等级的货物实施不同的作业模式，对低风险货物予以快速放行，对高风险货物实施重点审核，通过分类处置，避免“平均用力”，从而提高整体的通关效率。可以说，分类通关开启“读秒时代”。如以往一票进口货物通关时间一般要 1 个小时，而启动进口货物分类通关改革后，信用度好、风险低的进口企业货物通关速度将大大加快，最快不到 1 分钟。通关速度的提升将极大地降低其贸易成本，而这对广大诚信守法企业而言，无疑将提高其国际竞争力，增强其抵御国际金融危机的实力和信心。

拓展阅读

银川海关全力推进分类通关改革　企业通关进入读秒时代

人民网银川8月17日电（记者　周志忠）随着银川海关进出口分类通关作业改革正式启动，在银川海关办理报关业务的广大进出口企业开始全面实行分类通关作业模式，对符合条件的低风险报关单实行计算机系统自动放行，用时不到1秒，企业通关进入读秒时代。

进出口分类通关作业改革是海关优化监管与服务，提高通关效率的重大举措。该项改革以风险管理理念为基础，以优化海关监管，提高通关效率为目标，以企业“守法便利”为重要内容，把进出口报关单分为“低风险快速放行、低风险单证审核、高风险重点审核”三种类型，对低风险报关单实行快速放行，对高风险报关单实行重点审核的通关作业模式。

牢固树立“区兴关兴”的服务理念，银川海关解放思想，勇于创新，不断深化海关业务改革，积极主动为广大进出口企业提供便捷通关服务，促进宁夏外向型经济发展，先后出台了“网上报关”、“电子支付”、“7×24小时预约通关”等多项服务举措。特别是推行进出口分类通关作业改革后，宁夏进出口企业办理通关手续更加方便，进出口货物通关时间进一步缩短，进出口企业物流成本进一步降低，企业能够实实在在感受到此项改革带来的好处。

（来源：人民网 http：//www. yangtse. com/system/2012/08/19/014203238. shtml；2012年8月19日）

第五节　企业适用分类通关程序的注意事项

一、牢记分类通关各项操作模式及其适用范围

由于受限于本书的章节安排，我们在本章主要向大家介绍“有纸报关”和“无纸通关、事后交单”，对于其他业务模式也简要介绍一下，以有助于大家对分类通关有系统认识和把握。

（1）有纸有货报关：适用于企业向现场海关递交纸质单证时货物已运抵的报关单。

（2）有纸提前报关：适用于企业向现场海关递交纸质单证时货物尚未运抵的报关单（A 类以上企业）。

（3）担保验放报关：适用于具备担保验放资格的企业，向海关递交担保验放单的报关单。

（4）事后交单报关：适用于具备事后交单资格的企业，且在申报时选择无纸申报模式的报关单。

二、企业申请单证暂存注意事项

报关单证企业暂存是海关为进一步深化分类通关改革，提高通关效率，降低企业通关成本而推出的一项便利措施。

企业暂存的报关单及随附单证（以下简称“报关单证”）是指进出口货物收发货人或其代理人按照分类通关作业模式，经海关批准免予现场递交并由企业暂行保管的法定单证，是海关依法对进出口货物进行有效监管的重要依据。

企业暂存报关单证分为进出口货物收发货人“自行暂存”和报关企业“集中代存”两种类型。A 类及以上类别进出口货物收发货人和报关企业在向海关申请并经认证后，可在本关区各口岸范围内开展报关单证

企业暂存。

“自行暂存”和“集中代存”是企业“单证暂存”的两种类型，也是分类通关改革的重要内容之一。根据海关有关规定，只有符合条件的海关高资信企业在向海关申请并经认证后方可按要求开展报关单证企业暂存。

（一）企业暂存的报关单证范围

不涉及许可证件、征税、减免税且无须查验的报关单及其随附单证。海关认为不适宜企业暂存的报关单证除外。

（二）单证暂存企业享受到的好处

经海关批准实行“单证暂存”的企业，对不涉证不涉税的报关单在报关时可以选择无纸申报，如果海关电脑判定为“低风险快速放行”且海关不实施查验的，免予现场递交单证并由企业自行保管报关单及其随附单证的通关模式。

（三）企业如何申请单证暂存资格

（1）试点海关范围内A类及以上类别进出口货物收发货人申请并经注册地海关认证和验收后，可自行暂存在注册地海关申报的报关单证；

（2）试点海关范围内A类及以上类别报关企业申请并经注册地海关认证和验收后，可暂存其代理的注册地在本关区（指企业注册地所在直属海关）范围内的A类及以上类别进出口货物收发货人（须代理报关企业与被代理进出口货物收发货人签订代理协议），在报关企业主管地海关申报的报关单证。

海关对自愿申请开展单证暂存企业进行审核评估，并对企业单证保管的硬件设施和单证管理制度进行实地验收。企业必须有满足纸质单证档案保管的专用场所和设施，配备计算机和软件用于单证理单和档案管理，并制定报关单证管理制度，安排专人负责报关单证的归档、保管、接待查阅和安全防范工作。

（四）企业单证暂存准入条件和验收标准

根据海关总署2010年第59号公告规定，海关对自愿申请开展报关单证自行暂存的进出口货物收发货人和集中代存的报关企业进行审核评估，并对企业单证保管的硬件设施和单证管理制度进行实地验收。对单证暂存企业的报关单证管理状况进行检查，检查内容包括企业暂存单证保管库房的安全性、理单归档的及时性、纸质单证档案的完整性、所存单证内容与海关电子数据的一致性以及相关管理制度的落实情况等。相关准入条件和验收标准如下：

1. **企业准入条件**

（1）试点海关范围内A类及以上类别进出口货物收发货人申请并经注册地海关认证和验收后，可自行暂存在注册地海关申报的报关单证。

（2）试点海关范围内A类及以上类别报关企业申请并经注册地海关认证和验收后，可暂存其代理的注册地在本关区（指企业注册地所在直属海关）范围内的A类及以上类别进出口货物收发货人（须代理报关企业与被代理进出口货物收发货人签订代理协议）在报关企业主管地海关申报的报关单证。

2. **企业验收标准**

（1）专用保管场所及设施。

报关单证须有专门库房或封闭区域集中存放，应装有防盗门和铁栅栏窗，配备灭火器具，符合防火、防盗、防鼠（虫）及防潮等要求。

（2）专用计算机管理。

配备专用计算机，使用海关指定理单管理系统完成理单操作，建立报关单单证海关编号与档案号对应关系。在报关单证档案日常管理中应采用计算机技术，并妥善保管有关电子数据。

(3) 专人管理。

企业应指定专人负责报关单证的理单、归档、保管、接待查阅和安全防范工作。企业单证管理人员备案及其变更须经主管地海关单证管理部门批准并经培训后上岗。

(4) 专项制度。

企业应遵循“规范管理、方便使用、保证安全”原则，制定企业内部适用的海关报关单证暂存管理规定，在企业暂存单证的理单、归档、调阅、移交、销毁等环节实施有效管理。相关管理规定须报主管地海关单证管理部门备案。

三、企业适用分类通关程序的问与答

Q：请问什么是分类通关？

A：分类通关是指海关通过科学运用风险管理的理念和方法，以企业守法管理为核心，综合企业类别、商品归类、价格、许可证件、贸易国别、航线、物流信息等各类风险要素，按照风险高低对进出口货物实施分类，在通关过程中采取不同的管理要求和管理程序，实施差别化作业的通关管理模式。

Q：我公司是无纸通关单证暂存试点企业之一，我们在做无纸申报时，电脑提示的“接单交单”是什么意思？

A：如果企业选择无纸申报后，电脑提示“接单交单”的，企业应打印纸质报关单，并按规定在放行前向通关科“无证无税岗”、“涉证无税岗”、“涉税审核岗”或“网付及担保处理岗”递交相关单证办理海关手续。无纸通关单证暂存模式是指对不涉证不涉税的报关单在报关时可以选择无纸申报，如果海关电脑判定为“低风险快速放行”且海关不实施查验的，免予现场递交单证并由企业自行保管报关单及其随附单证。

Q：请问分类通关作业基本模式与原有通关作业模式有什么不同？

A：分类通关作业基本模式是将风险管理的理念贯穿于原无纸通关和有纸通关两种通关作业模式全过程。分类通关是在系统风险分析的基础上将所有接受申报的报关单按风险高低进行分类，并在完成电子审单、专业审单后在现场作业环节根据风险分析及审单结果将报关单分为“低风险快速放行”、“低风险单证审核”、“高风险重点审核”三类，其中“低风险快速放行”的报关单根据单证管理方式又分为“现场交单”、“无纸通关、事后交单”和“无纸通关、单证暂存”。

Q：请问什么企业才能申请到单证暂存的资格？

A：第一，试点海关范围内A类及以上类别进出口货物收发货人申请并经注册地海关认证和验收后，可自行暂存在注册地海关申报的报关单证；第二，试点海关范围内A类及以上类别报关企业申请并经注册地海关认证和验收后，可暂存其代理的注册地在本关区（指企业注册地所在直属海关）范围内的A类及以上类别进出口货物收发货人（须代理报关企业与被代理进出口货物收发货人签订代理协议）在报关企业主管地海关申报的报关单证。

Q：我们的货物如果都是不涉证不涉税的，那报关单是不是都可以自动快速放行？

A：只有风险判别为“低风险”且不涉证涉税、未被布控的报关单可以适用“低风险快速放行”。

Q：我们是广东黄埔的一家企业，有许多货物是从深圳转关过来的，一车货物里面有些是涉证涉税的，有些是无证无税的，那是不是必须等车辆到了开发区车检场后才能申报呢？

A：涉证涉税与非涉证涉税的接单要求不同但放行条件一致，即必须车到场才能办放行。另外，转关允许提前报关。

Q：我们是开发区内的一家企业，申报了一份报关单被电脑退单，提示："没有运抵报告"，这是我们第一次遇到这种情况，请教原因。

A：根据海关总署加强出口监管的相关规定，只有A类及以上的企业才能提前申报。对于B类及以下企业，必须货到才能报关，也就是货物必须运抵海关监管场所且监管场所管理部门向海关发送了运抵报告后，该票货物才能报关。目前H2010系统在接单时自动审查运抵报告，贵公司可能是B类及以下公司，所以提前申报时被电脑退单，在运抵报告发送后再进行申报即可。

Q："事后交单"报关单凭什么资料办理装船手续？

A："事后交单"报关单放行后，贵公司可在QP系统中收到H2010传输的"无纸查验/放行通知书"，打印后凭此通知书到物流监控科打印"出口货物准装通知书"，办理装船出境手续。

Q：我们是苏州地区的一家企业，请问从苏州地区转关到上海吴淞海关出口的货物能不能适用分类通关？

A：转关货物目前暂不适用分类通关。根据海关总署有关规定，出口分类通关目前仅适用于在口岸海关直接办理清关手续的报关单，转关货物、"属地申报，口岸验放"、特殊监管区域、特殊监管场所的报关单仍按原有的通关模式办理。

Q：我公司想申请成为无纸通关企业，那么是否还可以选择有纸通关？是否会对企业在其他口岸的业务造成影响？

A：申请成为无纸通关企业后，企业在申报时可以根据自身需要自主选择有纸通关方式或者无纸通关方式。成为无纸通关企业后，企业在其他非试点口岸的业务仍按照此前的业务流程和要求，不受改革的影响。

Q：出口退税一直是出口企业发展的生命线，请问，此次出口货物分类通关改革后，对企业办理退税会有什么影响吗?

A：分类通关后，只要是资信好的企业，通关速度快了，向海关申请出口退税的时间就可以缩短，当然，对提高退税的速度有帮助，分类通关最主要的特点就是给资信好的企业带来方便。

第二章　通关作业无纸化

您是否还会在每天早上顾不得吃早饭便匆匆赶往口岸海关报关大厅，只为能排在报关队伍的最前面？您是否还在为了完成关税支付而在海关和银行之间来回奔波？您是否还在为忙着在公司打印一摞摞的报关资料而感到焦头烂额？

其实，随着海关近年来各项作业模式尤其是通关作业无纸化改革试点的启动，在口岸通关环节中，企业向海关申报已经不再仅局限于传统的现场交单模式了，通关作业无纸化已经成为越来越多企业的首选。

下面，就为您系统地介绍一些海关通关作业无纸化的知识，以及企业在通关作业无纸化模式下应该做哪些准备，让您对这一通关模式有个详细的认知，以便更好地完成通关环节。

第一节　了解通关作业无纸化

伴随着全球经济发展和信息技术进步，越来越多的国际贸易、商业交接和国际物流单证正逐步趋向统一标准和电子化，通关作业无纸化已成为发达国家的海关的通行做法，已被越来越多国家海关所采用。中国海关自 2012 年 8 月起在北京、天津、上海、南京、杭州、宁波、福州、青岛、广州、深圳、拱北、黄埔首批 12 个直属海关正式启动这一改革。

通关作业无纸化是指海关以企业分类管理和风险分析为基础，按照风险等级对进出口货物实施分类，运用信息化技术改变海关验核进出口企业递交纸质报关单及随附单证办理通关手续的做法，直接对企业通过中国电子口岸录入申报的报关单及随附单证的电子数据进行无纸审核、验放处理的通关作业方式。

一、通关作业无纸化的探索

海关通关作业历经了纸质报关（1995年以前）、电子和纸质报关（1995年以后）、分类通关（2009年以后），再到如今的通关作业无纸化改革。

1995年以前，海关一直实行纸质报关。1995年，海关推出H883通关作业系统后，开始在全国实行报关单电子申报，同时企业需要准备纸质报关单及随附单证，在现场作业环节，向海关提交。

在前期电子和纸质报关的基础上，2009年，海关启动了分类通关改革，就是对低风险货物采取快速放行的方式办理手续，对高风险货物加大监管力度。简单地说，海关在企业分类管理的基础上，综合分析其他各项通关要素，对货物分别适用“低风险快速放行”、“低风险单证审核”、“高风险重点审核”三种作业模式。同时，除通关环节中的监管外，海关还在事前加强前置性分析，事后加强后续稽查，以化解通关中的风险。分类通关实现了对74.4%货物低风险快速放行，简化了企业交验纸质单证及配合查验的环节，进一步缩短了货物通关时间，降低了企业通关成本，同时，海关通过优化人力资源配置，将更多的力量充实到监管一线，使海关监管的针对性和有效性不断提高，为推行通关作业无纸化奠定了基础。

二、通关作业无纸化的启动

2012年7月，海关总署下发2012年第38号公告，决定自2012年8月1日起海关总署在北京、天津、上海、南京、宁波、杭州、福州、青岛、广州、深圳、拱北、黄埔12个海关的部分业务范围内启动试点。

三、通关作业无纸化的深化

海关通关作业无纸化改革试点工作自2012年8月1日启动以来，各项工作有序推进，系统运行较为平稳，社会各界反响积极。为进一步提高通关效率，提升监管效能，扩大改革成效，2013 年 4 月 11 日，海关总署发布 2013 年第 19 号公告（关于深化通关作业无纸化改革试点工作有关事项的公告），决定在前期通关作业无纸化改革试点的基础上，在全国海关深化通关作业无纸化改革试点工作。

海关总署公告超链接

海关总署公告 2013 年第 19 号

通关作业无纸化是指海关以企业分类管理和风险分析为基础，按照风险等级对进出口货物实施分类，运用信息化技术改变海关验核进出口企业递交纸质报关单及随附单证办理通关手续的做法，直接对企业通过中国电子口岸录入申报的报关单及随附单证的电子数据进行无纸审核、验放处理的通关作业方式。

海关通关作业无纸化改革试点工作自 2012 年 8 月 1 日启动以来，各项工作有序推进，系统运行较为平稳，社会各界反响积极。为进一步提高通关效率，提升监管效能，扩大改革成效，海关总署决定在前期通关作业无纸化改革试点的基础上，在全国海关深化通关作业无纸化改革试点工作。现就有关事项公告如下：

一、扩大试点范围：

（一）试点企业范围扩大至海关管理类别为 B 类及以上企业。

（二）北京、天津、上海、南京、杭州、宁波、福州、青岛、广州、深圳、拱北、黄埔首批 12 个海关将试点范围扩大到关区全部业务现场和所有试点业务。

（三）上述 12 个海关以外的其余 30 个海关各选取 1 至 2 个业务现场和部分业务开展通关作业无纸化改革试点。

（四）2013 年内，将“属地申报，口岸验放”通关模式下的报关单纳入通关作业无纸化改革试点范围。

二、试点企业经报关所在地直属海关审核同意，在与报关所在地直属海关、第三方认证机构（中国电子口岸数据中心）签订电子数据应用协议后，可在该海关范围内适用“通关作业无纸化”通关方式。

经海关审核准予适用“通关作业无纸化”通关方式的进出口企业需要委托报关企业代理报关的，应当委托经海关审核准予适用“通关作业无纸化”通关方式的报关企业。

三、经海关批准的试点企业可以自行选择有纸或无纸作业方式。选择无纸作业方式的企业在货物申报时，应在电子口岸录入端选择“通关无纸化”方式。

四、对于经海关批准且选择“通关作业无纸化”方式申报的经营单位管理类别为AA类企业或A类生产型企业的，申报时可不向海关发送随附单证电子数据，通关过程中根据海关要求及时提供，海关放行之日起10日内由企业向海关提交，经海关批准符合企业存单（单证暂存）条件的可由企业保管。

对于经海关批准且选择“通关作业无纸化”方式申报的经营单位管理类别为A类非生产型企业或B类企业的，应在货物申报时向海关同时发送报关单和随附单证电子数据。

五、各有关单位需要查阅、复制海关存档的报关单及随附单证电子数据档案时，应按照规定办理手续，海关根据电子档案出具纸质件并加盖单证管理部门印章。

六、涉及许可证件但未实现许可证件电子数据联网核查的进出口货物暂不适用“通关作业无纸化”作业方式。

本公告内容自2013年5月1日起施行，海关总署公告2012年第38号同时废止。

特此公告。

海关总署

2013年4月10日

拓展阅读

海关总署推行通关作业无纸化改革为企业减负增效

日前，海关总署宣布在全面推进分类通关的基础上推行以通关作业无纸化改革为代表的“保增长”的一系列重大举措，不断改进海关监管与服务，推动国际贸易便利化，帮助进出口企业渡过难关，促进我国进出口贸易平稳健康发展。

实行通关无纸化作业，是海关不断改革创新、提供通关便利的最新成果。这一措施，经过了前期反复调研和论证，充分听取和吸收了企业意见。海关总署于2011 年 12 月就通关作业无纸化改革召开了企业座谈会，宣传介绍通关作业无纸化改革方案，并听取企业对于海关分类通关改革成效和无纸化改革实施方案的意见和建议。企业界对海关为支持企业发展采取的各项措施表示欢迎，对前期分类通关改革成效和无纸化方案给予高度评价，与会企业一致表达了积极支持、参与通关无纸化改革的迫切意愿。

海关自 2009 年 5 月以来逐步推进实施分类通关改革试点，以企业资信状况为基础，按风险高低对进出口货物实施差别化通关作业，受到广大进出口企业的好评。2011 年前 3 个季度，全国出口货物分类通关平均通关时间为 1.51 小时，较 2010 年上半年分类通关整体推开之前的 1.92 小时缩短了 0.41 个小时，99.28% 的货物实现 24 小时放行；进口货物分类通关平均通关时间为 18.53 小时，较改革之前的 33.1 小时缩短了 14.57 个小时，63.42% 的货物实现 24 小时放行。实践证明，分类通关改革实施之后，海关通关效率和监管水平得到了不断提升，守法企业货物通关时间缩短，企业物流成本降低，企业国际地位提升，受到了地方政府和企业的欢迎。

现有海关法律法规的完善、信息技术的发展和应用、部际合作不断拓展、国外海关实践经验的借鉴，都为通关作业无纸化改革奠定了基础。通关作业无纸化改革不仅是海关通关制度的改革和创新，更是探索海关与企业合作的有效形式，是构建海关和企业合作关系的载体。

（来源：海关总署网站 http：//www. customs. gov. cn/publish/portal0/tab1/info346440. htm；2011 年 12 月 31 日）

第二节　通关作业无纸化的适用范围

一、通关无纸化适用关区

（一）试点阶段范围

2012 年 7 月，海关总署下发 2012 年第 38 号公告，决定自 2012 年 8 月 1 日起海关总署在北京、天津、上海、南京、宁波、杭州、福州、青岛、广州、深圳、拱北、黄埔 12 个海关的部分业务范围内启动试点。

（二）深化阶段范围

2013 年 4 月 10 日，海关总署发布 2013 年第 19 号公告（关于深化通关作业无纸化改革试点工作有关事项的公告），决定在前期通关作业无纸化改革试点的基础上，在全国海关深化通关作业无纸化改革试点工作。北京、天津、上海、南京、杭州、宁波、福州、青岛、广州、深圳、拱北、黄埔首批 12 个海关将试点范围扩大到关区全部业务现场和所有试点业务。上述 12 个海关以外的其余 30 个海关各选取 1 至 2 个业务现场和部分业务开展通关作业无纸化改革试点。

二、通关作业无纸化适用企业

海关总署 2013 年第 19 号公告将通关无纸化企业试点企业范围扩大至

海关管理类别为 B 类及以上企业。

其中，对于经海关批准且选择“通关作业无纸化”方式申报的经营单位管理类别为 AA 类企业或 A 类生产型企业的，申报时可不向海关发送随附单证电子数据，通关过程中根据海关要求及时提供，海关放行之日起 10 日内由企业向海关提交，经海关批准符合企业存单（单证暂存）条件的可由企业保管。对于经海关批准且选择“通关作业无纸化”方式申报的经营单位管理类别为 A 类非生产型企业或 B 类企业的，应在货物申报时向海关同时发送报关单和随附单证电子数据。

表 2－1　海关通关无纸化适用企业范围

企业类别		是否适用通关无纸化	是否需要即时发送随附单证电子数据
AA 类		√	×
A 类	生产型企业	√	×
	非生产型企业	√	√
B 类		√	√
C 类			
D 类			

小贴士　海关企业分类管理制度

根据《中华人民共和国海关企业分类管理办法》规定：海关根据企业遵守法律、行政法规、海关规章、相关廉政规定和经营管理状况，以及海关监管、统计记录等，设置 AA、A、B、C、D 五个管理类别，对有关企业进行评估、分类，并对企业的管理类别予以公开。海关总署按照守法便利原则，对适用不同管理类别的企业，制定相应的差别管理措施，其中 AA 类和 A 类企业适用相应的通关便利措施，B 类企业适用常规管理措施，C 类和 D 类企业适用严密监管措施。

拓展阅读

海关通关作业无纸化改革助宁波－舟山港提速发展

（曹永胜/文）晚9点，舟山兴港国际船舶代理公司通过网络，将39票出口货物转关单数据传输到杭州海关隶属舟山海关的通关管理系统，不到几分钟，海关系统便自动审核并办结了这批货物的出口核销手续。这场转关作业全程无纸化、自动化的改革，让企业通关驶入“高速公路”，同时，也为宁波－舟山港的发展注入了全新的动力。

舟山海关是全国第一家实现转关作业全程无纸化、自动化作业的隶属海关，目前，已将转关作业无纸化试点覆盖到宁波转关至舟山大浦口码头的所有海运出口集装箱业务，3月份共办理出口转关核销878票，同比增长288.5%。

改革的实施使得企业人员再也不用往返奔波递送纸质单证了，只需要通过电脑申报，海关系统就会自动审核处理，这为企业降低了通关成本，有利于提高企业竞争力。舟山兴港国际船舶代理有限公司的班轮部主管葛肖军，在谈到业务的增长时，就深有体会地说：“我们一季度的业务实现了持续增长，仅3月份进出口集装箱就有4 000多标箱，环比增长35%。这多亏了海关的无纸化通关改革。自从我们成为试点企业以来，出口货物通关时间大大缩短，在时间就是金钱的市场竞争下，我们的竞争力明显提高。”

得益于舟山海关的通关改革和品牌式服务，一季度金塘大浦口码头吞吐量继续保持高速增长的态势。据舟山海关统计，金塘大浦口码头第一季度实现吞吐量11.7万个标准箱，同比增长41.4%。

（来源：海关总署网站 http：//www.customs.gov.cn/publish/portal0/tab1/info425190.htm；2013年4月15日）

第三节　企业如何适用通关作业无纸化

一、企业适用通关作业无纸化的基本流程

阅读完上文后，我们已经了解了通关作业无纸化的基本概况和适用关区、企业范围，那么符合该适用范围要求的企业应如何参与到通关无纸化，及时享受到海关通关改革带来的“红利”呢。

根据通关作业无纸化海关监管要求，企业参与通关作业无纸化的基本流程主要包括签订三方协议、报关单录入与传输随附单证电子数据、通关无纸化回执打印、货物查验与放行以及报关单删改等环节。其主要流程示意图如图 2－1 所示：

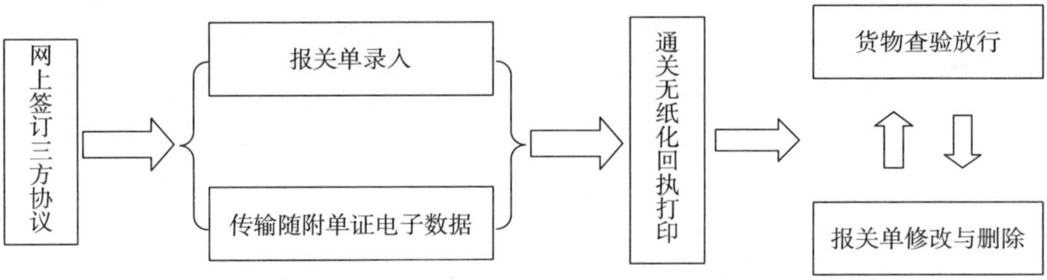

图 2－1　企业适用海关通关无纸化流程

二、海关通关作业无纸化相关配套保障措施

（一）实施差别化管理，拉开不同资信企业的政策落差

对不同类别企业在通关监管、税收征管、保税监管和稽查核查等方面实施差别化作业拉开高低资信企业之间的政策落差，真正实现“守法便利、违法惩戒”。

（二）加强企业动态分类管理，增强布控查验的指向性

AA类、A类生产型	较低查验比例
A类非生产型、B类	正常布控查验率
C类、D类	较高布控查验比例

（三）完善风险运行机制，提升风险管理水平

（1）推进风险参数和通道融合。

（2）加强风险参数与风险布控执行和效能反馈。

（3）在直属海关探索建立业务指挥中心，完善风险运行机制。

（4）提高对未知风险的判别能力，将一定比例的未知风险纳入高风险重点审核作业，不断提高风险参数设置水平。

（四）加强物流实际监控，提高整体监管效能

（1）建立严密高效的物流监控体系。

（2）大力推进舱单系统推广应用。

（3）全面规范监管场所管理，加大海关与监管场所联网力度。

（4）加大查验技术装备投入，实施集约化查验管理。

（五）发挥行业协会职能作用，规范报关行为

代理报关委托书/委托报关协议管理系统交由中国报关协会管理，被委托企业通过该系统向海关提供电子代理报关委托书/委托报关协议。

三、企业适用通关作业无纸化的操作要点

（一）通关作业无纸化三方协议签约

就如同我们进入景区时都需要持有一张门票或通行证一样，企业在参与通关无纸化时也需要有相关的“通行证”。所谓“通行证”就是企业需要在网上完成的三方协议签约。

通关无纸化三方协议签约的三方是指企业、海关、电子口岸。其中，申报单位和经营单位都要分别与海关、电子口岸进行签约。企业用户必须使用企业法人卡进行签约。此外，值得关注的一点是同一家企业可以与多个关区（报关单申报地）进行签约。

通关无纸化三方协议签约基本流程如图2－2所示：

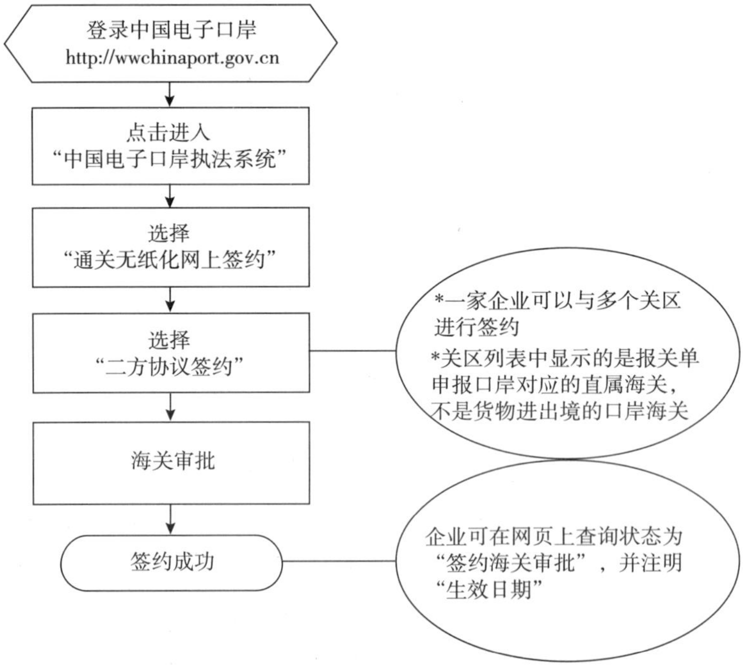

图2－2　通关无纸化三方协议签约基本流程

下面，我们就按照该流程，为您详细介绍企业通关无纸化三方协议签约基本要点：

（1）登录 http：//chinaport. gov. cn，进入中国电子口岸执法系统，选择“通关无纸化网上签约”或直接登录 http：//cas. chinaport. gov. cn/cas。

（2）登录后，您将会看到以下界面：

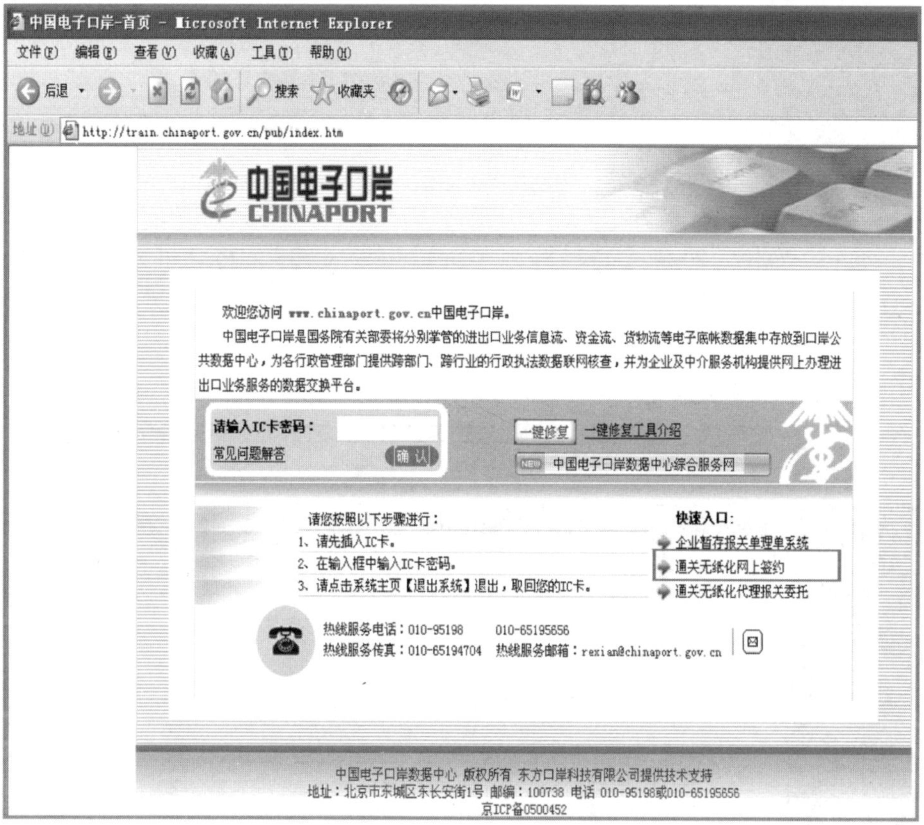

图 2－3　中国电子口岸网站首页

（3）如图 2－3 所示，点击选项框内“通关无纸化网上签约”，将会进入“通关无纸化网上签约”专题首页，如图 2－4 所示：

图 2－4　海关通关无纸化签约系统首页

(4) 点击图 2－4 中选项框内“三方协议签约”，将会进入“三方协议签约”专题首页，如图 2－5 所示：

图 2－5　通关无纸化三方协议签约示意图

按照图 2－5 中选项框所标示，完成“选择要签约的关区”。其中，关区列表中显示的是报关单申报口岸对应的直属海关，不是货物进出境的口岸海关。此外，需要注意的是同一家企业可以与多个关区进行签约。

（5）在填写完成以上选项，并点击“签约”后，该签约意向将进入海关审批列表。待海关审批完成后，您点击网页左侧“三方协议查询”，便可查询企业签约状态及注明“生效日期”。如图 2 -6 所示：

图 2 -6　通关无纸化三方协议签约示意图

小贴士　企业通关无纸化网上三方协议选择“解约”时，无须海关审核。

（二）代理报关电子委托

电子委托协议作为报关单随附单据中唯一的格式化数据，是海关通关无纸化改革的重要一环。经营单位、申报单位持操作员卡登录浏览器版系统后，可实现双方代理报关委托签约。无纸化代理报关委托可由经营单位向申报单位发起申请，也可由申报单位向经营单位发起申请。

（1）登录网站：经营单位使用本单位操作员卡，申报单位使用本单位报关员卡，登录中国电子口岸首页（需使用 IE 浏览器）：http：//www. chinaport. gov. cn/pub/如图 2 -7 所示：

图 2－7 中国电子口岸首页

（2）点击图 2－7 中选项框内“通关无纸化代理报关委托”，将会进入“通关无纸化代理报关委托”专题首页，如图 2－8 所示：

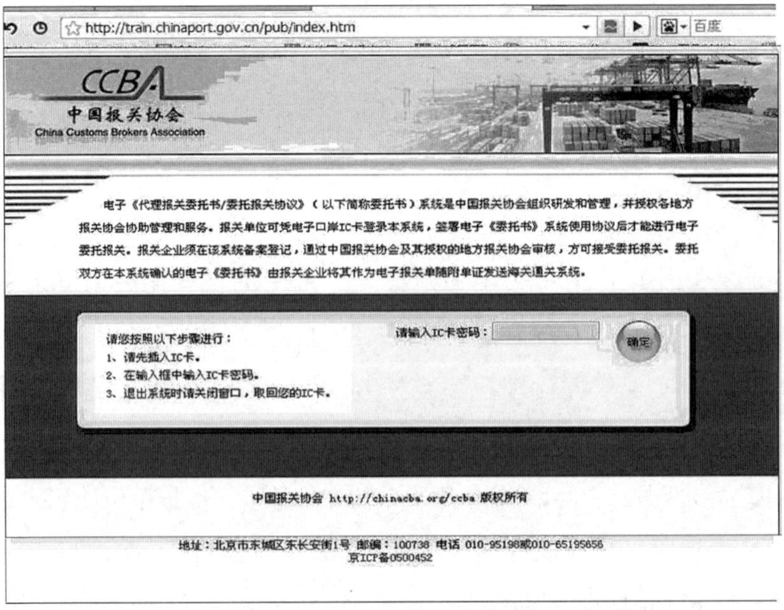

图 2－8 “通关无纸化代理报关委托”专题首页

（3）登录系统：输入经营单位操作员卡，或申报单位报关员卡密码，后点击确定。

（4）若您公司的情况属于经营单位发起委托申请：

①选择报关企业。

②输入申报单位企业海关编码，或申报单位企业名称，后点击查询。

③确认企业无误后，点击“发起委托书申请”。

如图 2－9 所示：

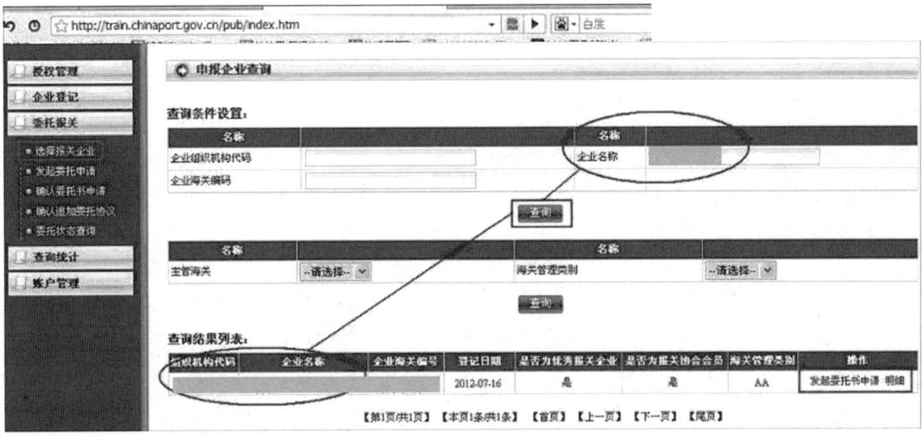

图 2－9　“通关无纸化代理报关委托”操作示意图

（5）如果您的公司首次发起委托申请，选择第一项“建立委托书”，如之前发起过申请，则选择第二项“追加委托协议”。如图 2－10 所示：

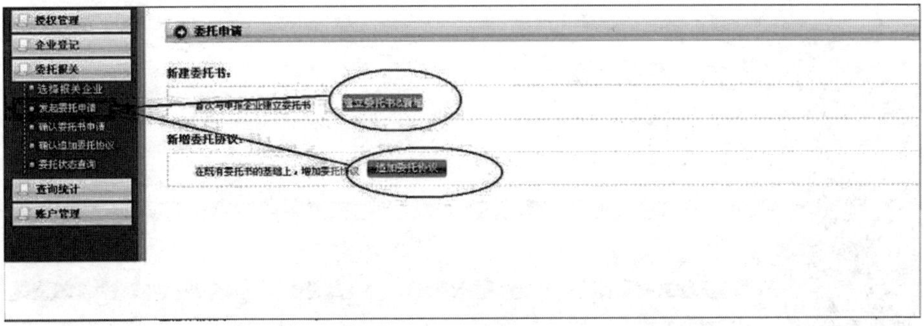

图 2－10　“通关无纸化代理报关委托”操作示意图

（6）进入委托申请界面后，经营单位发起委托申请，点击“同意”，如图 2－11 所示：

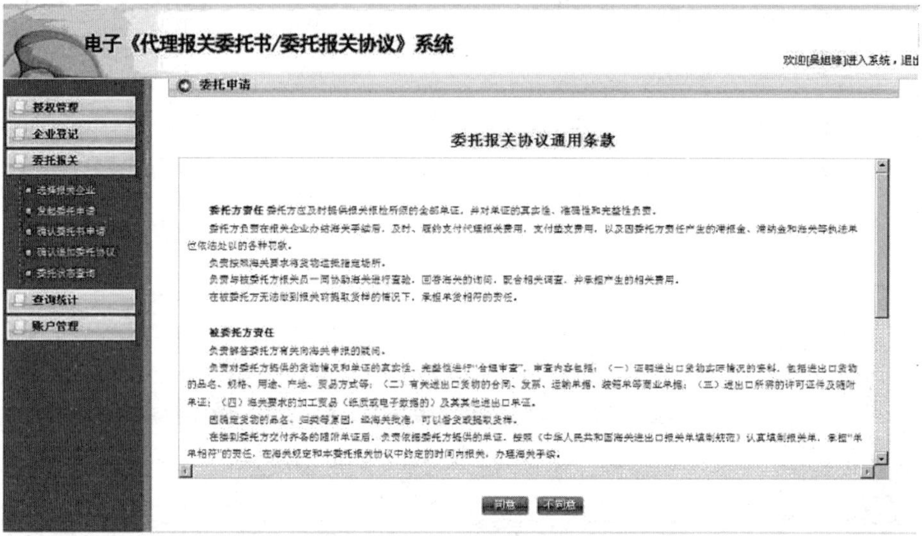

图 2－11　“通关无纸化代理报关委托”操作示意图

（7）进入新的页面后，选择“委托关系书有效期”（未使用的委托书长期有效，建立的新委托书，需在有效期内通关放行使用完毕。否则过期作废，需重新建立委托书新增协议）。之后按照图 2－12 中选项框所标示，选择“新增协议”。

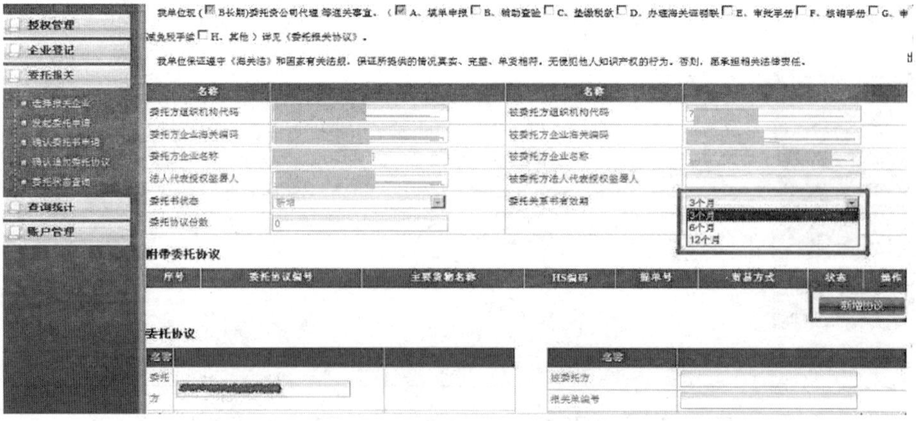

图 2－12　“通关无纸化代理报关委托”操作示意图

（8）建立新委托书：将方框内标示部分填写完整（参考纸质报关委托填写方法）；选择付款方，点击确定，发起申请，之后，网页提示“操作成功”即为成功建立委托书，之后的步骤由申报单位负责确认。如图 2－13、图 2－14 所示：

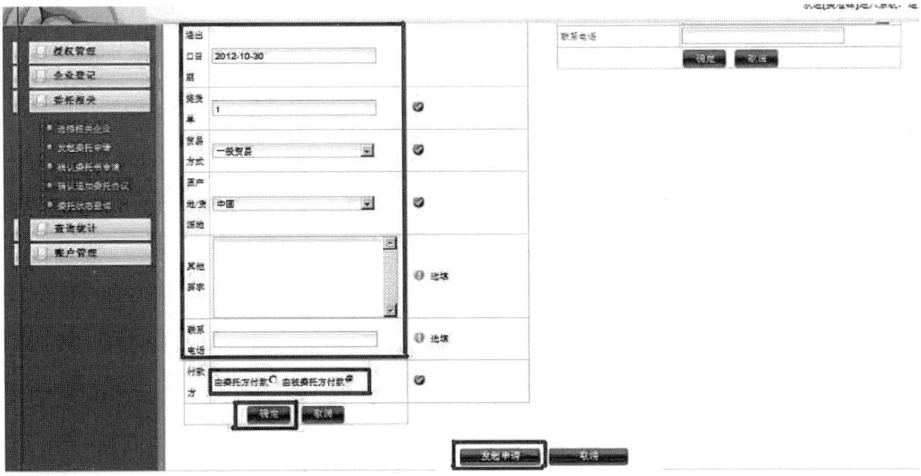

图 2－13　“通关无纸化代理报关委托”操作示意图

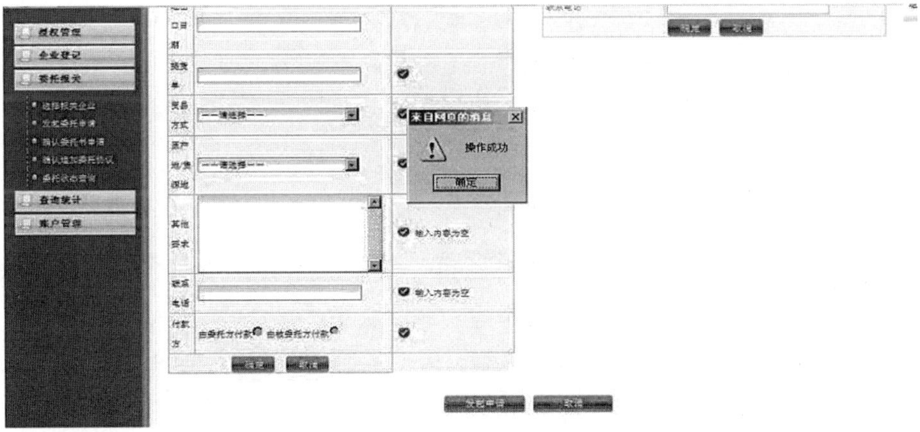

图 2－14　“通关无纸化代理报关委托”操作示意图

（9）按照上述步骤操作，一个完整的由经营单位发起的委托申请便完成了。

（10）若您公司的情况属于由申报单位向经营单位发起的委托申请，

需经营单位使用操作员卡进行确认。经营单位用户用操作员卡进入系统后，选择“确认委托书申请”。按照图 2－15 操作：

图 2－15　“通关无纸化代理报关委托”操作示意图

（11）查询结果，即为申报单位发送的委托书申请，选择查看明细，或者拒绝。如图 2－16 所示：

图 2－16　“通关无纸化代理报关委托”操作示意图

（12）确认无误后，点击“接受”，即为成功建立委托书，也可选择拒绝。如图 2－17 所示：

图 2－17　“通关无纸化代理报关委托”操作示意图

按照上述操作，一个完整的代理报关电子委托操作就这样完成了。那么接下来的，便是如何向海关进行报关单录入和发送随附单证电子数据了。

（三）报关单随附单证电子数据传输

我们已经知道，通过实施通关无纸化，企业可以将纸面的随附单据数据，如发票、合同、提运单及各类监管证件等纸质单证转换成 PDF 格式的电子数据，随附电子报关单数据一起向海关进行申报，并接收电子的审核、放行回执，企业不用再提交纸面单证。那么企业应该如何来完成报关单的录入与随附单证电子数据的传输呢？

因为现阶段全国海关各关区报关单录入客户端尚未统一，上海关区使用 EDI 系统，而深圳、黄埔等其他关区使用中国电子口岸 QP 系统。但各系统间的使用方法、操作流程等均区别不大，本书在讲述报关单录入时以全国使用较广的 QP 系统为例来为您讲解。

（1）登录中国电子口岸 QP 系统，录入报关单相关信息后，在报关单类型字段内，点击“下拉菜单”，选择“通关无纸化”后回车，即可点击界面右上角“随附单据上传/查看”按钮。

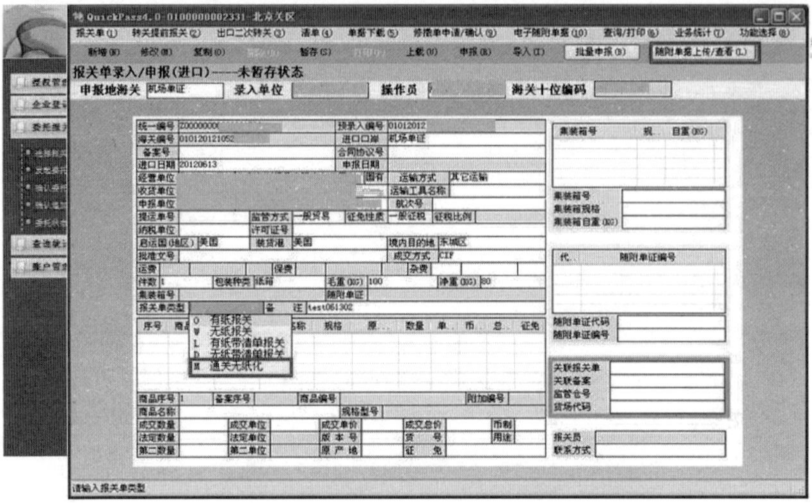

图 2－18　中国电子口岸 QP 系统录入界面

（2）进入“随附单据上传/查看”界面后，按照其填写要求逐项完成每一步操作。其中，随附单据文件类别为必填项，有下拉菜单可供选择；随附单据编号：当类别选择为“代理报关委托”时，为必填项，手工录入；随附单据文件位置：当类别选择为“发票、装箱单、提（运）单、合同、其他”时，为必填项；随附单据所属单位：非必填项，手工录入。并完成随附单据文件的扫描。如图 2－19 所示：

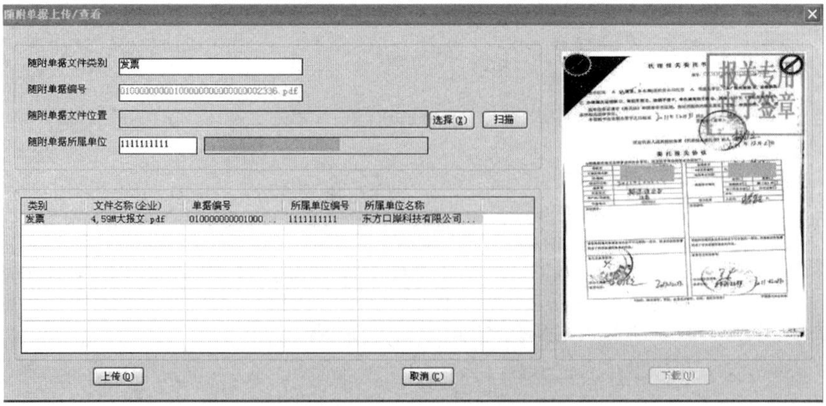

图 2－19　随附单证电子数据上传示意图

（3）点击“上传”按钮后，在报关单录入界面上方点击“暂存”或“申报”按钮，否则之前所上传的随附单据数据将丢失，需重新填写、上传。

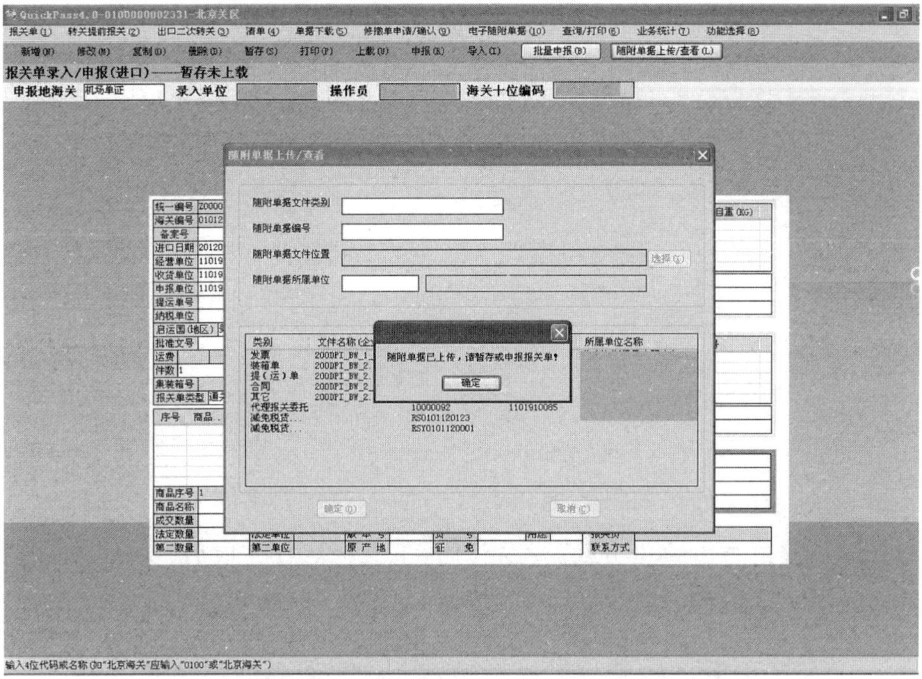

图 2-20　随附单证电子数据上传示意图

海关提醒　随附单证电子数据的传输功能只能在 QP 改进版客户端中实现。这一功能仅适用于通关无纸化签约企业。上传格式需为 pdf 文档，可为扫描件或由 Word、Excel 等电子文档转成的 pdf 文档。每类电子随附单据只能为 1 个 pdf 文件，每个文件为 1 个报文，每个报文不能超过 20M，每页不能超过 200k。

（4）上传完毕后，点击鼠标右键，可进行删除或查看文件操作。如图 2-21 所示：

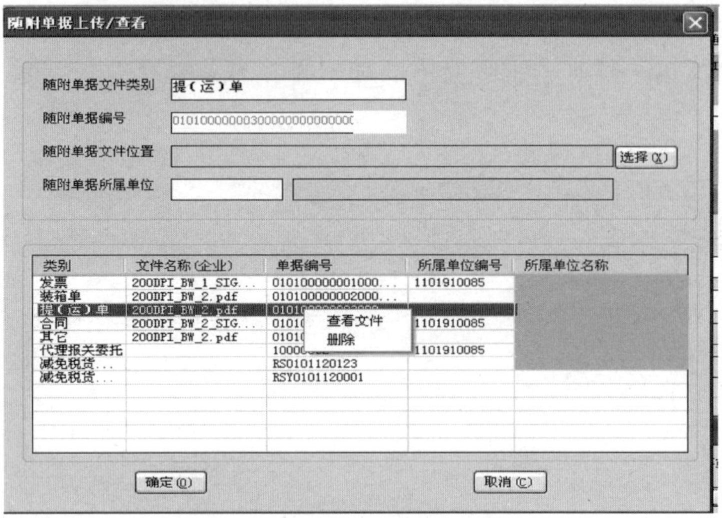

图 2－21　查看已上传随附单证

（5）如果您上传和查询所使用的电脑相同，则直接选中某条记录，点击右键查看文件；如果上传和查询所使用的电脑不同，则需先选中某条记录，点击右边的“下载”按钮进行下载；下载完成后，方可在该记录处点击右键查看文件。如图 2－22 所示：

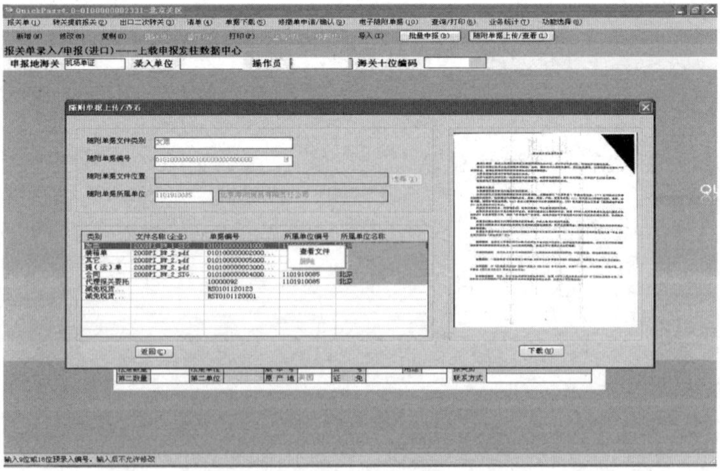

图 2－22　查看已上传随附单证

（6）重新上传：已申报的报关单，海关给予重传指令后，首先在

“报关申报—电子随附单据—重新上传”菜单内进行查询。选中某条记录后，点击界面内的“重传”按钮，即可进行重传操作。操作流程同正常上传。如图2－23所示：

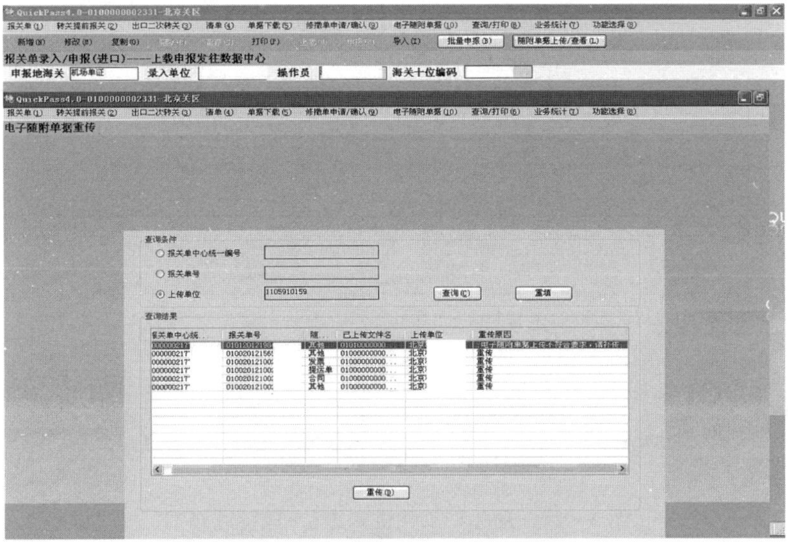

图2－23　随附单证重新上传

小贴士　电子随附单据报文和报关单报文会同时发送给H2010系统，但H2010系统通常接收到电子随附单据报文比报关单报文会晚一些，如果超过5分钟，报关单会被退单，企业需重新申报报关单。

（四）通关无纸化回执打印

在完成了报关单录入与随附单证电子数据的上传后，企业接下来最重要的事情便是完成“通关无纸化回执的打印”。

在收到海关回执后，应该由公司报关申报用户打印如下：

（1）收到回执“无纸验放查验通知书”，可打印“通关无纸化查验通知书”格式；

（2）收到回执“报关单放行”，可打印“通关无纸化查验/放行通知书”格式。

通关无纸化回执打印样例如图 2－24 和图 2－27 所示：

通关无纸化 进口查验/放行通知书

*22002012100000[redacted]

申报单位： 海关编号：2200201210000[redacted]

进口口岸	上海海关 2200	备案号		进口日期	2012-07-16	申报日期	2012-07-16
经营单位	[redacted]	运输方式	非保税区	运输工具名称	运输工具名称/航次号	提运单号	提运单号
收货单位	[redacted]	贸易方式	一般贸易 0110	征免性质	一般征税 101	征税比例	15%
许可证号	许可证号	起运国（地区）	老挝 119	装货港	马约特岛 0259	境内目的地	上海松江出口加 31185
批准文号	批准文号	成交方式	CIF	运费	000//	保费	000//
						杂费	116/8000/1
合同协议号	合同协议号	件数	321	包装种类	木箱	毛重（公斤）	546
						净重（公斤）	675
集装箱号	0(0)	随附单据				用途	
备注	备注1						

项号	商品名称	数量及单位	原产国(地区)	单价	总价	币制
1	非改良种用濒危野马	[redacted].00000千克	老挝	[redacted]	147050.00	USD
2	天然软木塞子	[redacted].00000千克	老挝	[redacted]	2496.00	USD
3	非用醋制作的冷冻松茸	[redacted]2.00000千克	老挝	[redacted]	29268.00	USD

以上内容与我司向海关申报和实际货物相符。
如有不符，我司愿承担一切法律责任。

经营或申报单位签章　　　　海关签注
年　月　日　　　　　　　　年　月　日

经营或申报单位签章　　　　海关签注
年　月　日　　　　　　　　年　月　日

图 2－24　通关无纸化进口查验/放行通知书

通关无纸化 进口查验通知书

*22002012100000[redacted]

[redacted]

你单位于2012年07月20日所申报货物（海关编号：220020121000[redacted]，经审核现决定实施查验，请联系港务等相关部门作好准备，于　　月　　日派员配合海关查验。
特此通知。

申报单位：dafeng 海关编号：2200201210000[redacted]

进口口岸	上海海关 2200	备案号		进口日期	2012-07-20	申报日期	2012-07-20
经营单位	[redacted]	运输方式	邮件运输	运输工具名称	运输工具名称/航次号	提运单号	提运单号
收货单位	[redacted]	贸易方式	一般贸易 0110	征免性质	一般征税 101	征税比例	20%
许可证号	许可证号	起运国（地区）	马拉维 228	装货港	洛克蒂迪 2168	境内目的地	上海松江出口加 31185
批准文号	批准文号	成交方式	C&F	运费	000//	保费	110/32/2
						杂费	110/23/1
合同协议号		件数	2314	包装种类	木箱	毛重（公斤）	600
						净重（公斤）	555
集装箱号	0(0)	随附单据	1，1，1			用途	
备注	随附单证号：1：321，1：321，1：321						

项号	商品名称	数量及单位	原产国(地区)	单价	总价	币制
1	改良种用的濒危野驴	554.00000条	不丹	34.0000	18836.00	USD
2	改良种用的濒危野驴	554.00000千克	不丹	34.0000	18836.00	USD

以上内容与我司向海关申报和实际货物相符。
如有不符，我司愿承担一切法律责任。

经营或申报单位签章　　　　海关签注
年　月　日　　　　　　　　年　月　日

图 2－25　通关无纸化进口查验通知书

通关无纸化 出口查验/放行通知书

*2200201210000[redacted]

申报单位：[redacted] 海关编号：2200201210000[redacted]

出口口岸 浦江海关 2201		备案号		出口日期 2012-07-16		申报日期2012-07-16	
经营单位 [redacted]		运输方式 非保税区	运输工具名称 运输工具名称/航次号		提运单号 提运单号		
发货单位 [redacted]		贸易方式 一般贸易 0110		征免性质 一般征税 101		结汇方式	
许可证号 许可证号	运抵国(地区) 老挝 119		指运港 马约特岛 0259			境内货源地 上海松江出口加 31185	
批准文号 批准文号	成交方式 CIF	运费 000//		保费 000//		杂费 116/8000/1	
合同协议号 合同协议号	件数 321	包装种类 木箱		毛重（公斤） 546		净重（公斤） 433	
集装箱号 0(0)	随附单据					生产厂家	
备注 备注1							

项号	商品名称	数量及单位	最终目的国(地区)	单价	总价	币制
1	非改良种用濒危野马	[redacted].00000千克	老挝	4[redacted]5.0000	147050.00	USD
2	天然软木塞子	[redacted].00000千克	老挝	3[redacted]0000	2496.00	USD
3	非用醋制作的冷冻松茸	[redacted]00000千克	老挝	5[redacted]3.6000	29268.00	USD

以上内容与我司向海关申报和实际货物相符。
如有不符，我司愿承担一切法律责任。

经营或申报单位签章　　　　海关签注
年　月　日　　　　年　月　日

经营或申报单位签章　　　　海关签注
年　月　日　　　　年　月　日

图 2－26　通关无纸化出口查验/放行通知书

通关无纸化 出口查验通知书

*2200201205000[redacted]

[redacted]

你单位于　　年　月　日所申报货物（海关编号：2200201205000000702），经审核现决定实施查验，请联系港务等相关部门作好准备，于　　月　　日派员配合海关查验。
特此通知。

申报单位：[redacted] 海关编号：2200201205000[redacted]

出口口岸 上海海关 2200		备案号		出口日期		申报日期	
经营单位 [redacted]		运输方式 非保税区	运输工具名称 运输工具名称/航次号		提运单号 提运单号		
发货单位 [redacted]		贸易方式 国轮油物料 1139		征免性质 一般征税 101		结汇方式 信汇	
许可证号 许可证号	运抵国(地区) 不丹 104		指运港 米纳苏尔曼 1005			境内货源地 上海松江出口加 31185	
批准文号 123456789	成交方式 C&F	运费 110/23/1		保费 000//		杂费 110/42/1	
合同协议号 合同协议号	件数 23	包装种类 纸箱		毛重（公斤） 23432		净重（公斤） 2332	
集装箱号 0(0)	随附单据					生产厂家	
备注							

项号	商品名称	数量及单位	最终目的国(地区)	单价	总价	币制
1	非改良种用濒危野驴	[redacted]00000千克	不丹	[redacted]0000	646.00	USD
2	其他改良种用马	[redacted]32.00000千克	不丹	[redacted]000	277264.00	USD

以上内容与我司向海关申报和实际货物相符。
如有不符，我司愿承担一切法律责任。

经营或申报单位签章　　　　海关签注
年　月　日　　　　年　月　日

图 2－27　通关无纸化出口查验通知书

企业在完成“通关无纸化回执打印”后，需要根据回执的不同，进行相关操作。若回执为“通关无纸化查验通知书”，则需要联系口岸海关及港务等部门进行货物查验。若回执为“通关无纸化查验/放行通知书”，则应联系口岸海关完成货物提离手续。

（3）收到“转有纸”回执：

部分通关无纸化报关单经海关审核后，认为需要转为普通有纸方式审核纸面单证，就会向企业发出转有纸通知（接单交单）。此时，企业无须重新申报报关单，只需准备好相关的纸质报关单证，像有纸报关一样，到现场办理接单手续即可。

（五）货物查验与放行

查验与放行是企业报关过程中最关心的事情之一。部分进出口货物的收发货人得知其货物被海关通知要求查验后，由于对办理海关查验手续的基本流程不了解，因此可能感到心中无数。

海关通关无纸化作业改革后，企业办理查验和放行手续已经大为简化，办理流程也得到不断优化。下面，就介绍一下收到海关货物查验通知或者放行回执后，您需要办理的基本手续。

1. 通关无纸化货物查验手续操作指南

（1）企业收到海关查验通知后，打印“查验通知书”（格式同上节所述）。

（2）企业备齐纸质随附单证、“查验通知书”，直接到货物所在地海关（一般是口岸海关）查验部门办理查验手续。

（3）进出口货物收发货人或其代理人到场、被查验货物运至查验场地、提供必要资料等查验条件后，海关实施查验。

（4）对查验情况正常的，查验人员完成查验输入查验结果后，计算机放行，企业无须再办理放行手续。

（5）查验情况不正常的，按照相关规定办理相应的手续。

2. 通关无纸化货物放行手续操作指南

（1）海运出口：海关将会向企业和港务部门同时发送海关放行信息，企业收到通关无纸化货物放行回执即可，港务部门凭海关电子放行信息办理货物出运手续。

（2）其他（上海洋山港进口除外）：企业收到放行回执，打印出“查验/放行通知书”（格式同上节所述）加盖经营单位或申报单位印章，到监管场所（港区、机场地面代理、分拨仓库、自管码头等）办理货物提取/出运手续。

①监管场所收到或查到海关放行的，即可办理装运、交付。

②监管场所查不到海关放行信息的，企业需办理放行确认手续。

海关提醒 上海洋山港海运进口放行模式现参照海运出口，即企业收到通关无纸化货物放行回执即可，港务部门凭海关电子放行信息办理货物出运手续。

拓展阅读

上海海关通关无纸化改革“满月”，电子报关，不到1分钟“现场接单”

上海海关启动通关作业无纸化改革“满月”。记者昨天从上海海关获悉，改革首月运行良好，至8月30日，上海海关已放行通关无纸化报关单1 585票，货值12 699.46万美元，其中进口48票，出口1 537票。值得一提的是，8月23日还有首家异地企业在上海口岸参与通关作业无纸化改革试点，改革受惠面进一步拓宽。

8月1日上午8时41分27秒，宝钢股份公司以“通关无纸化”方式向上海海关申报了一批出口冷轧钢卷。海关接受申报短短11秒之后，该公司就收到了放行回执。这是上海海关在海关总署部署下启动通关无纸化改革的第一票货物，改革带来的效率提高显而易见。据介绍，在通关作业无纸化改革流程中，企业办理货物进出境手续时，将电子报关单及随附单证电子数据向海关申报。对低风险货物，海关计算机系统将自动放行，并向货物存放的场所和企业发送放行信息，企业即可直接办理进口提货或出口装运手续；对高风险货物，则转为人工审核。

从企业申报到货物放行，所有报关单及随附的纸质单证都转变为电子数据，企业不需到现场提供纸质单证，通过互联网就可以完成申报、通关全过程。海关各作业环节也可对电子报关单及随附单证电子数据进行监控、审核，海关可通过计算机系统综合分析随附单证电子数据，进行更有效的风险分析，进一步突出监管重点。此次上海海关从海关总署认证的上海AA类企业中挑选了6家参与试点，4家专业报关单位也参与进来。

纳入改革试点的报关单通关效率明显提高。参与试点的美蓓亚精密机电公司物流部课长常艳丽介绍，他们打算将其所有海运出口货物均采用“通关无纸化”模式。欣海报关有限公司与试点企业宜家家居运用电子报关委托系统实现了报关委托书/协议的电子传输。

8月23日，首家异地企业浙江泰普森休闲用品有限公司足不出户完成了“电子申报”，31秒后系统完成了“现场接单”。下午1时16分上海海关物流监控信息平台发布了该单“准予进港”的信息。当晚11时起至次日凌晨5时，该单的7个集装箱陆续进入洋山港区。

上海海关监管通关处处长张亚平介绍，上海海关从电子报关到分类通关再到启动通关作业无纸化试点，经历了10年时间。通关作业无纸化改革必须具备基本法律保障、企业具备较高的信息化程度、海关与有关部门实现了数据交换等条件。通关作业无纸化改革，目的是提高通关效率，降低通关成本，提升监管效能，促进安全便利。

据悉，下一步上海海关将稳妥扩大试点范围，拓宽放行电子化范围，开展税费电子支付货物的无纸化作业试点。同时，还将探索空运进出口、进出特殊监管区域的货物的通关无纸化。

（来源：上海政务网 http：//www. shanghai. gov. cn/shanghai/node2314/node2315/node4411/u21ai654240. html；2012年9月1日）

（六）企业申请报关单修改与撤销

报关单修改与撤销是海关强化监管、完善执法准确性的重要保障，是海关现行的一项行政许可审批。按照党中央国务院关于“转变职能，简政放权”的总体精神，海关将在2013年下半年取消报关单修改与撤销的行政审批。下面介绍一下现在哪种情况下企业可以申请进行报关单修改与撤销，以及需要递交的申请材料和履行的手续。

1. 报关单修改与撤销适用范围：

进出口货物收发货人或者其代理人确有如下正当理由之一的，可以提出修改、撤销报关单的申请：

（1）由于报关人员操作或者书写失误造成所申报的报关单内容有误，并且未发现有走私违规或者其他违法嫌疑的；

（2）出口货物放行后，由于装运、配载等原因造成原申报货物部分或者全部退关、变更运输工具的；

（3）进出口货物在装载、运输、存储过程中因溢短装、不可抗力的灭失、短损等原因造成原申报数据与实际货物不符的；

（4）根据贸易惯例先行采用暂时价格成交、实际结算时按商检品质认定或者国际市场实际价格付款方式需要修改申报内容的；

（5）由于计算机、网络系统等方面的原因导致电子数据申报错误的；

（6）其他特殊情况经海关核准同意的。

海关提醒 海关已经决定布控、查验的以及涉案的进出口货物的报关单在办结前不得修改或者撤销。

2. 审批需提供的材料

企业在申请进行报关单修改与撤销时，应提供以下材料：

（1）进出口货物报关单修改/撤销申请表；

（2）可以证明进出口实际情况的合同、发票、装箱单等相关单证；

（3）外汇管理、国税、检验检疫、银行等有关部门出具的单证；

（4）应税货物的海关专用缴款书、用于办理收付汇和出口退税的进出口货物报关单证明联等海关出具的相关单证。

3. **海关审批流程**

（1）进出口货物的收发货人或其代理人向原接受申报的海关提出申请，并递交申请材料，海关进行审查并作出相关受理或不予受理文书。能够当场作出审查决定的，直接制发准予或者不予修改、撤销的决定书，不再制发受理文书；

（2）除可以当场决定的外，海关应当自受理申请之日起20日内审查完毕，作出“准予修改/撤销进出口货物报关单决定书”或者“不予修改/撤销进出口货物报关单决定书”，并完成相关操作，特殊情况下，海关审查时限可以延长10日。

海关提醒 在进口货物放行后或者出口货物办结海关手续后，进出口货物收发货人或其代理人提出申请，且申请修改或撤销的内容涉及进出口货物报关单的商品编号、商品名称及规格型号、币制、单价、总价、原产国（地区）、最终目的国（地区）、贸易方式（监管方式）、成交方式之一的，海关按照行政许可审查程序办理。

海关责令企业补办有关手续涉及的报关单修改、撤销，海关依职权主动修改、撤销报关单的情形，以及因进出口货物收发货人或其代理人申请退补税、海关事务担保等事项引起的报关单修改、撤销，不属于行政许可项目的范围。其他情形的删改单申请不适用行政许可审查程序，海关直接决定是否批准，并在进出口货物报关单修改/撤销申请表上予以批注。

4. 通关无纸化过程中报关单修改与撤销操作要点

（1）海关放行前：

如果海关发现报关单证需要进行修改与撤销，应该将该无纸报关单转“有纸”，要求企业提供纸质报关单证后完成报关单删改单操作。

如果企业在报关单发送后发现报关单证需要进行修改与撤销，则应向申报海关主动提出将该票无纸报关单转“有纸”，之后提供纸质报关单证后由海关完成报关单删改单操作。

（2）海关放行后：

企业应备齐报关单及随附单证全套纸质单证交给海关，由海关完成报关单删改单操作，并对全套档案单独理单归档。

第四节　企业适用通关作业无纸化的好处

经过以上介绍，相信您对海关通关作业无纸化改革已经有了初步的了解，那么，它到底能为企业带来哪些好处呢？

实施通关无纸化是我国海关顺应国际贸易信息化无纸化的趋势，借鉴和吸收发达国家海关的成熟经验和做法，不断加大改革力度，努力为外贸稳定发展营造良好环境的重要举措。伴随着全球化和信息技术的进步，现代电子商务快速发展，各种新型物流模式相继出现，企业间交易往来的各类贸易单证正由传统的纸质凭证为主向电子凭证为主转变，通关作业无纸化已成为世界发达国家海关的通行做法。根据 2011 年中央经济工作会议提出的“改进海关监管和服务”的要求，在当前经济形势下，海关实施通关作业的全程无纸化，是立足当前、放眼未来，实现科学发展的必然要求。

通关作业流程发生了巨大改变，企业选择“通关无纸化”录入方式，将报关单及随附单证电子数据向海关发送并申报（单证暂存企业不需申报随附单证），海关 H2010 系统对申报的报关单及随附单证电子数据进行风险判别；低风险货物自动放行，并发送放行信息，企业直接办理提货或装运手续；高风险货物，由人工在电脑审核，确有疑义的转现场交单。报关单自动理单，结关后电子存档。

通过对通关作业无纸化流程的了解，我们可以发现通关无纸化较之传统报关模式有着较大的优化和提高，其模式比较见图 2－28：

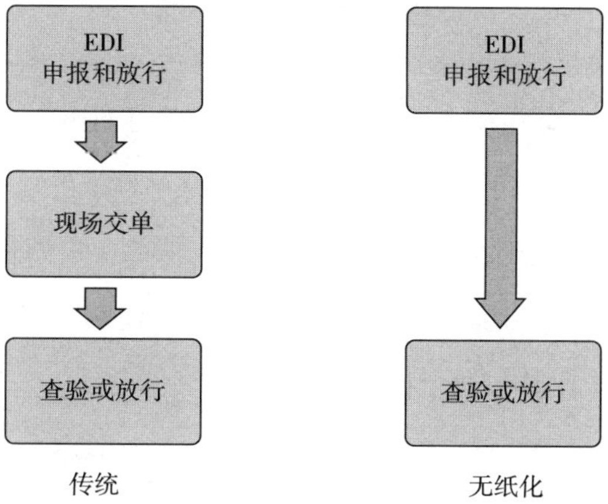

图 2－28　通关无纸化与传统报关模式流程比较

通过该示意图，我们可以看出，通关无纸化给企业带来了切实的好处：

一、简化企业通关流程

通关无纸化过程中申报企业通过报关单预录入客户端，选择“通关无纸化”方式，向海关同时发送报关单电子数据和随附单证电子数据。有单证暂存资格的企业，可免予发送报关单随附单证电子数据。海关电子审单，对进出口货物进行风险分析。海关按风险等级对报关单进行不同处置。其中，低风险的货物由计算机自动放行；高风险货物，转为人工审核，在人工审核过程中，需要验核纸质单证的，通知企业到海关现场提交相关单证。海关完成报关单放行后，将电子放行信息发给监管场所，并向企业客户端发出放行通知。企业凭海关电子放行信息或打印的

"通关无纸化查验/放行通知书"直接办理提货或装运手续。其中，低风险报关单由海关计算机自动完成所有操作，减少多个作业环节，进一步压缩低风险货物的通关环节和贸易成本，提高通关效率。

二、节约企业时间成本

海关以电子单证数据传输取代传统的纸质单证流转，免去企业到海关现场递交纸质单证的时间。同时，企业可以直接凭海关放行信息提取或发运货物，海关不再加盖放行章，节省企业来往于海关业务现场和监管场所的时间成本。更重要的是，通关无纸化实现了24小时通关，最大限度地帮助企业节约时间，完成国际贸易。下面，我们将以表格的形式，以上海关区企业在传统通关模式和通关无纸化模式下耗费的时间成本做一对比（所采用时间均为平均时间）：

表2－2　通关无纸化与传统报关模式时间成本比较

	传统报关模式	通关无纸化
纸质报关单证打印	5分钟	0分钟
海关报关大厅排队等候时间	1.5小时	0分钟
银行税费缴纳时间（含银行排队时间）	1小时	1分钟（电子支付）
往返企业与海关报关现场、银行时间	1.5小时	0分钟
企业通关时限	海关工作时间	24小时

三、降低企业经济成本

根据通关无纸化流程，企业不必再打印纸质报关单及随附单证，也无须委派报关员专程赴海关现场进行交单，报关整体成本得到明显下降。以上海××国际贸易有限公司货代报关部在通关无纸化实施前后的部分成本统计为例，我们可以看出通关无纸化显著地降低了其整体经济成本。该公司货代报关部拥有员工10人，年均申报报关单

1.5 万余份。

表 2-3　通关无纸化与传统报关模式经济成本比较

	2012 年 3 月（传统报关模式）	2013 年 3 月（通关无纸化模式）
打印报关单证成本	25 372 元	1 658 元
交通费	4 967 元	1 893 元
快递费	2 312 元	478 元
现场交单人力成本（人员薪资）	3 人 ×3 000 元	1 人 ×3 000 元
其他费用	977 元	322 元
总计	42 628 元	7 351 元

据了解，该司仅纸质单证打印、快递，以及现场交单的人力、交通费用等，公司一年就可节省成本近 30 万元。

拓展阅读

通关无纸化试行一月显实效，成本大大降低

中广网青岛9月7日消息（记者王伟　通讯员张军朴　王振华）9月1日，通关作业无纸化在全国11个直属海关试行满月，记者从青岛海关获悉，作为通关作业无纸化改革试点单位之一，改革试点一个月来，企业通关更加便捷，成效明显。截至8月31日，关区共有537家企业采用通关作业无纸化方式，出口通关作业无纸化单量为3 304票，平均单票通关作业时间9分钟。由于能够切实帮助企业节省时间、人力和成本，这项措施受到了关区企业的广泛好评。

随着国际贸易形势的日益复杂和国际市场竞争的加剧，如何让企业减负增效、渡过难关成为海关积极思考的问题。海关从自身出发，通过不断改进海关监管与服务，推动“保增长”和国际贸易便利化，促进我国进出口贸易平稳健康发展。8月1日起试行的通关无纸化正是基于上述考虑的一项重要措施。在此模式下，海关以电子单证数据传输取代传统的纸质单证流转，免去企业往返海关现场递交纸质单证的时间、简化通关手续。

王嘉俊是青岛一家报关行总经理，作为一个从普通报关员一步步走过来的货代人，他对这次改革感慨颇深：“这些年来，海关的业务改革措施可以说是一次更比一次受欢迎。最早是纸质单证申报，海关从业务流程上下工夫，科学设计流程，顺畅通关链条；后来是无纸通关，只需要轻点鼠标，就能进行货物申报，企业仅需要在报关结束后到海关交付单证；而这次推出的无纸化，连事后交单环节也实现完全无纸，彻底把我们企业从通关程序中解放出来了。”据王嘉俊介绍，海程邦达一年的出口报关单约有12万票，据他估算，随着通关无纸化的铺开，到2012年年底，预计6万票的出口报关单适用通关作业

无纸化流程。

这样的变化让王嘉俊感到很开心："首先是人力解脱出来了，在公司就能完成全部业务，不需要派人跑海关；其次是速度快、通关效率更高。"而对于通关成本，王嘉俊则直说："肯定是降低了"。据了解，海关通关环节不产生任何费用，但如果像以往那样企业往返海关申报，势必产生交通费等费用。而实行通关无纸化后，这一块费用就免去了。而通关效率的提升、人力减少带来的隐性成本的降低则无法估量了。王嘉俊说："改革的便利性和成本的降低会给我们带来更多客户，这是无法估量的。"

（来源：中国广播网 http：//native. cnr. cn/city/201209/t20120907_ 510859426. html；2012 年 9 月 7 日）

第五节　企业适用通关作业无纸化注意事项

一、注意区分企业所用电子申报系统

现阶段，进出口货物的收发货人或其代理人，是按照《中华人民共和国海关进出口货物报关单填制规范》有关要求，向海关传递报关单电子数据，并备齐随附单证的申报方式。目前，进出口货物的收发货人或其代理人电子申报的主要系统为中国电子口岸 QP 系统和 EDI 申报系统。大部分关区均采用 QP 系统，而少部分关区主要采用 EDI 系统。

（一）QP 网上申报方式

进出口货物收发货人或其代理人在计算机中安装"中国电子口岸"系统，登录"中国电子口岸"网站，在"联网申报"系统中录入报关单

内容，通过“中国电子口岸”向海关计算机系统发送报关单电子数据。

（二）EDI电子申报方式

进出口货物收发货人或其代理人在计算机中安装EDI申报系统，在该系统中录入报关单内容，由计算机转换成标准格式的数据报文向海关计算机系统发送报关单电子数据。

在前文中，我们重点向大家介绍了中国电子口岸QP系统的申报和操作方法。这里我们以上海关区使用量最大的上海亿通EDI申报系统为例，向您介绍EDI系统的使用和操作注意事项：

1. EDI申报系统简介

为配合通关无纸化操作要求，EDI申报系统分为两大模块：EDI报关申报客户端和通关无纸化随附单据上传检索系统（新系统）。“EDI报关申报客户端”在原有功能基础上，增加了“通关无纸化报关单”及相关“随附单据清单”数据的录入、校验、保存、发送、回执接收、查询及打印等相关功能；通关无纸化随附单据上传检索系统为新研发系统，该系统实现通关无纸化报关单相关的随附单据清单的录入，EDI报关申报与客户端的交互、PDF随附文件的加签、上传、发送、回执接收等处理；“EDI报关申报客户端”与“通关无纸化随附单据上传检索系统”通过系统交互，实现“随附单据关键字信息”的数据共享，如图2－29所示：

2. 通关无纸化申报功能开通步骤

（1）中国电子口岸签署三方协议。该步骤基本操作及要求与前文所述QP系统相同。登入中国电子口岸网站（http：//www.chinaport.gov.cn），完成中国电子口岸通关无纸化网上签约。

（2）EDI报关申报客户端“用户注册”。

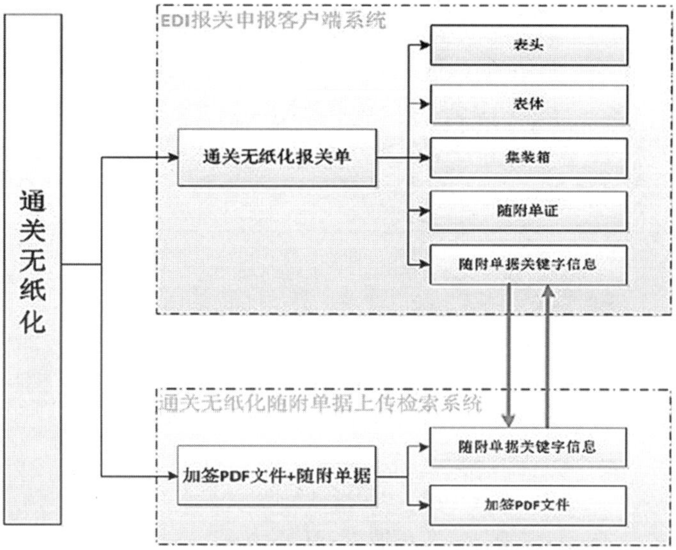

图 2－29　EDI 电子申报系统通关无纸化模块构成

海关提醒　要求 EDI 申报客户端软件需更新至 1－1－65 或以上版本。

1）系统登入：用户插卡登录到“EDI 报关申报客户端”系统。如图 2－30 所示：

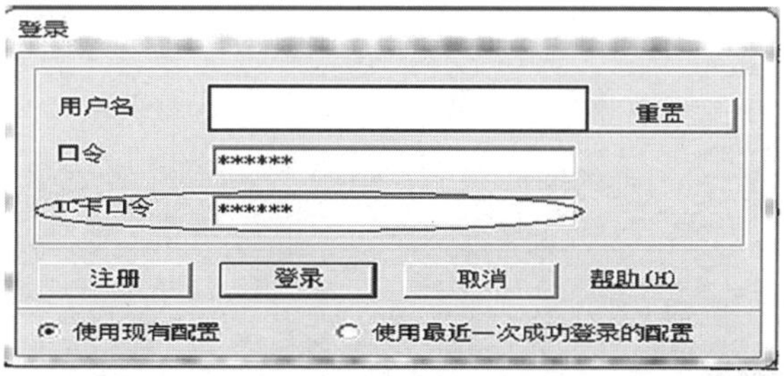

图 2－30　“EDI 报关申报客户端”系统登录界面

2）登录成功，进入报关申报客户端主界面。如图 2－31 所示：

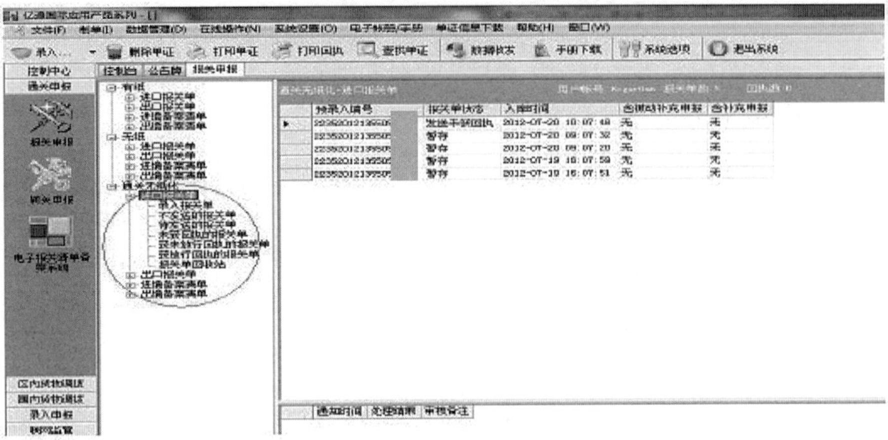

图 2－31

此时，用户可看到“通关无纸化”菜单项，但无法进行操作。用户需要重新进行“账号注册”操作。

3）用户注册管理。

用户通过重新进行“用户账号注册”，获取通关无纸化权限。操作步骤如下：

①点击“用户注册管理”菜单，如图 2－32 所示：

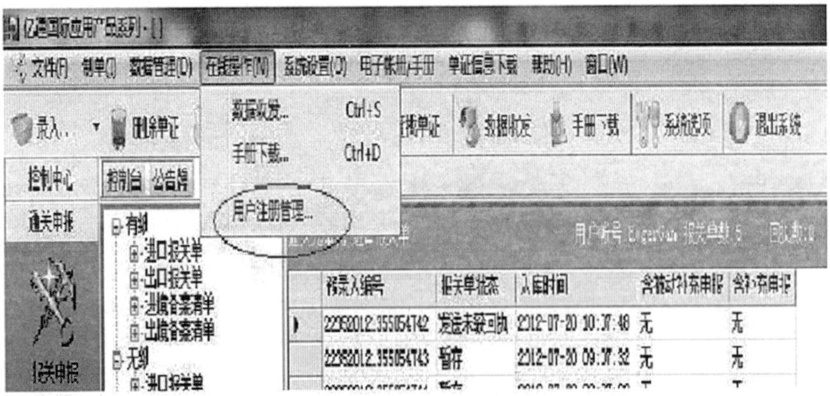

图 2－32

②选中已有账号，点击“删除账号”后，点击“注册账号”，重新进行账号注册，如图 2－33 所示：

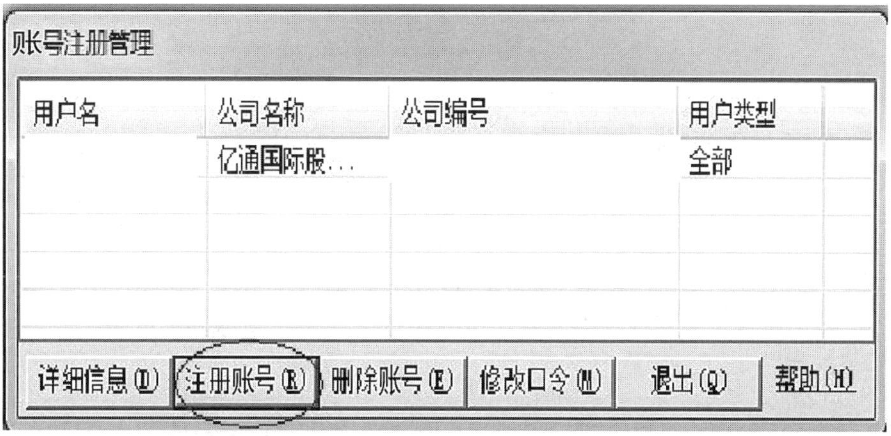

图 2－33

③输入相关信息，点击“确定”，进行账号注册，如图 2－34 所示：

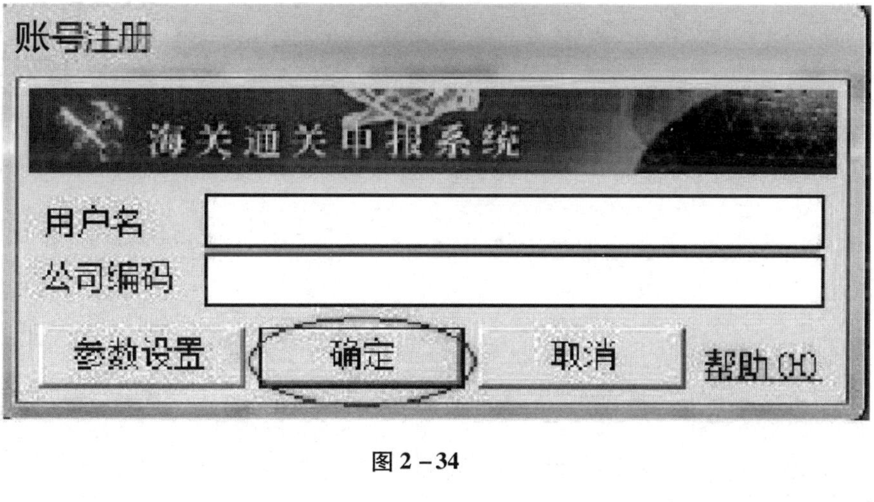

图 2－34

④点击“详细信息”，显示“通关无纸化权限”，如图 2－35 和图 2－36所示：

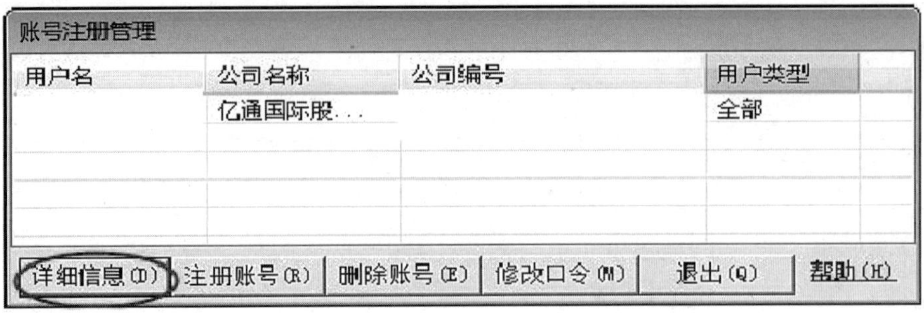

图 2－35

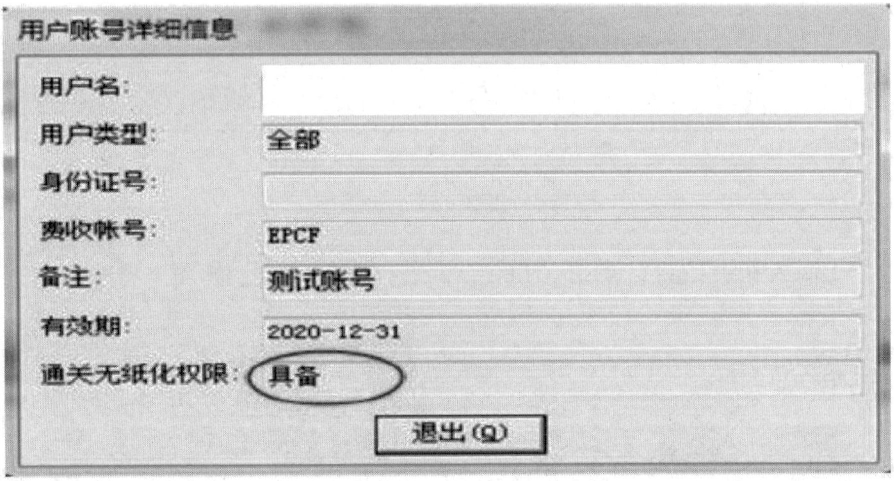

图 2－36

⑤重新登录“EDI 报关申报”系统，系统已开通“通关无纸化”相关功能。

(3) 通关无纸化随附单据上传检索系统使用准备。

1) 主要功能:

①实现通关无纸化申报所需的随附单据清单及 PDF 文件的维护。

②查询检索随附单据清单及相关回执。

2) 系统使用准备:

①网络环境准备。

通关无纸化随附单据上传检索系统需要使用海关外网环境进行访问。

对于 VPN 用户，直接连接访问即可；对于海关专线用户，则需再设置 DNS 服务器以便解析域名。DNS 设置方法如下：

右击桌面上的网上邻居，点击属性，双击打开本地连接（或通过控制面板 - 网络连接访问本地连接），点击属性，双击 Internet 协议（TCP/IP），在页面中添加 DNS 服务器即可。如图 2－37 所示：

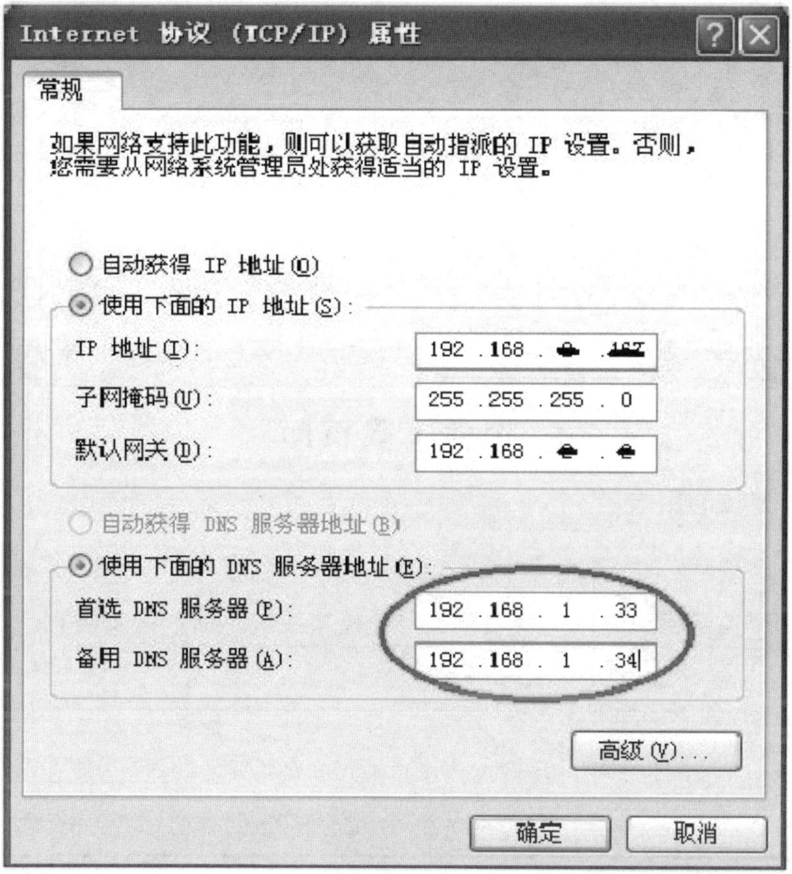

图 2－37

②读卡控件安装。

打开 IE 浏览器，在地址栏输入：http：//tgwzh. shhg. gov. cn：7001/DocAttached，进入系统，如图 2－38 所示：

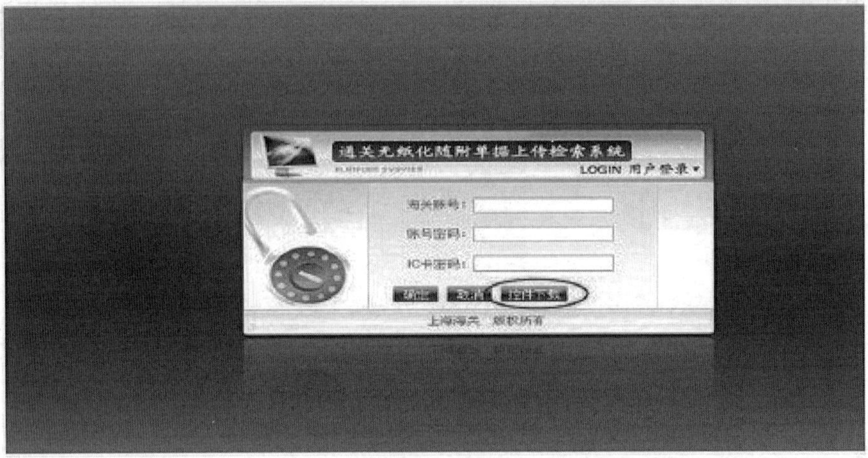

图 2－38

点击“控件下载”按钮，进入控件下载页面，如图 2－39 所示：

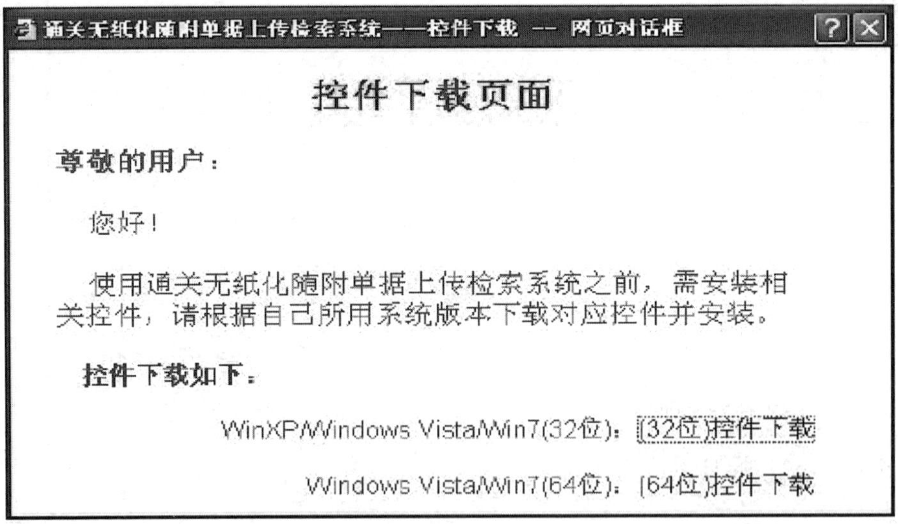

图 2－39

根据用户本地系统下载对应的控件安装包；安装控件包前，先关闭 IE 浏览器及申报客户端后，再点击安装包进行安装。

注：如果本地系统是 Windows 7，则右击安装包选择以管理员运行安装包。

③IE 设置。

A. 设置受信任站点；IE 浏览器界面，选择“工具”→“Internet 选项”→“安全”，显示界面如图 2－40 所示：

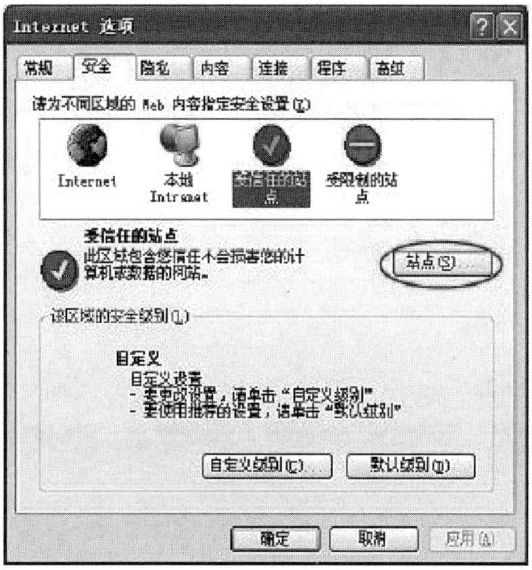

图 2－40

选择“受信任的站点”→点击“站点”按钮，显示界面见图 2－41：

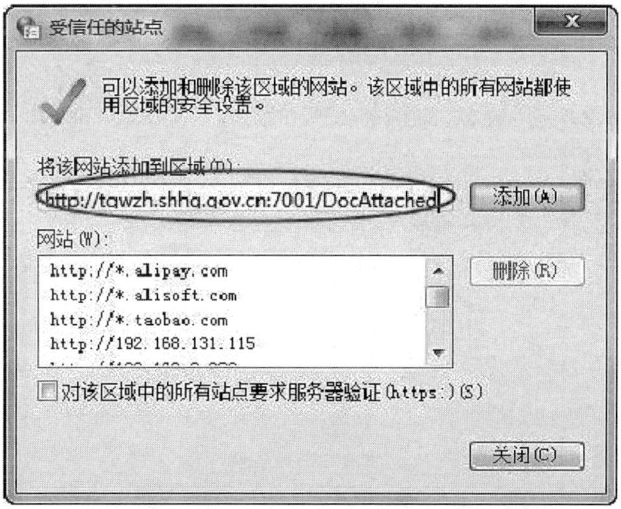

图 2－41

录入通关无纸化随附单据上传检索系统访问地址，点击“添加”按钮，显示如图 2－42 所示：

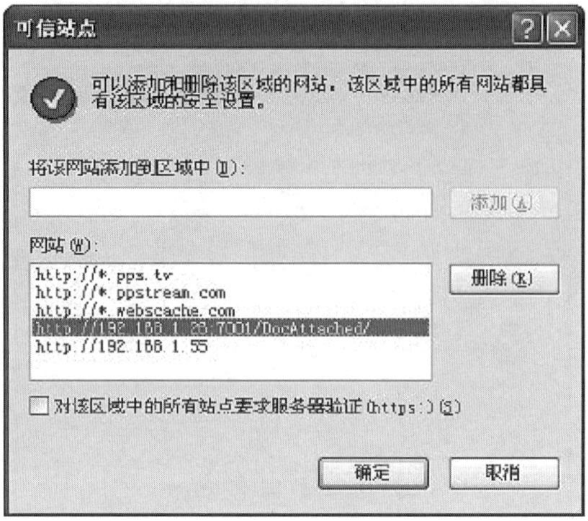

图 2－42

B. 设置 ActiveX 控件。

选择“受信任的站点”→点击“自定义级别”按钮，显示界面如图 2－43 所示：

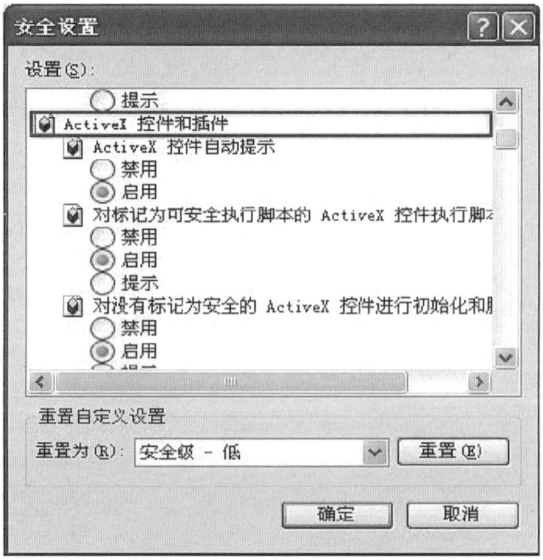

图 2－43

设置 ActiveX 控件和插件模块，都为“启用”。

④控件验证。

查看读卡控件是否已启动。参照以上 IE 设置完成后，重新打开 IE 浏览器，打开通关无纸化随附单据上传检索系统登录界面，见图 2－44：

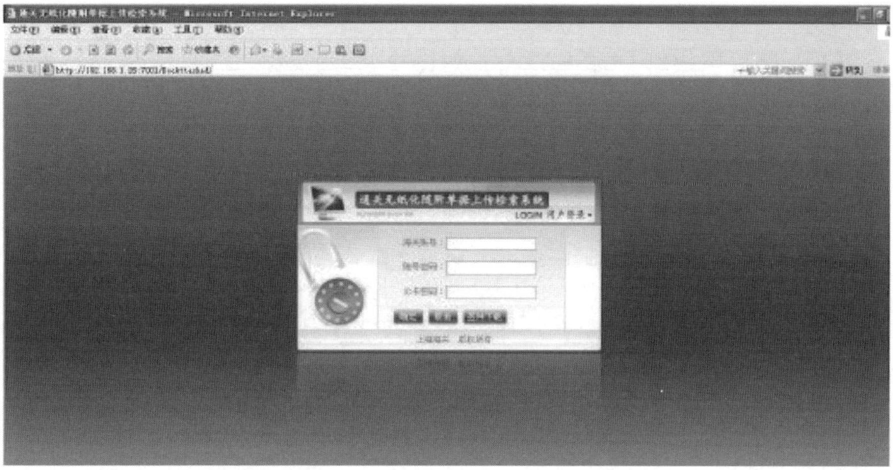

图 2－44

鼠标移动“通关无纸化随附单据上传检索系统”文字图标上，鼠标会变成“手”的形状，并点击，界面显示如图 2－45 所示：

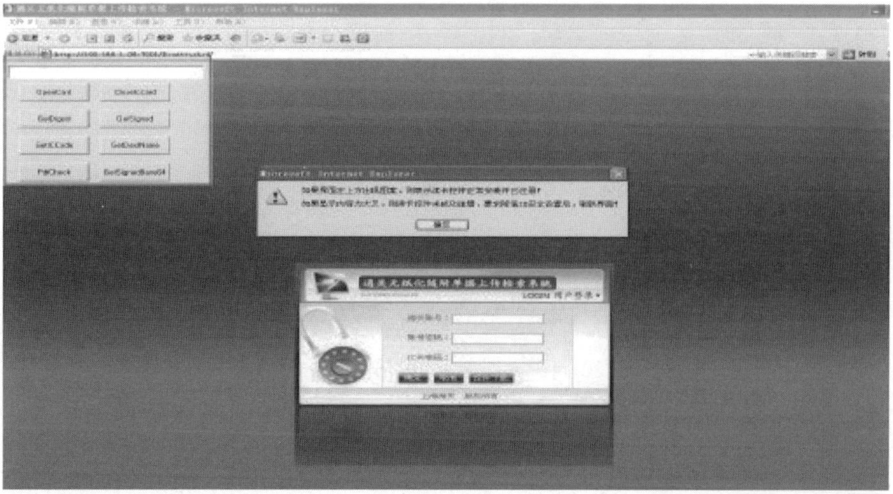

图 2－45

如果左上角如图 2－45 显示，则表示读卡控件已安装成功并启用。接下来，用户便可进行业务操作。

至此，通关无纸化申报功能已全部开通，用户可开展通关无纸化申报操作。

3. EDI 报关申报新增功能介绍

（1）报关申报客户端主界面，如图 2－46 所示：

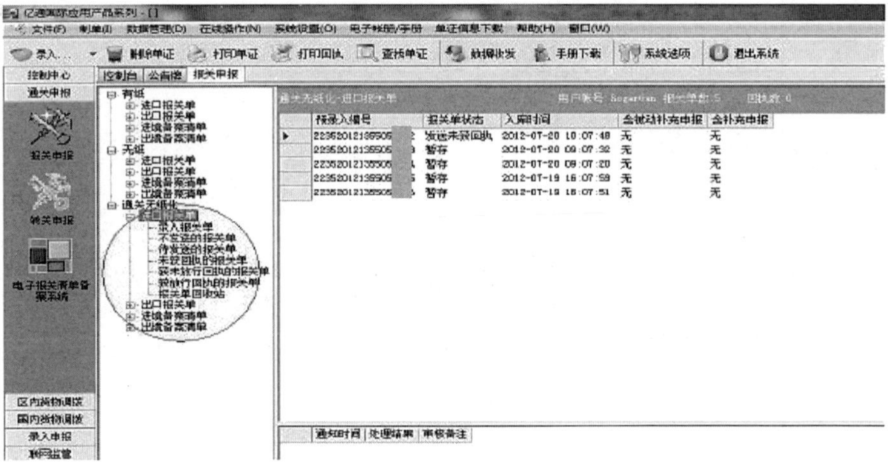

图 2－46

如果用户无法看到“通关无纸化”相关功能，则需要重新进行“账号注册”操作。

（2）主界面定制。

说明：

1）可以通过“主界面定制”功能，设置通关无纸化的主界面显示数据项；

2）报关单显示字段默认显示预录入编号、报关单状态、入库时间 3 个字段；

3）回执显示字段默认显示处理结果，通知时间，审核备注。

操作步骤：

首先，点击“系统设置”下的“主界面定制”菜单项，见图 2－47：

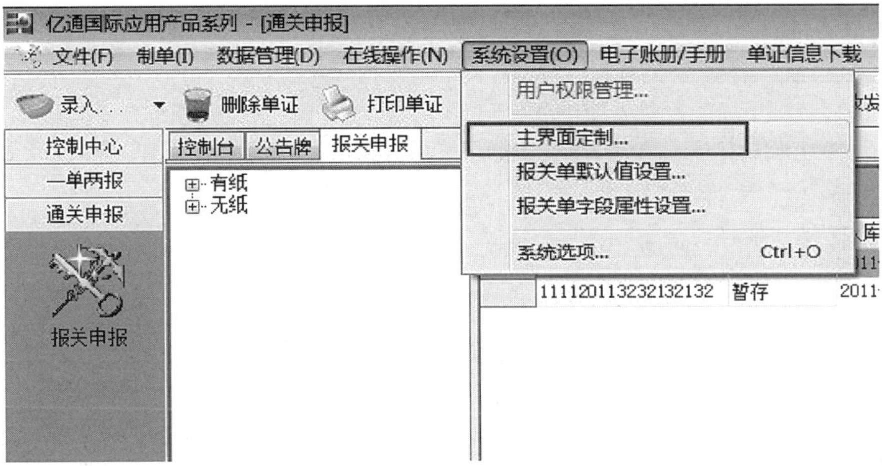

图 2 – 47

其次，选择“通关无纸化”相关界面，进行主界面定制。

（3）报关单默认值设置。

说明：设置“通关无纸化”单证的默认值。

操作步骤：

1）点击“系统设置”下的“报关单默认值设置”，设置“通关无纸化”报关单默认值，如图 2 – 48 所示：

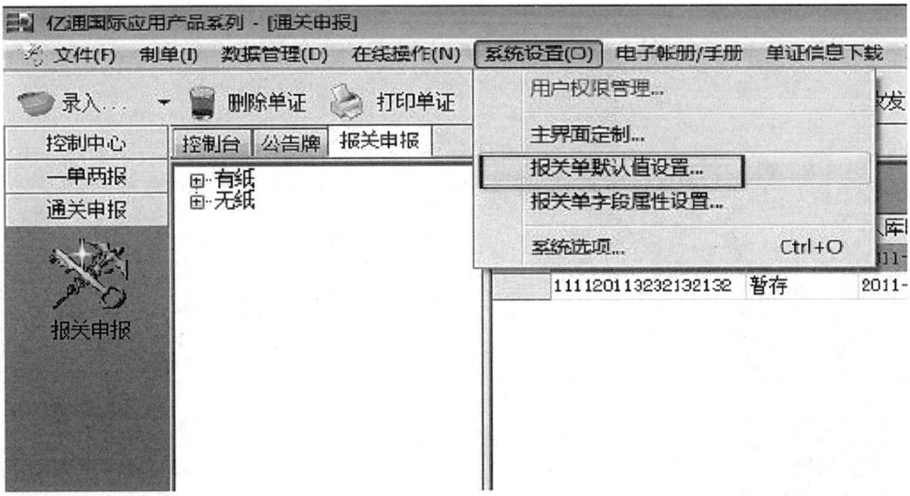

图 2 – 48

2）设置“通关无纸化”报关单相关默认值，如图2－49所示：

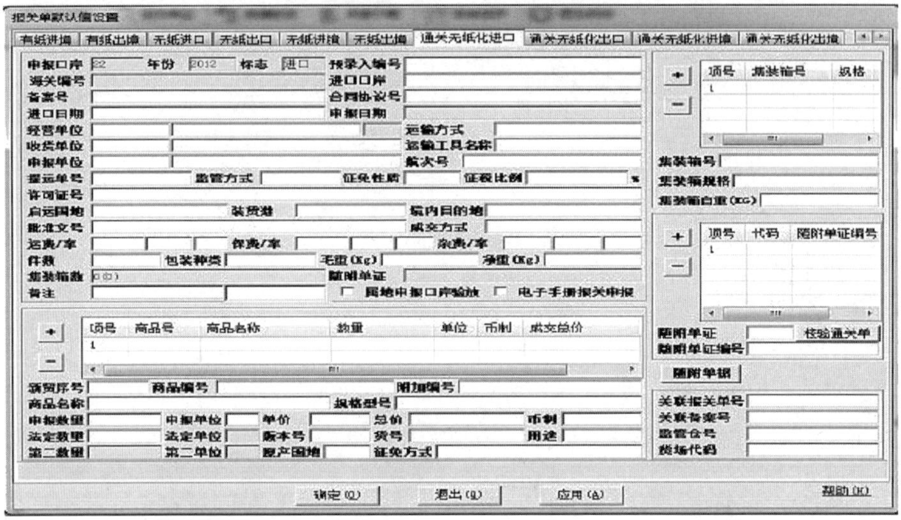

图2－49

（4）报关单字段属性设置。

说明：报关申报客户端：报关单字段属性设置。

操作步骤：

1）点击“系统设置”下的“报关单字段属性设置”，设置“通关无纸化”报关单字段属性，如图2－50所示：

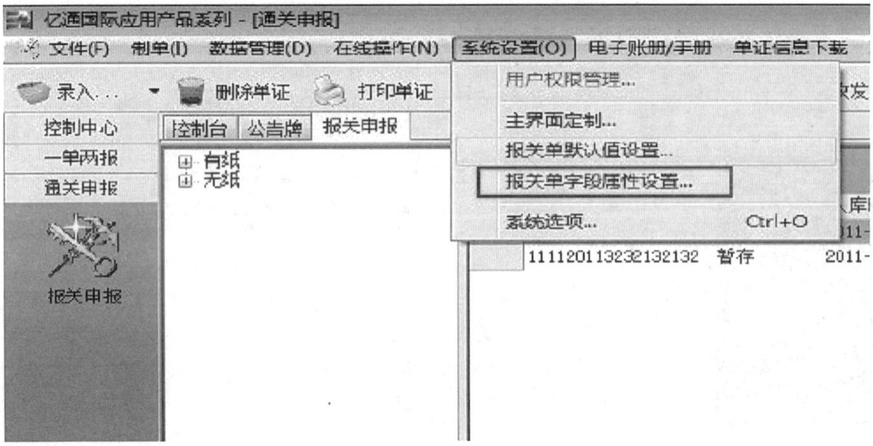

图2－50

2）设置“通关无纸化”报关单字段属性，如图 2－51 所示：

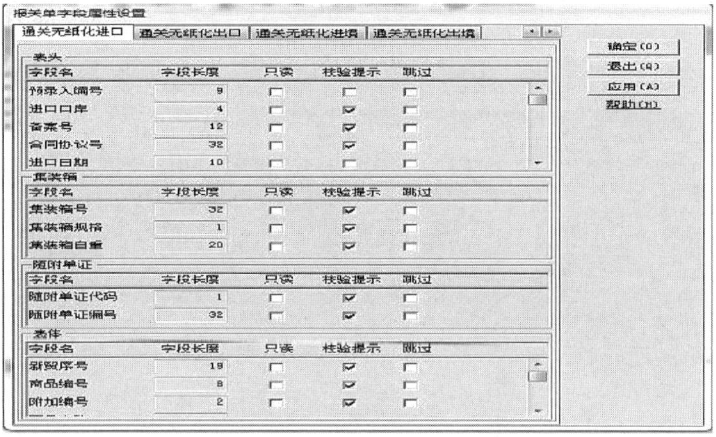

图 2－51

（5）录入通关无纸化单证。

说明：

1）用户可以在菜单栏“制单”中选择需要录入的单证类型；

2）在工具栏“录入单据”的下拉菜单中选择需要录入的单证类型；

3）在报关单索引栏中选中需要录入的单据种类并点击录入报关单。

操作步骤：

1）用户可以从菜单栏“制单”中选择通关无纸化相关单证类型，录入通关无纸化单证，如图 2－52 所示：

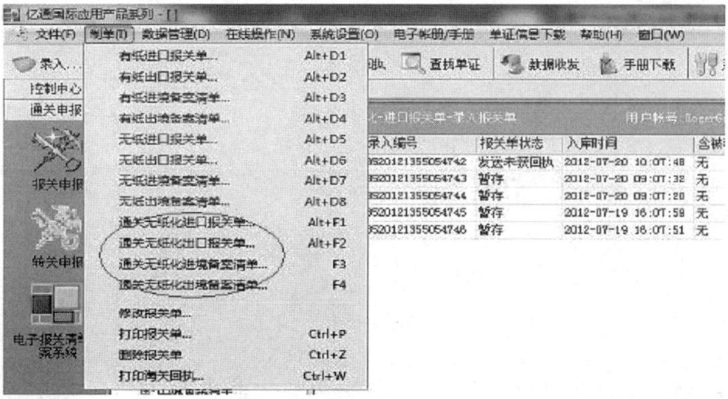

图 2－52

2）用户可以从工具栏“录入单据”的下拉菜单中选择通关无纸化相关单证类型，录入通关无纸化单证，如图2－53所示：

图2－53

3）用户也可以从报关单索引栏中选择需要录入的单据种类，录入通关无纸化单证，如图2－54所示：

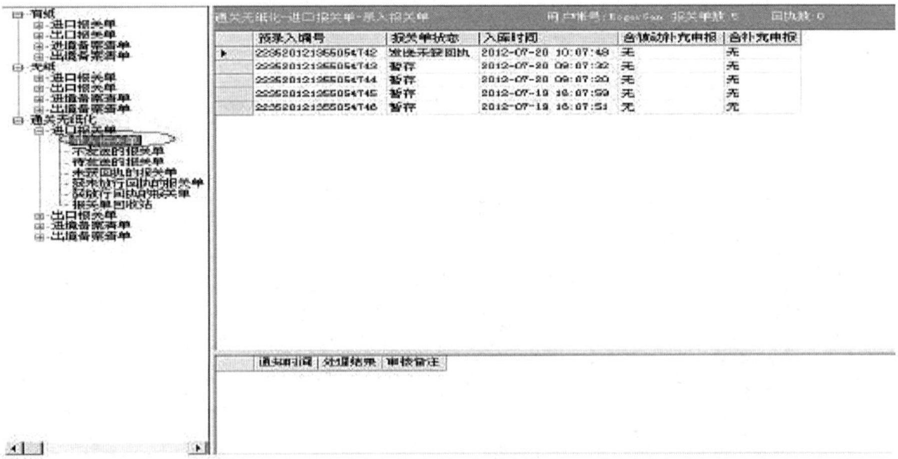

图2－54

4）录入通关无纸化报关单，初始化时“随附单据”按钮不可用，如图2－55所示：

5）点击“暂存按钮”按钮后，“随附单据”按钮可用，见图 2 -55：

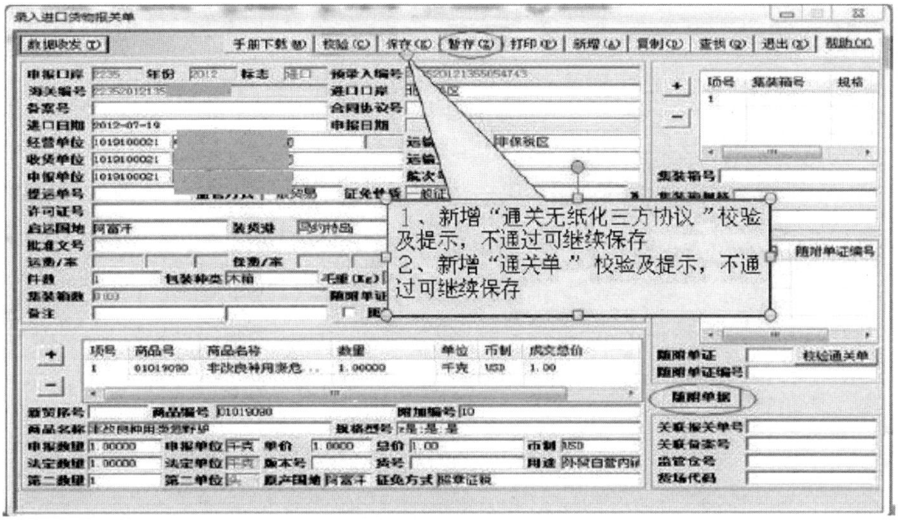

图 2 -55

6）录入随附单据，见图 2 -56：

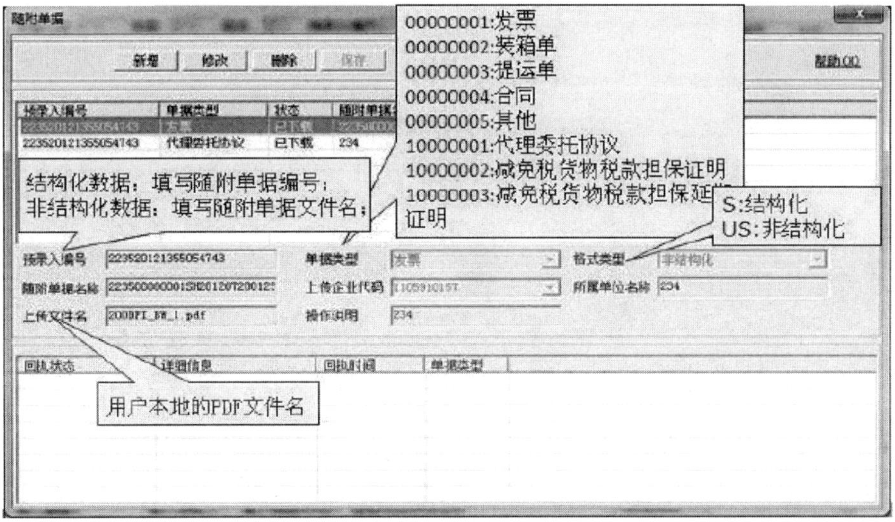

图 2 -56

小贴士 格式类型

● 结构化：如果用户选择随附单据类型为“结构化”，则需要填写“随附单据编号”，这种情况下就不用上传 PDF 文件了。上海目前“代理委托协议”可通过结构化进行申报。

非结构化：对于需要上传 PDF 文件的随附单据附件，选择“非结构化”格式类型。

● 上传文件名为用户本地 PDF 文件的文件名，系统对文件名没有特别约束。

7）上传、下载、查询等处理，见图 2－57：

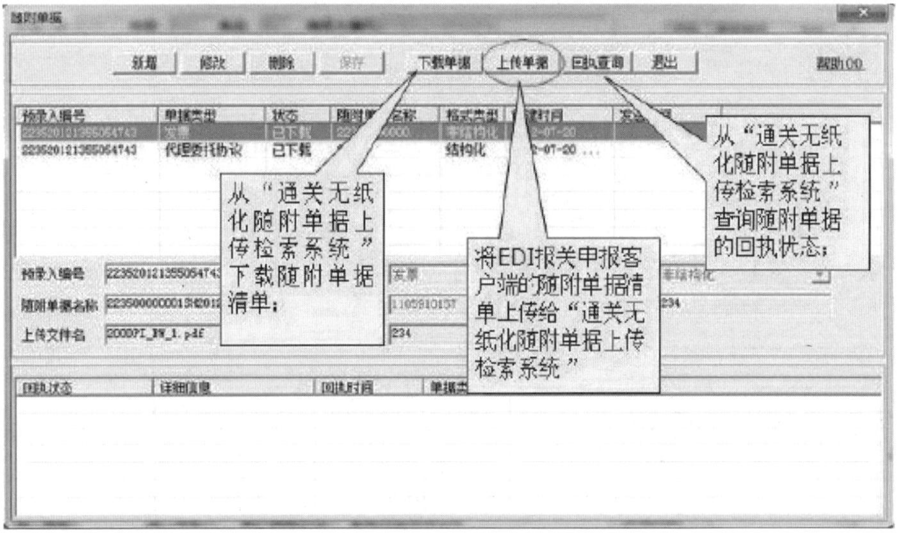

图 2－57

（6）数据收发。

说明：

1）发送通关无纸化报关单的同时，也会发送相关的随附单据加签文件；

2）对于海关要求重传随附单据的报关单，可对其随附单据实现重传操作。

操作步骤：

1）“待发送”列表包含了通关无纸化各类报关单，见图2－58：

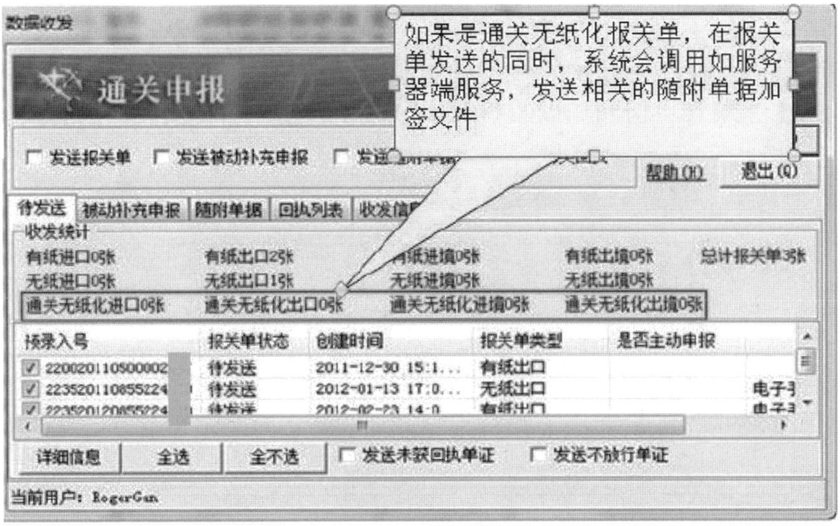

图2－58

2）“随附单据”列表显示可重传的随附单据，用户可以选择进行重传，见图2－59：

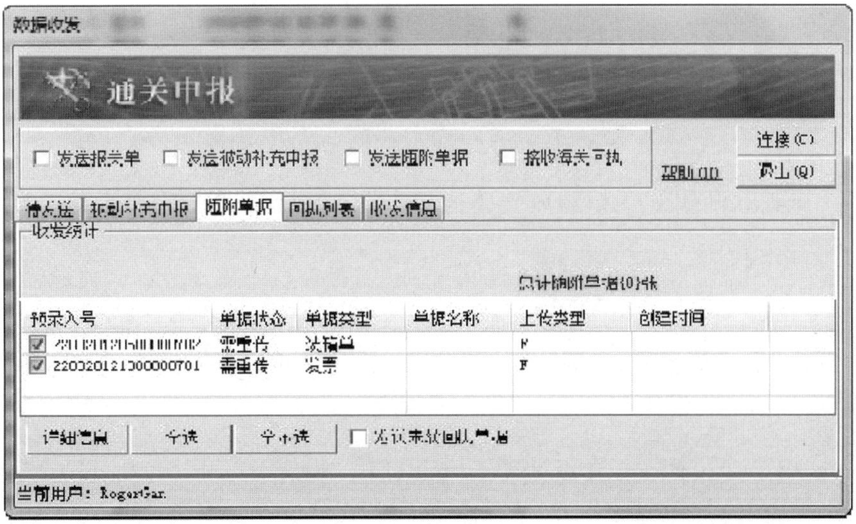

图2－59

（7）报关单简表下载。

说明：在报关单简表下载中增加通关无纸化的选项，并根据用户本地信息表配置，如果用户有通关无纸化权限，则显示“通关无纸化”，如果用户没有通关无纸化权限，则不显示。如下功能从清单备案系统及EDI报关申报系统均可访问。见图2－60：

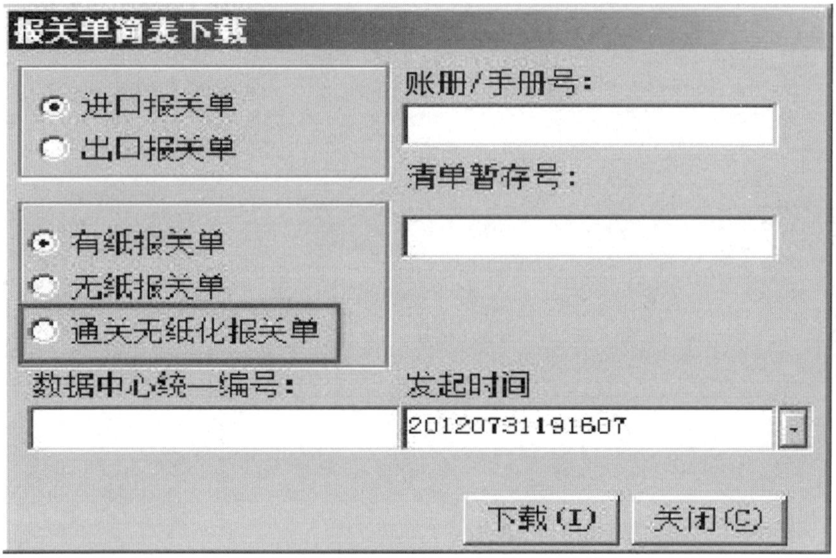

图2－60

（8）通关无纸化回执打印。

说明：对于通关无纸化相关单证，在收到海关回执后，打印如下：

1）收到回执“无纸验放查验通知书”，可打印“通关无纸化查验通知书”格式；

2）收到回执“报关单放行”，可打印“通关无纸化查验/放行通知书”格式。通关无纸化回执打印样例已在前文QP系统中详细介绍，此处就不再赘述。

根据上述操作，EDI电子申报操作便已完成。

二、通关作业无纸化企业网上签约环节注意事项

在前文我们已经对企业相关操作方法和注意事项进行了叙述，这里我们再将一些企业容易忽视，或者容易出错的细节问题做一整理，以方便大家更好地完成通关无纸化操作。

● 注意事项：

（1）签约三方是指企业、海关、电子口岸。申报单位和经营单位都要分别与上述三方进行签约。

（2）签约时系统是按照海关10位编码识别的，不是按照组织机构代码（9位）识别的。

（3）同一家企业可以与多个关区进行签约。

（4）进行该系统操作必须使用企业法人卡，不能用操作员卡。

（5）关区列表显示的是主管海关，不是口岸海关。如客户须在上海口岸进行通关无纸化申报，须与“上海海关”进行签约。

（6）当与该关区签约后，关区列表中不再显示该关区，只列出没有签约的关区。

（7）在完成签约后须等待1～2个工作日海关审批。事后客户须查看三方协议“查询”一栏，此栏中显示有“具体生效日期”及协议状态为“签约海关审批”，则为签约成功。

（8）协议解约后，企业也可进入该系统菜单项下查询是否解约成功。解约是不需要海关审批的。

三、报关单随附单据上传环节注意事项

（一）随附单证格式要求：

（1）上传格式需为pdf文档，可由扫描件JPEG、word、excel等电子文档转成的pdf文档。

（2）每类电子随附单据只能为1个pdf文件，每个文件为1个报文，每个报文不能超过20M，每页不能超过200k。

（3）电子随附单据报文和报关单报文会同时发送给H2010系统，但H2010系统接收到电子随附单据报文比报关单报文通常会晚一些，如果超过5分钟，报关单会被退单，企业需重新申报报关单，但电子随附单据不需重新申报。

（二）报关单电子随附单据上传界面

录入报关单相关信息后，在报关单类型字段内，点击下拉菜单，选择“M通关无纸化”后回车，即可点击界面右上角“随附单据上传/查看”按钮。

（1）随附单据文件类别：必填项，下拉菜单选择，或手工录入下拉菜单内相应的数字代码。

（2）随附单据编号：当类别选择为“代理报关委托、减免税货物税款担保证明、减免税货物税款延期担保证明”时，为必填项，手工录入。

（3）随附单据文件位置：必填项，当类别选择为“发票、装箱单、提（运）单、合同、其他”时，为必填项。

（4）随附单据所属单位：非必填项，手工录入，前一字段为海关10位代码，后一字段为相应企业名称。

（三）随附单据上传

（1）添加上传完随附单据后，点击“上传”按钮，即可以上传随附单据。

（2）系统会提示文件签名不合格，是否让系统重签，点“是”即可。

（3）点击“上传”按钮后，如果上传成功，系统会提示“随附单据已上传”。

（四）返回报关单界面

（1）随附单据上传后，点击“确定”按钮，系统自动返回报关单界面。

（2）在报关单录入界面上方点击“暂存”或“申报”按钮，否则之前所上传的随附单据数据将丢失，需重新填写、上传。

（五）随附单据下载

（1）如果上传和查询所使用的电脑相同，则直接选中某条记录，点击右键查看文件。

（2）如果上传和查询所使用的电脑不同，则需先选中某条记录，点击右边的“下载”按钮进行下载；下载完成后，方可在该记录处点击右键查看文件。

（六）报关单电子随附单据重传界面

（1）已申报的报关单，海关给予重传指令后，首先在“报关申报——电子随附单据——重新上传”菜单内进行查询。

（2）选中某条记录后，点击界面内的“重传”按钮，即可进行重传操作，操作流程同正常上传。

（3）代理报关委托、减免税货物税款担保证明、减免税货物税款延期担保证明数据不允许重传。

四、报关单修改与撤销环节注意事项

现阶段，由于企业所使用的电子申报系统分为QP系统和EDI系统两种，而各关区又由于海关综合业务管理平台的使用和推进进度不统一，部分使用QP网上申报系统的海关在通关作业无纸化实施后要求企业在申请报关单修改与撤销时，进行网上申请与海关审批。

在这里，我们也将这种情形的操作模式和具体要求向大家进行讲解。

说明：企业发现报关单申报数据有错时，可主动通过系统向海关申请报关单修改/撤销；报关单修改/撤销后，企业可对数据状态等进行查询。报关单的状态需为已审结，企业方可进行修改、撤销申请操作。主要流程如图 2－61 所示：

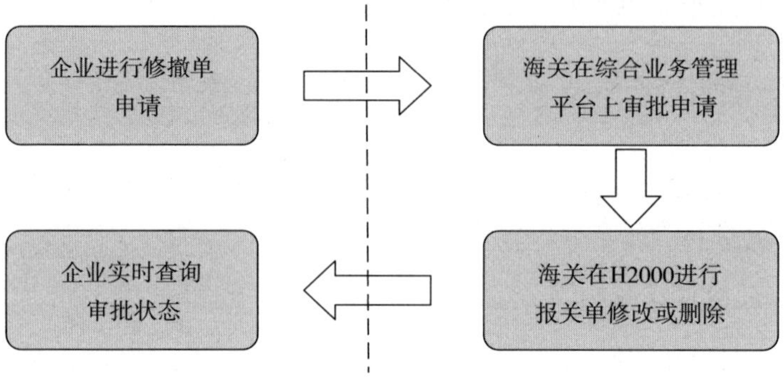

图 2－61

操作步骤：

下面分别介绍报关单修改和报关单删除的申请操作办法，以方便大家顺利完成相关工作。

1. 报关单修改申请

进入 QP 网上申报系统，点击“修撤单申请/确认”菜单下的“修改申请”子菜单。如图 2－62 所示：

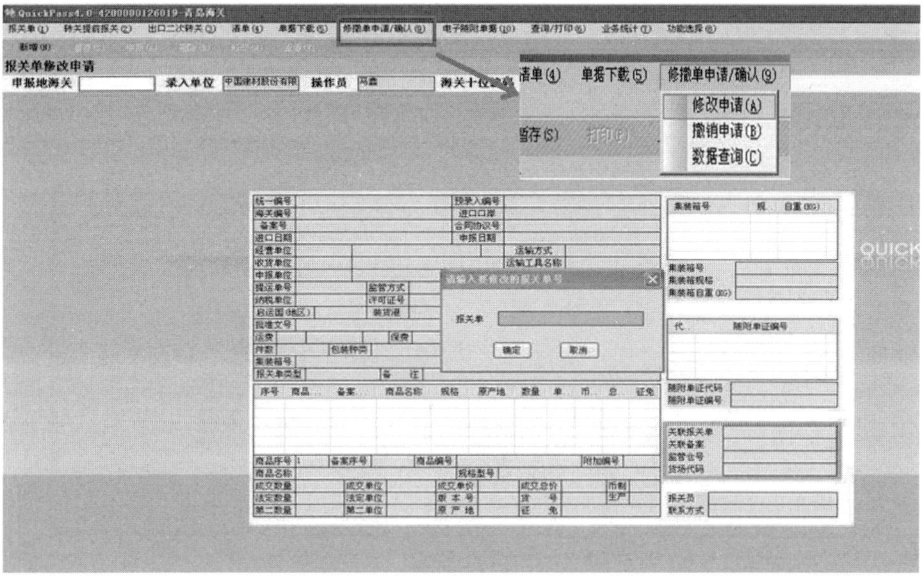

图 2 – 62

输入需要修改的报关单号，点击确定按钮后，调出相应报关单数据，进入报关单修改申请明细界面。如图 2 – 63 所示：

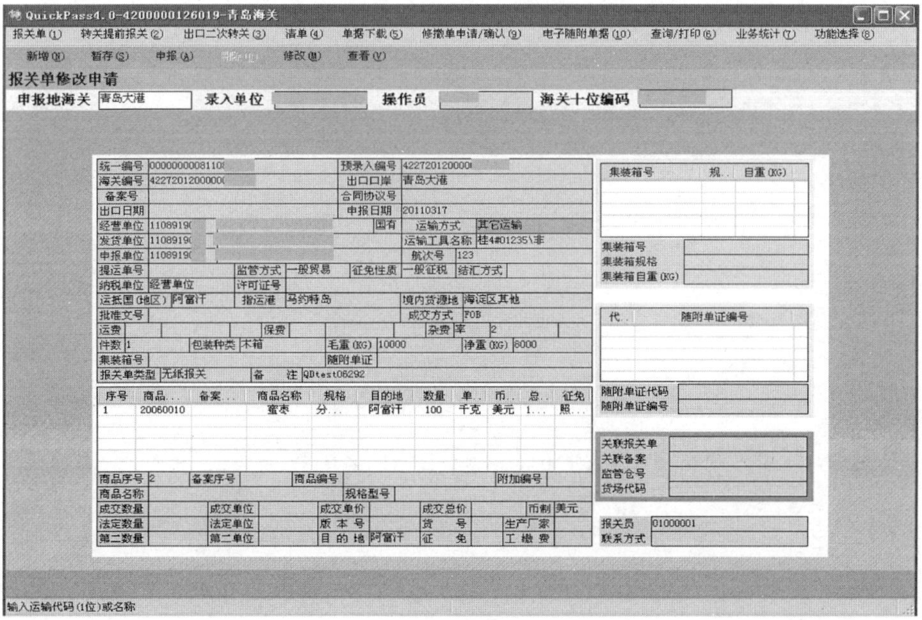

图 2 – 63

将光标置于欲修改的字段中，点击界面上方的修改按钮，或使用键盘快捷键“Ctrl + M”，即可按弹出的提示框进行修改，如图 2 – 64 所示。各字段录入方法与报关单界面相同。

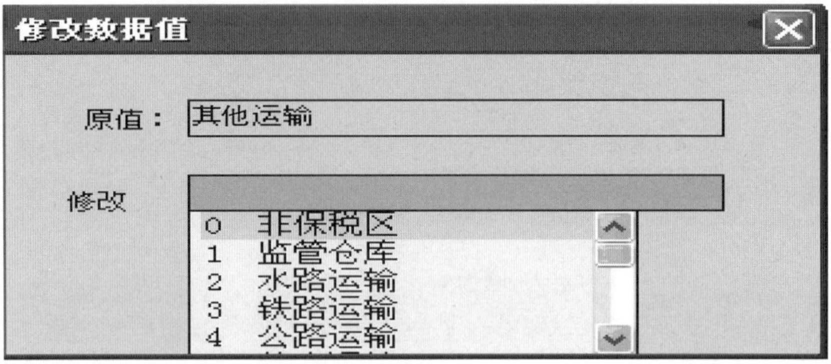

图 2 – 64

修改完毕后的字段底色为黄色，以示区别，修改后的内容不会直接显示在报关单数据界面中。如图 2 – 65 所示：

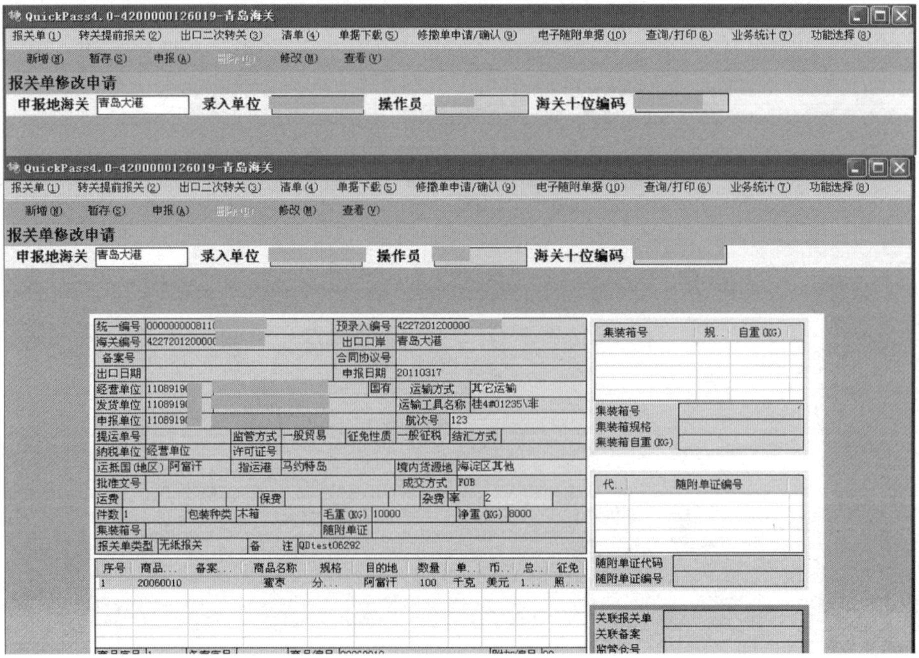

图 2 – 65

您也可随时点击界面上方的“查看”按钮，在弹出的提示框中对修改后的内容进行查看，如图 2 - 66 所示：

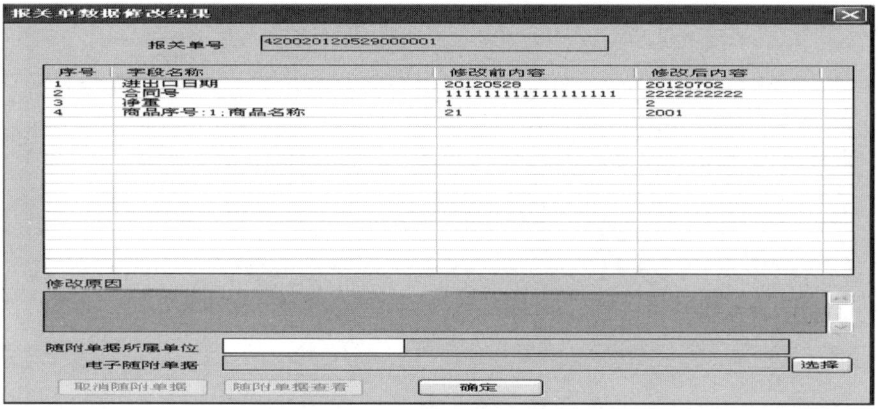

图 2 - 66

报关单修改原因为必填项，如没有填写原因，申报时系统会提示“报关单修改原因不能为空”，无法完成申报和申请。

2. **报关单撤销申请**

进入 QP 网上申报系统，点击修撤单申请菜单下的“撤销申请”子菜单，进入图 2 - 67 所示界面。

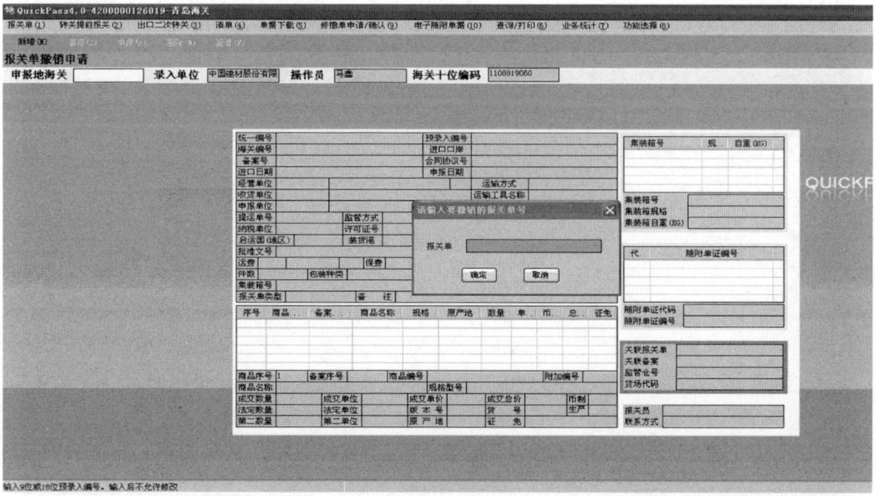

图 2 - 67

在相应的表格中录入撤销原因。如图 2－68 所示：

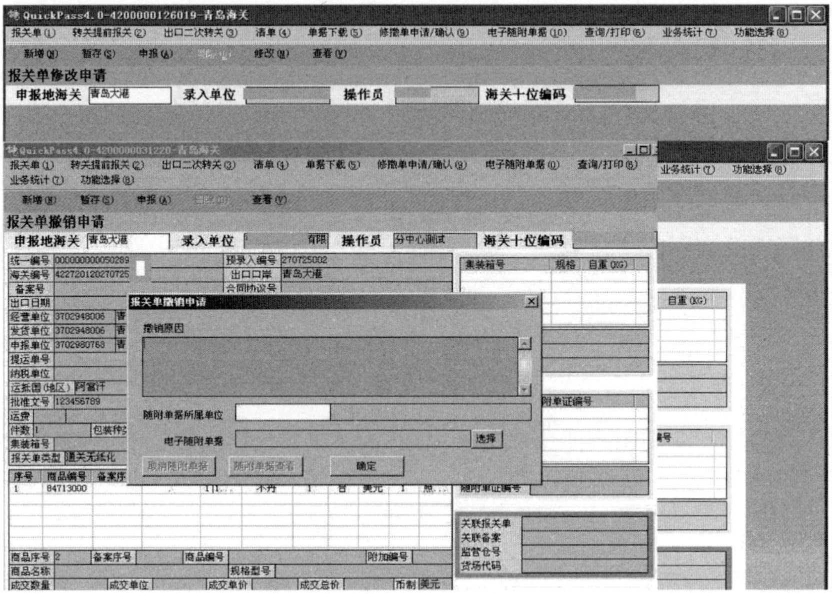

图 2－68

申报后查询。点击“修撤单申请/确认”菜单下的“数据查询”子菜单，进行查询。如图 2－69 所示：

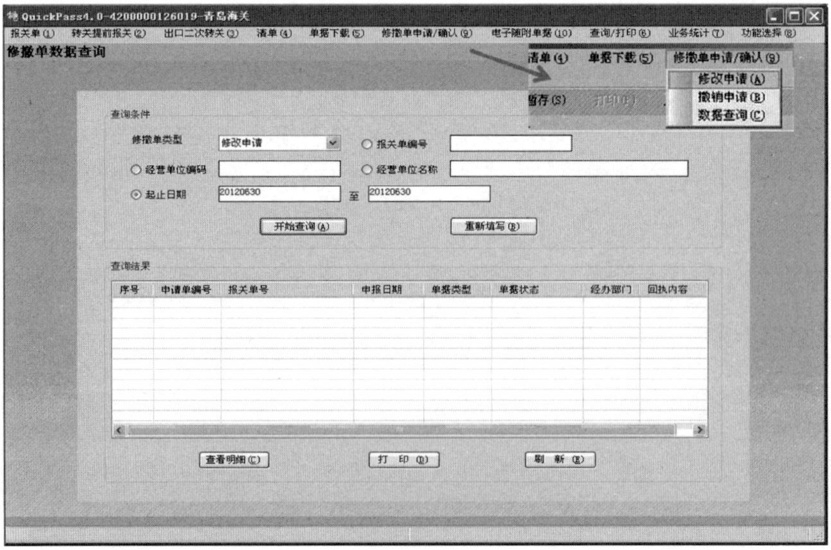

图 2－69

查询页面如图 2－70 所示：

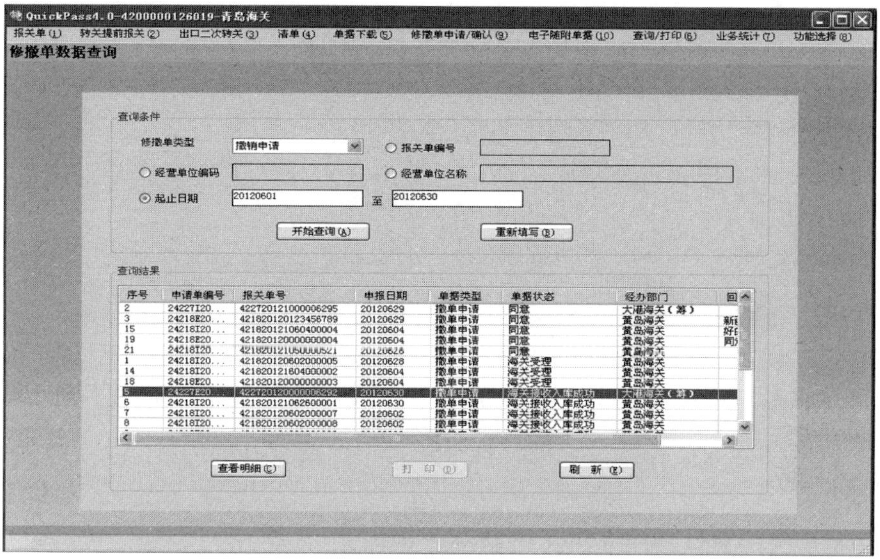

图 2－70

小贴士 在本系统中，报关单修改与撤销申请的单据状态包括：暂存、申报、发往综管平台成功（失败）、海关接收入库成功（失败）、海关受理、海关不受理、同意、不同意 8 种。

3. 报关单修改申请各种单据状态下，企业用户可进行的操作

（1）申报、发往综管平台成功、海关接收入库成功：界面按钮为灰色，不允许对当前数据进行操作。

（2）同意：可进行撤销申请，可对该数据进行第二次修改申请。

（3）不同意：可进行撤销申请，可进行修改申请。

（4）不受理：将该条修改申请的数据在预录入系统中删除，可进行撤销申请。

4. 报关单撤销申请各种单据状态下，企业用户可进行的操作

（1）申报、发往综管平台成功、海关接收入库成功：界面按钮为灰色，不允许对当前数据进行操作。

（2）同意：该票数据查看页面各类操作按钮为灰，不允许进行其他操作。

（3）不同意：可进行修改申请，可进行撤销申请。

（4）不受理：将该条撤销申请的数据在预录入系统中删除，可进行修改申请。

五、通关无纸化问与答

这里所选的问题主要为海关总署新闻发布会上记者自由提问阶段所提，以及部分业务在通关无纸化推进过程中所搜集到的问题。

Q：海关实行通关无纸化的基本条件是什么？

A：通关作业无纸化，现在已在欧美发达国家实现了。海关根据当前的这种情况和推行通关作业改革的情况，提出实施通关作业无纸化的改革。海关从电子报关到分类通关，再到启动通关作业无纸化试点，用了17年，现在看来各方面的条件已经基本具备了，同时也是大势所趋。

从改革必要性来看，受全球经济形势的影响，我国外贸进出口情况不容乐观，进出口企业面临着困难，企业对进一步提高通关便利化水平的要求也越来越高，外部环境也促使海关必然要改变现有的纸质通关作业的模式，进一步实现海关与企业管理系统互联互通，降低企业运营和通关的成本，促进贸易便利化。

第一，从法律层面上面看，《电子签名法》、《海关法》、《刑事诉讼法》等法律及相关的法律规章明确了电子数据的法律地位。

第二，从企业信息化的程度来看，绝大多数现代化的企业，生产、物流，已经实现了信息化的管理，同时传统的纸质文件，商业单证、凭证、票据，企业相关的商事往来的函电等等，包括产品的说明书等等，也逐渐被电子方式所替代。除贸易企业外，物流企业，大型港口、码头已经实现了和正在实现与海关的电子联网。这些都为海关启动无纸化试点奠定了基础。

第三，从海关与有关进出口的管理部门数据交换来看，根据我国进出口货物的有关管理规定，部分商品需要有关主管部门的批准，并且出具许可证件，我们叫做监管证件。比如商务部门发放的进出口许可证、质检部门发放的入（出）境货物通关单，我们都实现了联网。这些条件也都基本具备了，可以说多个监管证件出证部门已与海关实现了电子的联网。

Q：海关总署对首批12个海关确定的考虑是什么？这12个海关去年的进出口占全国外贸进出口的比率是多少？

A：我们分别区分12个海关的业务，理清他们主要的业务重点，然后就选择在某一方面进行试点。比如上海，它主要业务突出的是海运进出口业务，比较全面，我们就选择了上海试点海运。北京主要是空运进出口业务，那么我们就选择北京空运进口的业务。还有宁波和杭州，杭州很多是货物转关到宁波，所以我们选择杭州和宁波实施转关的这种通关无纸化的试点，等等。这几个海关进出口量占全国进出口贸易量的80%左右。

Q：如果参与试点的企业，它的报关员对于无纸化方式申报不是特别熟练的话，海关是不是能够继续接受纸质报关？

A：我们希望报关员能够尽快熟练使用无纸方式的申报和办理手续，尽可能采取无纸化的方式，尽早享受到海关通关作业无纸化改革带来的便利。在启动的初级阶段，海关和中国电子口岸要对相关报关企业和报关员进行培训，但是在这种情况下，如果还是不行，在前期阶段我们也允许企业进行有纸报关。

Q：我公司一直都是让货代代理报关的，实行无纸化通关后，在网上签订无纸化通关协议后，关于代理报关委托书要怎么操作？纸制的还能用吗，还是要在网上申请电子代理报关委托书？

A：企业签约申请由海关审核通过后，在办理进出口货物通关手续时可采取“通关无纸化”方式进行通关。如果委托报关，报关企业和经营企业需在中国电子口岸代理报关委托书系统建立委托关系。委托书可以长期有效，一份委托书可以对应多份委托协议。一份委托协议对应一份报关单。签订委托协议后，即可采取电子委托。

Q：通关无纸化改革后，企业在上传发票后是否可以在QP系统里点“批量申报”选项，然后再选择多条要申报的报关单数据进行批量申报？

A：通关无纸化报关单可以进行批量申报，但批量申报对本地网络速度要求较高。

Q：报关行发起委托申请的时候，系统提示：“请先对报关企业进行登记。”这是什么意思？

A：这说明报关行没有做企业信息登记，请在QP系统“企业登记”功能里面做报关企业信息登记。申报单位在开展通关无纸化业务前，需要在该系统中向报关协会申请企业登记，否则后续业务无法开展。

值得注意的是，企业在登记过程中，如果登记信息被退单，可以进行编辑后重新申报；登记信息审批后，有正常的信息变更，也可以进行编辑后再次申报；申报单位登记信息在报关协会审批时，会设定“审批期限”，在超出审批期限前，企业应再次向报关协会申报操作。如果申报单位未进行信息登记，或登记信息超期未重新申报的，在系统中无法申请委托、无法确认委托、无法被其他经营单位进行查询，请特别留意。

Q：代理报关委托协议发起后，如何修改委托申报内容？

A：根据海关通关无纸化现行操作规定，代理报关委托协议发起后委托申报内容不能修改，只能重新发起。

Q：我公司在青岛海关进行报关单申报时，海关电子审单退单显示："海运出口报关单全面实施通关无纸化作业，不得以出口无纸通关方式申报。"请问这是什么原因？

A：青岛关区已开始实施海运出口通关作业无纸化改革，报关企业在申报无纸报关单的时候，应在报关单录入界面"报关单类型"项目选择"M 通关无纸化"，如果选择原先的"W 无纸报关"方式申报，会造成上述原因退单。

第三章　“属地申报，口岸验放”通关模式

如果您的企业在内陆地区，当您有货物需要从口岸海关进口或者出口时，您想的第一件事是否还是去订购去往口岸城市的车票，以及早去办理报关业务？您是否还有曾为了一份改单而往返于口岸海关和企业所在地的难忘经历？其实，随着海关通关改革的不断深入推进，海关总署早在2006年时便针对高资信企业出台“属地申报，口岸验放”的便捷通关模式，其后又进一步放宽了参与企业的资质要求，让更多企业享受到通关便利。

下面，就让我们一起来了解一下“属地申报，口岸验放”。

第一节　了解“属地申报，口岸验放”通关模式

一、“属地申报，口岸验放”通关模式的含义

“属地申报，口岸验放”是指符合海关规定条件的守法水平较高的企业，在其货物进出口时，可自主选择向其属地海关申报，并在货物实际进出境地的口岸海关办理货物验放手续的一种通关方式。“属地海关”是指进出口货物的收发货人或其代理人所在地直属海关、隶属海关。

“属地申报，口岸验放”通关模式，由原来各业务现场只能处理本关区现场编号的报关单的限制，改为属地海关办理审单、接单审核、税费

征收，口岸海关办理实货查验、放行。由此，企业不需再办理转关手续，其进出口货物在属地海关报关后，可自行或委托货代，持报关单复印件直接在口岸海关验放。

“属地申报，口岸验放”通关模式是海关为服务和促进经济发展，适应全球经济一体化进程和国内区域性经济圈快速发展，充分体现守法便利的原则，简化海关手续，提高通关效率的一项重大举措，是促进对外经济贸易和现代国际物流发展的一种新的通关模式。

二、“属地申报，口岸验放”通关模式下，属地海关、口岸海关的职责分工

（一）属地海关职责

属地海关负责按照《海关通关作业审单操作规范》实施报关单电子数据审核；负责维护管理企业参数数据库以及随机查验比率；办理纸质报关单证审核、税费征收、海关统计、查验布控、报关单证明联签发等，承担单单相符及单机相符的责任；办理报关单修改或撤销以及海关估价、退补税等；承担在接单环节中发现的有走私违规嫌疑情事的移交；办理按进口转关运输方式监管至属地实施查验的货物的验放手续；承担相关单证的传输，保证数据的正确；核注口岸进口舱单电子数据，并可办理出口清洁舱单核销手续；承担相关报关单证的理单归档管理；负责实施企业守法管理，对所在地企业实施稽查。

（二）口岸海关职责

口岸海关承担口岸物流监控和舱单管理；办理货物放行或将进口货物转关至属地海关办理查验手续；原则上凭报关单电子数据实施查验，不能满足作业要求的，联络属地海关传输相关随附单证；根据随机布控查验要求实施查验（保留即决式查验权力）；承担口岸查验环节中查获的

有走私违规嫌疑情事的移交；根据属地海关授权，修改相关报关单电子数据；负责对需在口岸才能办理的报关单证（如“通关单”）的验核、理单归档管理；承担相关单证的传输，保证数据的正确；办理进口舱单和出口舱单的核销手续。

这两者作业分工的区别可以用表 3－1 直观地展示出来：

表 3－1 “属地申报，口岸验放”中属地海关和口岸海关分工示意图

海关 环节	属地海关	口岸海关
审　单	√	
接　单	√	
报关单审结		√
查　验	√（进口转关查验）	√
结　关	√	√

三、“属地申报，口岸验放”的实施与扩大

海关总署 2006 年第 43 号公告决定实施跨关区“属地申报，口岸验放”通关模式；2012 年第 53 号公告将“属地申报，口岸验放”通关模式的适用范围扩大至一年内无走私违规记录、资信良好的 B 类生产型出口企业。

海关总署公告超链接

海关总署公告2006年第43号

为进一步适应区域经济发展的要求，充分体现守法便利的原则，简化海关手续，提高通关效率，海关总署决定实施跨关区"属地申报，口岸验放"通关模式。现将有关事项公告如下：

一、"属地申报，口岸验放"是指符合海关规定条件的企业进出口货物时，可自主选择向属地海关任一海关单位申报，在货物实际进出境地的口岸海关（以下简称口岸海关）办理货物验放手续的一种通关方式。

二、凡进出口企业拟采用"属地申报，口岸验放"通关模式的，需向所在地直属海关提出书面申请（详见附件1，此处省略）。直属海关参照海关对企业分类管理标准等对申请企业进行审核，并提出是否同意的书面答复意见（详见附件2，此处省略）。

三、口岸海关接受并确认进境运输工具负责人或其代理人申报的舱单电子数据后，进口货物的收货人或其代理人即可选择"属地申报，口岸验放"方式，录入《进口货物报关单》电子数据，向属地海关进行申报。

四、除海关另有规定的以外，出口货物的发货人或其代理人在出口口岸订舱后，即可选择"属地申报，口岸验放"方式，录入《出口货物报关单》电子数据，向属地海关进行申报。

五、出口货物运抵口岸海关监管场所后发生退关的，由发货人或其代理人向属地海关申请。属地海关审核无误后，出具出口退关证明，交发货人提交口岸海关办理退关手续。

六、对因海关规定或国家许可证件管理，须在属地或口岸进行申报并办理验放手续的进出口货物，不适用于“属地申报，口岸验放”通关模式。

“许可证件”不包括“入（出）境货物通关单”。

本公告自2006年9月1日起实施。

特此公告。

二〇〇六年八月八日

海关总署公告2012年第53号

为促进对外贸易稳定增长，推动区域协调发展，为企业通关提供便利，海关总署决定将“属地申报，口岸验放”通关模式的适用范围扩大至部分B类生产型出口企业。现就有关事项公告如下：

一、一年内无走私违规记录（以海关企业分类管理评定记录为准）、资信良好的B类生产型出口企业，可按照海关总署公告2006年第43号规定，向所在地直属海关提出申请，适用“属地申报，口岸验放”出口通关模式。

二、本公告所称B类生产型企业，系指根据《中华人民共和国海关企业分类管理办法》（海关总署令第197号）有关规定，适用B类管理且经海关审核企业类型为生产型的企业。

三、本公告内容自发布之日起实施。

特此公告。

二〇一二年十一月一日

拓展阅读

“属地申报，口岸验放”通关新模式给进出口企业大便利

广西新闻网－广西日报南宁讯（记者覃世默　通讯员　戴志强　彭志刚）日前，湖南华菱涟钢进出口有限公司26万吨铁矿石首次在防城港港口经“属地申报，口岸验放”模式检验后顺利通关。这是南宁海关推行“属地申报，口岸验放”通关模式以来办理的外省企业最大的一宗进口货物。整个通关过程前后用时不到30分钟。

“今年首次选择广西防城港口岸进口，没想到广西不仅有防城港这样优良的矿石专用进口码头，还能通过长沙海关与南宁海关签订的通关合作协议，享受到前所未有的通关便利，给企业带来了实实在在的好处。”通关后，该公司经理刘忠德高兴地说。他告诉记者，采用“属地申报，口岸验放”模式进行报关，他们在长沙海关就能够办理进出口手续了，而且时间由过去的2到3天缩短至不到半小时。以往需要支出的往返口岸的交通费、差旅费、港口堆场费以及时有发生的滞港、滞车等费用也全省了，大大增强了企业的竞争能力。

据介绍，在长沙海关申报，在防城海关提货，对内地的进出口企业来说，以前可能是个梦想，但现在海关的区域通关改革却把梦想变成了现实。去年以来海关推行了以跨关区“属地申报，口岸验放”为主体的通关新模式，即具有良好守法记录的A类进出口企业可在属地海关报关，海关放行后直接在口岸提货或装货，并可以自主选择运输工具、运输路线和运输时间。

这一区域通关改革，较好地弱化了海关行政管理分割造成的物流障碍，口岸海关与内陆海关两种资源优势得以充分发挥，使企业在家门口就能和进出境口岸所在地企业一样很方便地办理海关手续，享受进出口货物一次申报、零用时通关和无障碍流动的便利。目前，南宁海关已相

继与黄埔、广州、福州、昆明、贵阳、成都、重庆、长沙、深圳海关签订了《区域通关改革合作备忘录》，越来越多的内陆省份进出口企业将选择广西口岸进出口货物。据统计，今年1~5月，南宁海关按照“属地申报，口岸验放”模式共为88家企业的375份进出口报关单办理通关手续，涉及货物1.96亿美元，大大加快了区域物流的周转。

（来源：广西新闻网 http：//www. gxnews. com. cn/staticpages/20070704/newgx468aca0e－1140074. shtml；2007年7月4日）

第二节 “属地申报，口岸验放”通关模式的适用范围

一、“属地申报，口岸验放”通关模式的适用关区

根据海关总署公告，“属地申报，口岸验放”适用于我国所有直属海关。同时，海关总署“跨关区‘属地申报，口岸验放’操作规程”中明确要求：口岸海关与属地海关在具体实施“属地申报，口岸验放”方式前应充分协商，并制定联系配合办法和实施细则，报海关总署备案。以上海海关为例，截至2013年5月，上海海关已经同全国所有直属海关签署《区域通关改革合作备忘录》，这也意味着所有经由上海口岸进境或出境的符合“属地申报，口岸验放”要求的货物，均可从属地海关进行申报。

二、“属地申报，口岸验放”通关模式的适用企业

（一）启动阶段

海关总署在“属地申报，口岸验放”启动阶段将适用企业范围界定为A类及以上。

（二）扩大范围阶段

海关总署2012年第53号公告《关于扩大“属地申报，口岸验放”通关模式适用范围的公告》中明确规定：决定将“属地申报，口岸验放”通关模式的适用范围扩大至部分B类生产型出口企业。一年内无走私违规记录（以海关企业分类管理评定记录为准）、资信良好的B类生产型出口企业，可按照海关总署公告2006年第43号规定，向所在地直属海关提出申请，适用“属地申报，口岸验放”出口通关模式。本公告所称B类生产型企业，指根据《中华人民共和国海关企业分类管理办法》（海关总署令第197号）有关规定，适用B类管理且经海关审核企业类型为生产型的企业。

表3-2　“属地申报，口岸验放”企业适用范围

<table>
<tr><th colspan="3">企业类别</th><th>是否适用“属地申报，口岸验放”</th></tr>
<tr><td colspan="3">AA类</td><td>√</td></tr>
<tr><td colspan="3">A类</td><td>√</td></tr>
<tr><td rowspan="4">B类</td><td rowspan="2">进口</td><td>生产加工型</td><td></td></tr>
<tr><td>非生产加工型</td><td></td></tr>
<tr><td rowspan="2">出口</td><td>生产加工型</td><td>√</td></tr>
<tr><td>非生产加工型</td><td></td></tr>
<tr><td colspan="3">C类</td><td></td></tr>
<tr><td colspan="3">D类</td><td></td></tr>
</table>

拓展阅读

扩大“属地申报，口岸验放”适用范围和无纸化试点
福州海关再推两措施促外贸增长

福建日报讯（记者林侃　通讯员王蓓）记者16日获悉，福州海关再推两项措施，全力支持企业应对复杂的外贸形势，促进福建外贸稳定增长。

这两项措施分别是：扩大跨关区“属地申报，口岸验放”通关模式的适用范围，从10月22日起，除A类及以上进出口企业外，一年内无走私违规记录、资信良好的B类生产型出口企业也可申请适用该通关模式，并办理相关出口通关业务；进一步扩大通关作业无纸化试点业务现场和参与企业数量，从11月1日起，在原有马尾、福清、机场等试点口岸基础上，将试点范围进一步扩大至邮局、宁德、莆田等对台贸易较大的业务现场，试点企业范围也扩大至所有A类及以上企业。

今年年初以来，为帮助企业积极应对外贸严峻形势，福州海关已出台了促进贸易便利化七项措施、支持和促进福建省外贸进口的二十项措施，从提效率、减负担、重帮扶、促增长等方面帮扶外贸企业。此外，福州海关还形成帮扶省级外贸“一对一”企业的具体意见和措施，为企业提供个性化通关服务。

（来源：海关总署网站 http：//fuzhou. customs. gov. cn/publish/portal123/tab45150/module112864/info392593. htm；2012年10月19日）

第三节　企业适用“属地申报，口岸验放”通关模式操作要点

在上述章节中，我们已经了解到“属地申报，口岸验放”的含义。这种通关方式在为企业带来巨大便利的同时，也对海关传统报关方式进行了巨大改革。

一、企业适用“属地申报，口岸验放”通关模式的基本流程

“属地申报，口岸验放”通关模式把通关流程分解为属地海关、口岸海关两地分工管理，通过现代科技信息技术打造新的通关作业链，大大提高物流速度，便捷企业通关。

企业参与“属地申报，口岸验放”进口环节的主要流程为：舱单电子数据传输义务人向口岸海关传输进口舱单电子数据，进口货物的收货人或其代理人向属地海关进行进出口申报，在属地海关完成税费缴纳后，直接在口岸海关办理货物查验放行手续。主要流程如图3－1所示：

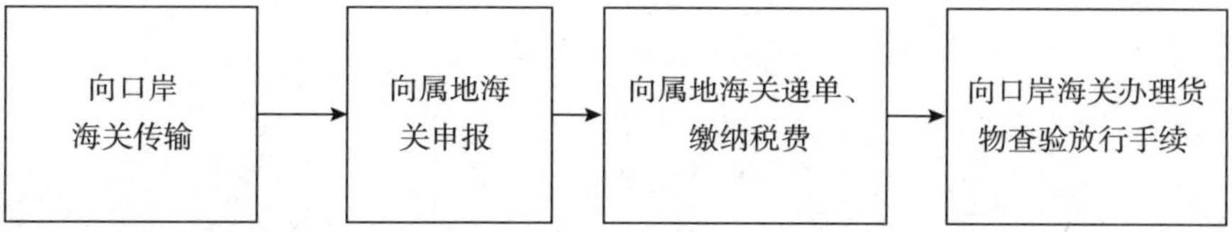

图3－1　“属地申报，口岸验放”进口通关流程图

企业参与“属地申报，口岸验放”出口环节的主要流程为：运输工具出境前（时），舱单电子数据传输义务人向口岸海关传输出口舱单电子数据，出口货物的发货人或其代理人向属地海关申报，递交纸质报关单证（需在口岸办理的通关单，提交复印件），并办理有关税费手续。发货人或其代理人凭属地海关验核的报关单复印件（加盖口岸地代理报关公司印章）、需由口岸地检验检疫部门出具的出境通关单（正本）、提运单（正本）和口岸地代理报关委托书（正本）向口岸海关办理出口货物的查验、放行手续。主要流程如图 3－2 所示：

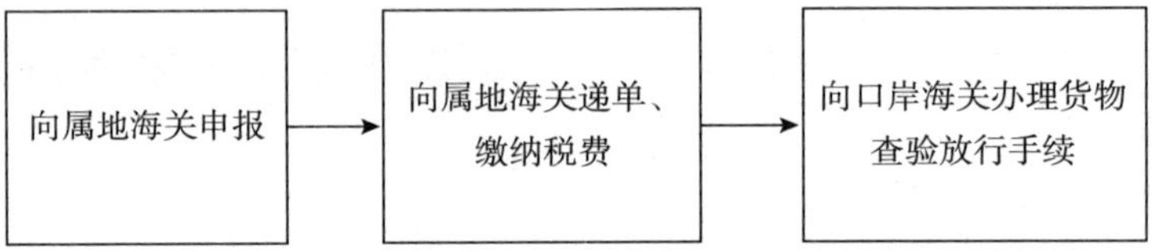

图 3－2　“属地申报，口岸验放”出口通关流程图

拓展阅读

属地申报口岸验放天津企业外地进口货物就近报关

日前，天津新港海关与石家庄海关首票以天津为属地的"属地申报，口岸验放"模式单据顺利通关。除了天津企业自其他口岸进出口货物，可以就近申报外，外地企业也能在属地申报，在天津口岸验放。

天津俊安煤焦化工有限公司进口的货物到达石家庄海关驻曹妃甸港区办事处后，位于天津的企业不需要前往进口地，而是在家门口最近的海关以"属地申报，口岸验放"的通关模式，就能申请进口申报。日前，天津新港海关与石家庄海关首票以天津为属地的"属地申报，口岸验放"模式单据顺利通关。该票报关单的顺利通关，实现了在外地口岸通关的天津企业可以就近在天津海关报关。

"属地申报，口岸验放"是海关为了适应区域经济一体化的发展要求，提高通关效率，于2006年推出的一种通关方式。符合海关规定条件的企业，在其货物进出口时，可以自主选择向其属地海关申报，并在货物实际进出境地的口岸海关办理货物验放手续，其中"属地海关"是企业所在地海关。除了天津企业自其他口岸进出口货物，可以就近申报外，外地企业也能在属地申报，在天津口岸验放。目前，天津海关已经和东北、西北、华北等22家海关签署《合作备忘录》，极大地便利了这些地区企业的通关。

随着天津经济特别是滨海新区的开发开放，天津本地企业的外贸进出口需求不断增加，很多天津企业需要在其他港口进出口货物。天津新港海关接单处负责人李鸣表示，有意向办理此项业务的企业，可以到天津国际贸易与航运服务中心咨询和办理。（记者：韩蔓）

（来源：新华社 http：//www.tj.xinhuanet.com/web/qypd/2013 - 05/19/c_ 115824221.htm；2013年5月19日）

二、企业适用“属地申报，口岸验放”通关模式的操作要点

（一）企业申请与备案

海关总署2006年第43号公告《关于实施“属地申报，口岸验放”通关模式的公告》中明确要求：凡进出口企业拟采用“属地申报，口岸验放”通关模式的，需向所在地直属海关提出书面申请。直属海关参照海关对企业分类管理标准等对申请企业进行审核，并提出是否同意的书面答复意见。

其中，企业申请书基本格式如下：

> 采用“属地申报，口岸验放”通关模式企业申请书
>
> ________________海关：
>
> 本企业现为海关评定A类企业，符合海关相关管理规定，并备齐申请材料，承诺所提交的材料真实、合法、有效。现向你关提出采用“属地申报，口岸验放”通关模式的申请，请予以受理。
>
> 附件：公司基本情况
>
> 申请企业签章
>
> 年　月　日

公司基本情况	
企业名称：______________________	
所属地区：______________	批准机关：______________
批准文号：______________	营业执照编号：______________
企业性质：______________	投资额：（万元）______________
企业地址：______________	邮政编码：______________
企业法定代表人：__________	法定代表人联系电话：__________
税务登记证书编号：________	组织机构代码：______________
开户银行：______________	银行账号：______________
本公司保证上述所填各项内容属实，向海关递交的相关文件真实无讹，遵守海关法规，并承担相应法律责任。 法定代表人（签名）： 申请单位（公章）： 年　月　日	

海关书面答复样式如下：

中华人民共和国　　　　海关告知书

海关告知（　　）　号

______________________：

你（单位）关于______________________的申请，我关于______年______月______日收悉。经审查，你（单位）提交的申请材料齐全（不齐全），符合（不符合）法定形式。根据《中华人民共和国海关法》及相关法律和行政法规的规定，（具体告知事项）。

特此告知。

（印）

年　　月　　日

在企业申请时，除递交采用“属地申报，口岸验放”通关模式企业申请书，为了更准确、快速地完成企业参与资质审核，海关一般还会要求企业提交以下资料：

（1）营业执照、适用AA类管理决定书或适用A类管理决定书或海关实施A类管理通知书、税务登记证的正本和复印件；

（2）企业经营状况、进出口货物基本情况的说明（包括货物的年度进口计划、主要进口商品品种及主要贸易伙伴、货物的技术含量等），并随附财务管理制度、物流管理制度、报关管理制度、仓库管理制度等文件的正本和复印件；

（3）海关需要提供的其他资料。以上资料企业需要加盖公章。

企业备齐有关资料后，向属地海关通关科递交申请，海关一般于受理企业申请之日起10个工作日内将审批意见书面告知企业。

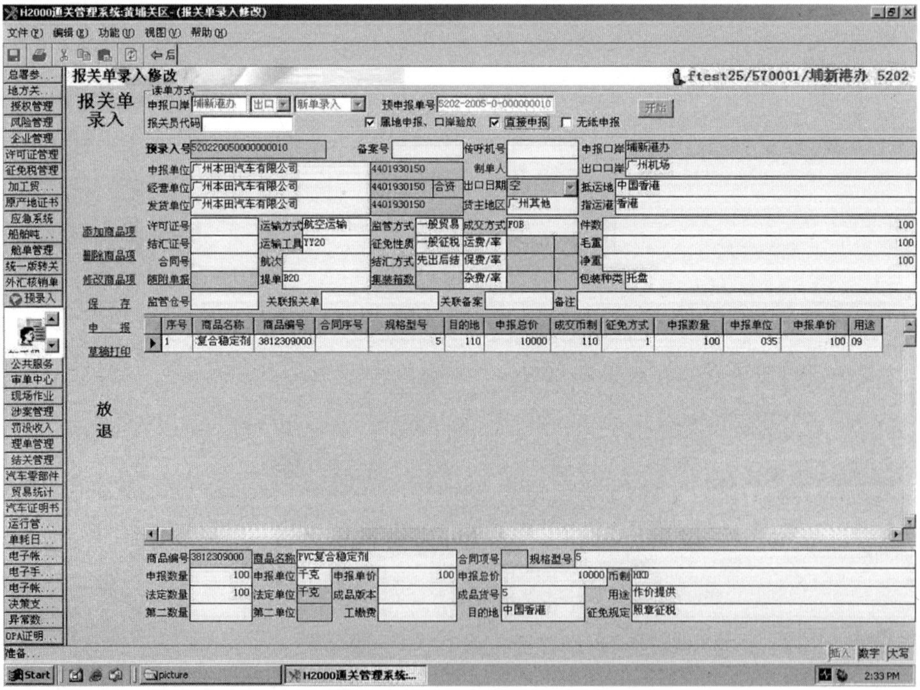

图3－3　“属地申报，口岸验放”电子数据录入页面

（二）企业进口通关适用"属地申报，口岸验放"通关模式的操作要点

（1）运输工具进境前（时），舱单电子数据传输义务人向口岸海关传输进口原始舱单电子数据。

（2）进口货物的收货人或其代理人（以下简称"报关人"）可选择"属地申报，口岸验放"方式录入电子数据报关单，向属地海关申报。

（3）电子数据报关单经海关审结后，报关人向属地海关递交纸质报关单证（需在口岸办理的通关单，提交复印件），办理有关税费手续。

（4）报关人凭属地海关验核的报关单复印件（加盖口岸地代理报关公司印章）、需由口岸地检验检疫部门出具的入境通关单（正本）、提运单（正本）和口岸地代理报关委托书（正本）向口岸海关办理进口货物的查验、放行手续。

（三）企业出口通关适用"属地申报，口岸验放"通关模式的操作要点

（1）运输工具出境前，舱单数据传输义务人向口岸海关传输出口预配舱单电子数据。

（2）出口货物发货人或其代理人（以下简称"报关人"）可选择"属地申报，口岸验放"方式录入电子数据报关单，向属地海关申报。

（3）电子数据报关单经海关审结后，报关人向属地海关递交纸质报关单证（需在口岸办理的通关单，提交复印件），并办理有关税费手续。

（4）报关人凭属地海关验核的报关单复印件（加盖口岸地代理报关公司印章）、需由口岸地检验检疫部门出具的出境通关单（正本）、提运单（正本）和口岸地代理报关委托书（正本）向口岸海关办理出口货物的查验、放行手续。

（5）出口货物发生退关的，由报关人向属地海关申请，属地海关出具相关证明在口岸海关办理退关手续。

（6）出口货物因故变更船期或航班等的，由报关人向口岸海关提出

申请，口岸海关按现行规定办理。

（四）企业配合海关查验货物

海关根据企业的守法程度和进出口货物情况，对适用“属地申报，口岸验放”方式的进出口货物设定查验。如需在属地海关进行查验的，则由口岸海关通过转关查验的方式转回属地海关办理；如需在口岸海关进行查验的，企业应安排报关员或委托代理报关公司协助海关进行查验。

（五）适用“属地申报，口岸验放”通关模式的其他特殊通关事务

（1）报关单的修改和撤销。报关单的修改和撤销以及产生的税费退补由报关人向属地海关申请办理。出口货物因船期等原因落装、改配，需更换舱单的，出口货物的发货人或其代理人向口岸海关申请办理更改舱单手续。进口报关人在属地海关提前申报后，发现进口舱单数据有误的，需到属地海关申请办理报关单撤销手续，再到口岸海关办理进口舱单数据的修改。

（2）报关单证明联的签发。进出口货物放行、结关后，报关人即可向属地海关申请办理报关单证明联的签发手续。

小贴士

1. 关于运输工具问题。采用“属地申报，口岸验放”模式的货物，企业可自行安排运输工具进行境内运输，不需使用海关监管车辆。

2. 关于报关单填制问题。采取该模式的报关单应按报关单填制规范的要求填制，并保证报关单数据的准确和完整。如出现报关单修改删除的情况，将涉及两个海关单证上的管理及相互联系。

3. 关于申请和使用问题。该通关模式是海关为诚信通关企业提供的一个通关便利措施，企业应先向属地海关有关部门申请，经批准后方可应用该模式申报。企业在货物实际通关时也可自主决定是否应用该模式报关。

第四节　企业适用"属地申报，口岸验放"通关模式的好处

为顺应区域物流和经济发展的迫切需求，加强跨关区协作配合，切实提高通关效率，自2006年海关启动了"属地申报，口岸验放"通关模式以来，取得了显著成效和良好的社会反响。"属地申报，口岸验放"通关模式已在全国范围内推广至部分B类生产型出口企业。目前，口岸海关已与属地海关广泛签订了联系配合办法，初步形成了关际合作的网络体系。企业可在属地海关进行申报，在口岸海关办理货物验放、提货或装货手续，并可以自主地选择运输工具、运输路线和运输时间，通关效率明显提升，运输成本有效降低。内地海关通过分流口岸业务量，丰富了业务种类，提高了关员业务素质，减轻了口岸海关工作压力，优化了海关管理资源配置，同时也逐步体现出内地海关在促进中西部地区经济发展中的重要地位。

具体来讲，实行"属地申报，口岸验放"模式后，企业在以下四方面获得了实实在在的好处：

一、通关效率进一步提高

实行"属地申报，口岸验放"模式后，企业不必再进行转关申报，可自行组织进出口货物的物流路线、自行安排时间、自行选择运输工具、自行选择到货地点，海关不再进行运输途中的物流监控和到货后货物的集中监管，企业只要取得进口货物舱单信息后即可在属地进行货物申报，待属地海关单证放行后即可直接到口岸海关办理货物放行，从运输工具进境到货物放行整个过程只需要2～3天，大大缩短了企业通关时间，提高了通关效率。

二、企业进出口货物成本进一步降低

实行“属地申报，口岸验放”模式后，出口货物无须像以往出口转关货物必须进入起运地海关监管场所，也无须使用海关监管车辆进行境内运输；进口货物在口岸放行后企业可自行选择存放仓库及运输车辆，运输、仓储费用进一步降低。运输成本的降低直接导致企业进出口货物成本降低，尤其对于部分进口大型机械设备（集装箱数量较多）的企业而言，低成本运输的优势尤为明显。此外，货物在口岸放行后，企业可在属地集中办理签发进口付汇和出口收汇、退税证明联等手续，避免了企业属地和口岸之间多次往返和函电联系。

三、海关业务流程相对简化

实行“属地申报，口岸验放”模式后，基于属地海关对企业的长期了解，避免了货物进出口过程中不必要的质疑、磋商环节。企业只需在属地海关办理货物进出口申报手续，即可在口岸海关办理货物查验放行手续，整个通关手续由属地海关和口岸海关共同完成，对于进出口企业来说，海关手续进一步简化，通关效率明显提高。

四、守法便利优越性得到体现

实行“属地申报，口岸验放”模式后，方便企业在属地海关办理报关、征税、查验等事宜。部分涉及审价、归类、原产地的认定的报关单，如果选择属地报关，企业与海关沟通、磋商的时空距离要远小于口岸海关。彼此的了解与互信有利于问题的解决。

拓展阅读

"属地申报，口岸验放"为企业插上腾飞的翅膀

华为公司梦想成真

日前，深圳华为技术有限公司在深圳笋岗海关申报，由广州白云机场海关验放一批价值1.2万美元的出口货物，标志着两个关区互为口岸的"属地申报，口岸验放"区域通关模式顺利实施。

2006年10月20日，广州海关泛珠三角区域海关合作业务协调办公室召集了多家有代表性的企业举行座谈会，以生产IT产品著名的华为公司表示，白云国际机场多个欧洲航班的优势为企业开展业务提供了很大空间，实行"属地报关，口岸验放"模式将极大方便该企业办理海关手续。2007年4月28日，华为公司在深圳笋岗海关申报，由广州白云机场海关顺利验放一批出口货物。随着华为公司的愿望成为现实，意味着深圳的A级企业可以像广州的A级企业一样分享到白云机场空港枢纽地位带来的便利。

据统计，2006年1月至2007年3月，白云机场海关共验放广州海关关区内"属地申报，口岸验放"进出口货物2 711票，货值66 979万美元；验放跨直属关区"属地申报，口岸验放"进出口货物489票，货值3 460万美元。

新模式推广至泛珠区域

早在2005年12月1日，广州白云机场海关就与黄埔开发区海关正式启动区域通关改革试点，拉开了泛珠区域海关区域通关改革试点的序幕。当天下午，德尔福派克电气系统有限公司一票以进料对口贸易方式从瑞典空运进口的塑料件采取"属地申报，口岸验放"模式通关。企业在黄埔开发区海关申报递交单证，机场货代向白云机场海关递交提运单后经

过风险处置，随着白云机场海关关长鼠标的轻轻点击，该报关单在H2000完成卡口放行，至此泛珠区域跨关区“属地申报，口岸验放”第一票进口货物在白云机场顺利完成全部通关手续。随后，该模式迅速推广至泛珠三角区域其他地区。截至目前，广州白云机场海关已与海口、南昌、南宁、成都、贵阳、厦门、昆明、福州、长沙、拱北、江门、深圳、黄埔等直属海关开通了“属地申报，口岸验放”通关模式。

通关时间缩至1至2小时

在昆明海关申报，在白云机场海关提货，对中西部的进出口企业来说，原来可能是个梦想，区域通关改革把梦想变成了现实。近年来海关推行的以跨关区“属地申报，口岸验放”为主体的通关新模式，即具有良好守法记录的A类进出口企业可在属地海关报关，海关放行后直接在口岸提货或装货，并可以自主选择运输工具、运输路线和运输时间。“属地申报，口岸验放”通关方式基本实现了“当天申报，当天验放”的通关目标。“属地申报，口岸验放”通关模式与传统的通关模式相比，最大的区别是将申报与验放分别在两地海关进行，“转关监管”从现行的“两次申报，两次放行”转变为“一次申报，一次放行”。企业只需在本地海关办理通关手续，货物即可在口岸海关验放、提货或装运出口，通关时间将从原来的1至2天变为现在的1至2个小时。

企业赢得无形竞争力

新的通关模式给企业带来了什么好处呢？从化东麟钻石有限公司报关负责人周美兰说：“不用频繁地跑口岸海关，不用在报关大厅排队，不用海关监管车辆运货，不用再进属地海关监管场地——自从广州海关向所属A级企业推广区域通关以来，我们就可以享受到‘四不用’所带来的通关便捷了。经测算，在新通关模式下，企业可减少约1/3的通关成本。这必将大大增强我们企业的竞争力。”周美兰对企业发展前景充满信心。

周美兰说，钻石加工企业，尤其是我们这样的内陆企业，进出口流量较大，运输线路相对较长，成本控制的压力很大。按照传统转关报关，企业承受的费用高不说，消耗的人力成本也十分高昂。采用“属地申报，口岸验放”模式进行报关操作，货物到口岸海关，属地海关即可成为口岸海关的通关现场，大大减少了货物在口岸的停留时间和通关环节，大大提高了物流速度。到了出口旺季9月份，新的通关模式的好处将更加突出。那时货车紧张，公司每天有货要出口，往往早上五六点就得开工装货，直到晚上六七点还未必能从车场放行，时间非常紧迫。如果使用新模式通关，货物就不用运到车场查验放行了，还可以按需要选择交通工具，把货物运往机场海关查验、放行。

除了通关费用的降低，“属地报关，口岸验放”给企业赢得更多的是无形的竞争力。对于像东麟公司这样的大型贵重货物代工企业，信誉就是公司的生命。快进快出是企业保持竞争力的有力砝码，若由于货物无法及时通关，按时交货，或者错过了航班，对于公司损失的不仅仅是额外的费用，而且可能是来年的订单。(记者：陈丽、黄伟德)

（来源：海关总署网站 http：//www. customs. gov. cn/publish/portal0/tab34200/module77976/info65006. htm；2007 年 7 月 10 日）

第五节　企业适用“属地申报，口岸验放”通关模式的注意事项

一、注意区分“属地申报，口岸验放”与“转关”运输

近年来我国海关大力推进的区域通关改革，以跨关区快速通关为基础，以企业守法管理为核心，利用信息化手段，整合了口岸和内地海关管理资源，倡导企业守法便利，简化海关手续，降低通关成本，提高通关效率，提升了海关通关监管工作整体效能。

在现有的跨关区快速通关作业系统基础上，企业可自主选择报关地点，海关计算机系统自动审核企业转关申请。守法水平较高的企业，可结合自身需求自主选择“口岸申报，口岸验放”、“属地申报，口岸验放”和“转关”运输三种模式办理通关手续。

“口岸申报，口岸验放”即我们平时接触最多的普通报关手续，这里我们就不再赘述了。我们将重点向大家介绍“属地申报，口岸验放”与“转关”的区别，以便大家能掌握两者异同，选择适合自己企业的便捷通关模式。

（一）从含义看区别

（1）“属地申报，口岸验放”

是指符合海关规定条件的守法水平较高的企业，在其货物进出口时，可以自主选择向其属地海关申报，并在货物实际进出境地的口岸海关（下称口岸海关）办理货物验放手续的海关监管模式。

（2）“转关”

是指进口货物由进境地入境，向进境地海关申请转关，运往另一设关地点办理进口海关手续（进口转关）；或者出口货物在起运地海关申请转关，并办理出口海关手续运往出境地，由出境地海关监管放行（出口

转关）的海关监管模式。从境内一个设关地点运往境内另一个设关地点的海关监管货物，除另有规定外，应按进口转关方式监管。

（二）从适用条件看区别

（1）"属地申报，口岸验放" 通关方式的适用与企业资信有关。要求使用企业为守法水平较高，且经海关批准同意的 A 类及以上企业，或者一年内无走私违规记录，资信良好的 B 类生产型出口企业。

（2）转关运输的适用与企业属性、所在地设关状况及运输装置条件有关。要求进口货物经收货人或其代理人向进境地海关提出申请，并具备下列条件者，可核准办理转关运输：

①指运地和起运地设有海关机构的。

②运载转关符合海关总署令第 110 号和第 121 号管理办法规定的。

③承运转关运输货物的企业是经海关核准的运输企业。

④不具备以上条件，但有特殊情况，经进出口货物收发人申请，海关核准的，也可办理转关运输。

（三）从海关监管要求看区别

（1）"属地申报，口岸验放" 是通关改革的一种新模式，其主要内容是简化原跨关区货物的通关手续，将原来在主管海关查验为主的监管模式，改变为以口岸海关负责查验放行为主的方式。凡符合海关规定条件的诚信企业在其货物进出口时，可以自主选择这种模式，向其主管海关申报，在货物实际进出境地海关办理货物验放手续。与传统的转关模式相比，其更加便捷，为企业节省了成本，提高了通关效率。

（2）转关运输货物除特殊情况外，申请人应当是经海关核准、认可的报关单位，并由持有海关发给的报关员证书的人员向海关办理申请手续。转关运输货物未经海关许可，不得开拆、提取、交付、发运、调换、改装、抵押、质押、留置、转让、更换标记、移作他用或者进行其他处置；对海关在运输工具和货物上施加的封志包括经海关认可的商业封志，不得擅自开启和损坏。转关运输货物必须存放在经海关同意的仓库、场所。存放转关运输货物的仓库、场所的经理人应依法向海关负责，并按照海关规定，办理收存、交付手续。以四川一家企业从上海港海运出口一批物资为例，企业在分别采用“转关”和“属地申报，口岸验放”两种模式下，基本的流程如图3－4、图3－5所示：

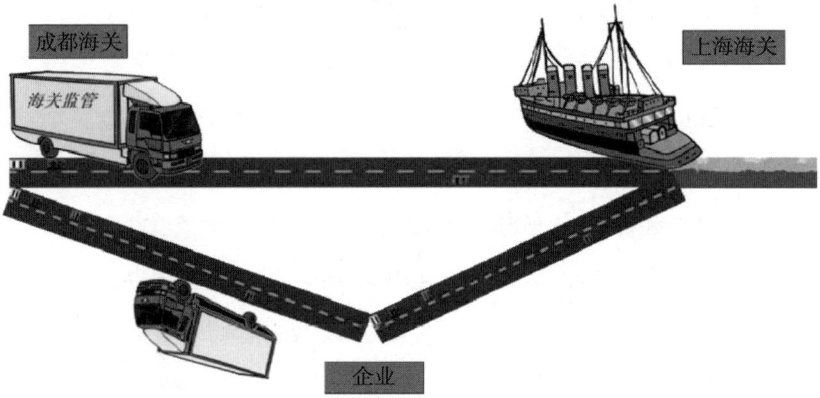

图3－4　四川企业货物从成都经上海“转关”出口

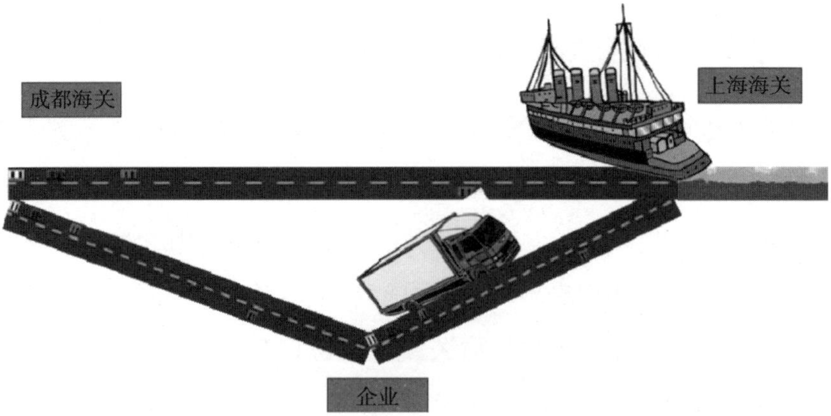

图3－5　四川企业货物采用“属地申报，口岸验放”出口

（四）从比较优势看区别

与转关相比，“属地申报，口岸验放”是通关改革的一种新模式，其

主要内容是简化原跨关区货物的通关手续，将原来在主管海关办理查验放行的监管模式，改变为以口岸海关负责查验放行为主的方式，企业只需在本地海关办理通关手续，货物即可在口岸海关验放、提货或装运出口。这种通关模式的优势在于，企业不用频繁地跑口岸海关，不必办理转关手续；货物不必进入属地海关监管场所办理验放，不必使用海关监管车辆进行境内运输，让企业实实在在地享受到便捷通关的好处。

传统的转关手续耗时较长，主要是由于车辆需要在货物报关后加封关锁运输，从报关到出口最快要 3 个多小时；而采用“属地申报，口岸验放”通关模式，企业可以先把货物运到口岸海关，在属地海关办完申报手续后，口岸海关立即放行，打破了地域，报关和出口快速对接。此外，转关运输需要特定运输工具和运输企业，驾驶员需要特定资质，运输费用比普通运输高；“属地申报，口岸验放”模式下，企业可以自行安排运输工具进行境内运输，大大节省货物运输费用。

二、企业适用“属地申报，口岸验放”通关模式的其他注意事项

（一）B 类企业适用“属地申报，口岸验放”通关模式问题

海关总署将“属地申报，口岸验放”的适用范围，从原来仅适用于 A 类及以上企业扩大到一年内无走私违规记录、资信良好的 B 类生产型出口企业。因此，企业在适用该模式时应牢记这一范围。

（二）暂不能适用“属地申报，口岸验放”通关模式的货物范围

（1）因海关规定或国家进出口许可证件管理，须在属地或口岸进行申报并办理验放手续的进出口货物［“进出口许可证件”不包括“入（出）境货物通关单”］；

（2）保税区、保税仓库、出口监管仓、出口加工区等特殊监管区域

的货物；

（3）行邮渠道进出口货物；

（4）无实际进出口货物，加工贸易内销补税及深加工结转货物等；

（5）旧机电产品、进口废金属、废塑料、废纸等。

（三）企业申请适用“属地申报，口岸验放”通关模式需注意的细节：

1. **申请条件**

（1）符合海关规定条件的守法水平较高的AA类企业和A类企业；

（2）一年内无走私违规记录（以海关企业分类管理评定记录为准）、资信良好的B类生产型出口企业（B类生产型企业，系指根据《中华人民共和国海关企业分类管理办法》（海关总署令第197号）有关规定，适用B类管理且经海关审核企业类型为生产型的企业）。

特殊监管区域内企业适用条件另行规定。

2. **需要提交的材料**

（1）AA类企业和A类企业递交“采用‘属地申报，口岸验放’通关模式企业申请书”正本1份。

（2）B类生产型出口企业可参考“采用‘属地申报，口岸验放’通关模式企业申请书”格式递交申请材料，并符合主管地海关要求。

3. **申请程序**

（1）AA类企业和A类企业填写“采用‘属地申报，口岸验放’通关模式企业申请书”向所在地主管海关申请。B类生产型出口企业根据所在地主管海关要求填写相关申请材料，向所在地主管海关申请。

（2）所在地主管海关接受相关企业的申请书，对申请企业的诚信情况进行审核，确定合适的随机查验率，并负责填报企业“属地申报，口岸验放”通关模式开通申请表或B类企业“属地申报，口岸验放”通关模式开通申请表，报直属海关审核备案。

（3）直属海关监管通关处审核通过后，主管海关按照监管通关处的通知，以直属海关的名义将书面答复意见“海关告知书”告知企业。

（4）企业管理类别调整，不再符合适用“属地申报，口岸验放”通关模式条件的，主管海关应在收到直属海关企管部门做出企业类别降级决定后，即刻停止企业办理“属地申报，口岸验放”业务资格，填报企业“属地申报、口岸验放”通关模式退出申请表报监管通关处，监管通关处审核并取消企业适用“属地申报，口岸验放”通关模式的资格。

（四）“属地申报、口岸验放”通关模式下运输工具问题

采用“属地申报，口岸验放”模式货物，企业可自行安排运输工具进行境内运输，不需使用海关监管车辆。

（五）“属地申报、口岸验放”通关模式下海关查验问题

海关根据企业的守法程度和进出口货物情况，对适用属地申报口岸验放方式的进出口货物设定查验。如需在属地海关进行查验的，由口岸海关通过转关方式转回属地海关办理；如需在口岸海关进行查验的，企业应协助海关进行查验。

（六）“属地申报，口岸验放”通关模式下跨关区申报问题

根据海关总署相关规定，口岸海关与属地海关在具体实施“属地申报，口岸验放”方式前应充分协商，并制定联系配合办法和实施细则，报海关总署备案。因此，企业在进行跨关区“属地申报，口岸验放”申报之前，应与属地海关监管部门联系，了解该关与口岸海关的联系配合情况。

（七）“属地申报，口岸验放”通关模式下报关单填制与修改问题

采取该模式的报关单应按报关单填制规范的要求填制，并保证报关单数据的准确和完整。如出现报关单修改删除的情况，由于涉及两个海关单证上的管理及相互联系，因此，解决的时间可能会较长。

三、企业适用“属地申报，口岸验放”通关模式的问与答

Q：“属地申报，口岸验放”具体指什么？企业如何办理相关手续？

A：“属地申报，口岸验放”是指符合海关规定条件的守法水平较高的企业进出口货物时，可自主选择向其属地海关申报，在货物实际进出境地的口岸海关办理货物验放手续的一种通关方式。

企业可向所属直属海关管辖下的隶属海关提出申请，提交采用“属地申报，口岸验放”通关模式企业申请书和公司基本情况表，海关将在20个工作日内予以答复，并制发告知书，符合条件的即可用“属地申报，口岸验放”通关模式。

Q：有一票海运货物进入上海，需要做“属地申报，口岸验放”，请问上海到杭州的车辆是否无须监管车？

A：属地报关口岸验放的优势之一即企业不再必须使用海关监管车运输，可选择使用成本相对比较低的社会车辆承运，同时也不用办理二次转关操作，直接在口岸验放，故大大提高了通关效率。

Q：根据《长沙海关跨关区“属地申报，口岸验放”通关模式的操作规范（暂行）》规定，凡长沙关区A类管理的企业都可以申请适用“属地申报、口岸验放”通关模式，那么B类管理企业申请适用该通关模式，必须具备哪些条件？

A：经了解，长沙关区B类管理企业申请适用“属地申报，口岸验放”通关模式，必须具备以下条件：

（一）企业类型：生产型企业或先进技术型企业；

（二）注册时间及注册资金，在海关注册登记满一年且企业工商注册资金超过100万元的；

（三）企业信誉：企业内部管理规范，资信良好，近3年没有走私、

违规、欠税等情事发生；

（四）业务量：年进出口总值100万美元以上或年缴纳税额500万元人民币以上；

（五）其他条件：有一名以上负责海关事务并熟悉“属地申办，口岸验放”通关模式的人员，连续两年报关单差错率在5%以下。

Q：企业申请采用“属地申报，口岸验放”通关模式，需要手续费吗？申请之后每次用这种模式进出口需要再缴纳其他费用吗？

A：申请采用“属地申报，口岸验放”通关模式以及申请之后用该模式进出口货物，均无须缴费。

Q：我公司在厦门关区，已申请采用“属地申报，口岸验放”通关模式，近期有一宗货物想从深圳出口，如何办理出口的通关手续？

A：首先您应该向厦门海关监管通关部门了解厦门海关是否已与深圳海关共同制定“属地申报，口岸验放”联系配合办法和相关约定。如果已经制定，出口货物的发货人或其代理人在口岸订舱后，即可选择“属地申报，口岸验放”模式，录入“出口货物报关单”电子数据，向属地海关办理申报。属地海关收取所需单证，办理接单审核、税费征收后，在口岸海关办理货物查验、放行手续。

Q：如果我公司是一家非生产加工型企业，已申请采用“属地申报，口岸验放”通关模式，如果管理级别从A级被降为B级了，还能继续适用“属地申报，口岸验放”通关模式吗？

A：根据现行的相关规定，在此种情况下，将终止贵公司适用“属地申报，口岸验放”通关模式的资格。

拓展阅读

“苏太联动”（区港联动）快速通关模式介绍

“苏太联动”是海关为做大做强太仓港而推出的一种新型快速通关模式。在该便捷通关模式下，太仓港的港口功能将延伸至苏州地区各海关直通式监管点、出口加工区、保税物流中心、综合保税区等特殊监管载体，海关将上述特殊监管区域看作是太仓港码头堆场，企业在上述任一监管场所办理报关、查验、放行等手续，仅需要“一次报关，一次查验，一次放行”即可完成整个进出口申报工作，货物可直接在太仓港进出口。

在“苏太联动”通关模式下，苏州地区进口货物从船舶靠港、申报到货物运至企业生产流水线，出口货物从申报至装船，仅需要2个多小时，整个普通流程至少节约24小时，每一标箱可节约300~400元人民币，节约比率高达25%，货物报关手续也由过去的两次简化为一次。该模式实现了苏州地区物流业的资源整合，降低了企业物流成本，增强了太仓港的竞争力，吸引苏州地区大量进出口企业选择太仓港作为首选出海口，促进港口吞吐量快速增长。

“苏太联动”（区港联动）快速通关模式业务流程：

一、进口

（一）第一种模式：直通模式

1. 直接进境

（1）全程提运单货物

“苏太联动”进口货物的承运人或其代理人向太仓海关申报舱单数据——船舶抵达太仓港后由太仓海关进行舱单到港信息确认——货物卸船分拨至海关指定区域——由承运人或其代理人向太仓海关办理“苏太联动”申请手续（需要的单证有：进口货物直通通知书、提单复印件等）——太仓海关在进口货物直通通知书（一式三联，分别为港务部门联、监管场所海关联、留存联）上加盖海关验讫章——太仓港港务部门凭太仓海关签章的进口货物直通通知书办理货物提运手续——太仓海关对集装箱施加关锁，批注封志号——由经海关核准的承运企业（以下简称承运企业）运至苏州地区各海关监管场所（特殊监管区域）——场站理货——在监管场所（特殊监管区域）所在地海关办理报关手续——海关查验——海关放行——舱单核销结关——理单及签退报关单证明联。

（2）非全程提运单货物

"苏太联动"进口货物的承运人或其代理人向太仓海关申报舱单数据——船舶抵达太仓港后由太仓海关进行舱单到港信息确认——货物卸船分拨至海关指定区域——由收货人或其代理人向太仓海关办理"苏太联动"申请手续［需要的单证有：苏太联动进口货物预提清单（以下简称预提清单）、提单复印件、代理委托书等］——太仓海关在预提清单（一式三联，分别为港务部门联、监管场所海关联、留存联）上加盖"验讫章"——太仓港务部门凭太仓海关签章的苏太联动进口货物预提清单办理货物提运手续——太仓海关对集装箱施加关锁，批注封志号——由承运企业运至苏州地区各监管场所（特殊监管区域）——场站理货——在监管场所（特殊监管区域）所在地海关办理报关手续——海关查验——海关放行——舱单核销结关——理单及签退报关单证明联。

2. 转关货物

"苏太联动"进口货物由进境地海关转关至太仓港——卸船分拨至海关指定区域——太仓海关办理转关核销手续——由收货人或其代理人向太仓海关办理"苏太联动"申请手续（需要的单证有：预提清单、提单复印件、代理委托书等）——太仓海关在预提清单上加盖"验讫章"——太仓港港务部门凭太仓海关签章的预提清单办理提运手续——太仓海关对集装箱施加关锁，批注封志号——货物由承运企业运至苏州地区各监管场所（特殊监管区域）——理货——在监管场所（特殊监管区域）所在地海关办理报关手续——海关查验——海关放行——舱单核销结关——理单及签退报关单证明联。

通过长江内支线驳船转关进境货物，一般来说目的地都为太仓港，如需签发目的地为苏州地区其他监管场所的全程提运单（境内换装二次运输工具），需与上海海关和船舶公司进行协调。

（二）第二种模式：“属地申报，口岸验放”模式

对特殊区域外企业的“苏太联动”货物，在区域通关“属地申报，口岸验放”的框架下，对原“属地申报，口岸验放”作业流程作部分微调，可选择在属地海关办理货物申报及报关单单证放行（H2000通关作业系统中的现场放行作业）手续，在太仓海关办理实货放行（H2000通关作业系统中的现场卡口放行作业）手续。如需查验，按直通模式转至所在地海关查验。

由收货人或其代理人在各监管场所所在地海关办理报关手续——所在地海关查验布控——所在地海关单证放行——太仓海关对布控的货物进行查验或按直通模式转至各监管场所所在地海关查验——太仓海关卡口放行，并在提运单上加盖放行章——舱单核销结关——太仓港港务部门凭太仓海关签章的提运单办理提运手续——监管场所（特殊监管区域）所在地海关理单及签退报关单证明联。

二、出口

（一）第一种模式：直通模式

1. 直接出境

“苏太联动”出口货物的发货人或其代理人办理订舱手续——出口货物的发货人或其代理人持苏太联动出口货物放行清单（以下简称放行清单，一式三联，分别为所在地海关留存联，太仓海关联，港务联）等报关单证向各监管场所（特殊监管区域）所在地海关申报——海关接单——海关查验——海关放行——各监管场所（特殊监管区域）所在地海关施加关锁并在放行清单上加盖“验讫章”，批注封志号——货物由承运企业运至太仓港区指定区域——太仓海关在放行清单上加盖“放行

章”——太仓港港务部门凭太仓海关签章的放行清单办理装船出运手续——监管场所（特殊监管区域）所在地海关办理舱单核销结关——理单及签退报关单证明联。

2. 转关出境

“苏太联动”出口货物的发货人或其代理人办理订舱手续（太仓港至出境口岸的内支线船舶和出境口岸的航班）——出口货物的发货人或其代理人持放行清单等报关单证向各监管场所（特殊区域）所在地海关申报——海关接单——海关查验——海关放行——加封关锁——办理转关手续，直接审核至出境地海关——各监管场所（特殊区域）所在地海关在放行清单上加盖“验讫章”，批注封志号——货物由承运企业运至太仓港区指定区域——太仓海关在放行清单上加盖“放行章”——太仓港港务部门凭太仓海关签章的放行清单办理装船手续，发运至出境地——出境地海关办理转关核销手续费并监管装船离境——舱单核销结关——监管场所（特殊监管区域）所在地海关理单及签退报关单证明联。

（二）第二种模式：“属地申报，口岸验放”模式

只针对特殊监管区域外企业的“苏太联动”货物。

1. 直接出境

“苏太联动”出口货物的发货人或其代理人办理订舱手续，货物直接运至太仓港区指定区域——出口货物的发货人或其代理人持放行清单等报关单证向各监管场所所在地海关申报——海关接单——海关查验布控（由太仓海关对布控货物进行查验）——海关放行（凭太仓港运抵报告）——各监管场所所在地海关在放行清单上加盖“验讫章”——太仓海关在放行清单上加盖“放行章”——太仓港港务部门凭太仓海关签章的放行清单办理装船出运手续——监管场所所在地海关办理舱单核销结关——理单及签退报关单证明联。

2. 转关出境

“苏太联动”出口货物的发货人或其代理人办理订舱手续（太仓港至

出境口岸的内支线船舶和出境口岸的航班）——货物直接运至太仓港区指定区域——出口货物的发货人或其代理人持放行清单等报关单证向各监管场所所在地海关申报——海关接单——海关查验布控（由太仓海关对布控货物进行查验）——海关放行（凭太仓港运抵报告）——办理转关手续，直接审核至出境地海关——各监管场所所在地海关在放行清单上加盖“验讫章”——太仓海关在放行清单上加盖“放行章”——太仓港港务部门凭太仓海关签章的放行清单办理装船手续，发运至出境地——出境地海关办理转关核销手续并监管装船离境——舱单核销结关——监管场所所在地海关理单及签退报关单证明联。

在“苏太联动”海关信息化平台构建前，为方便企业操作，太仓港港务部门可凭太仓海关签章的放行清单复印件办理装运手续，由发货人或其代理人在太仓海关办理放行手续后24小时之内向太仓海关补交正本放行清单。

（来源：海关总署网站 http：//www. customs. gov. cn/tabid/399/ctl/InfoDetail/InfoID/185237/mid/60432/Default. aspx？ContainerSrc = [G] Containers%2f_ default%2fNo + Container；2009 年 9 月 22 日）

第四章 “担保验放，便捷通关”程序

您是否为没有税款的周转而费尽脑筋？是否为通关时产生的特殊情况费尽周折？是否需要一种通关便利模式解决您的苦恼？进入本章可以让您了解担保验放带来的通关便利。

第一节 了解“担保验放，便捷通关”程序

企业如在办理通关手续时因暂时无法提供某些单证（不包括进出口许可证件）或其他信息，海关无法确定货物的商品归类、估价等结关条件而不能及时验放货物时，便捷通关企业可以海关认可的担保形式先行办理货物验放手续，事后在规定时间内补充提供有关单证或信息，补交税款或补办其他规定手续。

担保验放措施作为海关对AA类进出口发货人最主要的便利措施，其政策的吸引力主要体现在三个方面：一是减轻资金压力，二是提高通关效率，三是降低通关成本。

小贴士 担保验放措施是我们通常所说的“即报即放，先放后税”，具体讲就是进出口货物报关单电子数据经海关接受申报后，在确定商品归类、海关估价和提供有效报关单证、缴清税费或者办结其他海关手续前，企业可以凭“进（出）口货物担保验放清单”先行办理担保验放手续。对于加快通关速度、降低通关成本有着十分重要的作用。

第二节 “担保验放，便捷通关”程序的适用范围

适用担保验放通关便利措施，企业必须同时满足几个条件：AA 类进出口收发货人；通过海关规范申报测试，与海关签订相关协议；进出口货物不涉及许可证管理。

在上一章中，我们提到，按照《中华人民共和国海关企业分类管理办法》相关规定，海关根据企业遵守法律、行政法规、海关规章、相关廉政规定和经营管理状况，以及海关监管、统计记录等，对进出口企业设置了 AA、A、B、C、D 五个管理类别，对有关企业进行评估、分类，并对企业的管理类别予以公开。海关总署按照守法便利原则，对适用不同管理类别的企业，制订相应的差别管理措施，其中 AA 类和 A 类企业适用相应的通关便利措施，B 类企业适用常规管理措施，C 类和 D 类企业适用严密监管措施。其中，可以适用担保验放通关便利措施的，必须是 AA 类企业。

成为适用担保验放企业后，您还需要与海关签订《适用担保验放通关程序责任担保书》，确定各方相关法律责任和义务。

最后，您的货物如果涉及相关进出口许可证件，那是不能适用担保验放的。

下面是一份适用担保验放通关程序责任担保书，供您参考：

适用担保验放通关程序责任担保书

编号：海关担保【2012】第　　号

甲方：＊＊海关　　　　　　　　　乙方：

地址：　　　　　　　　　　　　　地址：

法定代表人：　　　　　　　　　　法定代表人：

联系人：　　　　　　　　　　　　联系人：

联系电话：　　　　　　　　　　　联系电话：

为了适应高信用企业生产经营方式和满足海关监管要求，支持企业发展，按照海关规定，经乙方申请，甲方审核同意，并经海关总署授权，双方签订本担保书，适用乙方在全国各海关办理进出口货物的通关手续。乙方承诺，保证严格遵守国家法律、行政法规和海关规章的规定，履行本担保书规定的各项义务，承担相应法律责任；甲方承诺，在法律、行政法规和海关规章许可的范围内，按照本担保书的规定协调各海关对乙方合法进出口的货物提供通关的便利。

第一条　除国家对进出境货物有限制性规定以及法律、行政法规规定不得担保的其他情形外，在确定货物的商品归类、估价和提供有效报关单证、缴清税费或者办结其他海关手续前，乙方可以凭本担保书并填制"进（出）口货物担保验放清单"，向海关申请先行办理货物验放手续。

乙方应当在海关规定的时间内补充提交有关单证或者信息，补交税款或者补办其他规定的海关手续。

第二条　乙方委托代理人"提前报关"的，乙方应按海关规定通过17999网将电子委托书传输至中国电子口岸，并对代理人填制的报关单进行电子签名；乙方委托代理人向海关办理"担保验放"手续的，乙方应按海关规定通过17999网将电子委托书传输至中国电子口岸，并在"进（出）口货物担保验放清单"上签章。乙方应承担其代理人报关进出口货物的纳税、办结海关手续的全部义务，以及相应的法律责任。

第三条 乙方应当强化守法意识，自觉遵守海关各项规定，认真履行各项承诺，配合海关的检查，同时严格内部管理，并加强对其委托的报关、运输、仓储等企业的监督，防止发生内、外部人员利用甲方给予的便利从事走私违法活动。

经海关放行的进出口货物，乙方在装卸、保管、生产等环节发现与申报不符的，应当立即向海关报告，并补办海关手续。

第四条 乙方应当依法设置、编制、保管会计账簿、会计凭证、会计报表和其他会计资料，保证其真实、准确、完整地记录和反映进出口货物的有关情况，并在法定期限内妥善保存报关单证、进出口许可证件、合同、发票以及其他与进出口货物直接有关的资料，以备海关核查。

乙方使用计算机记账的，应当向甲方提供记账软件、使用说明书及有关资料，并向甲方开放其计算机记账管理系统供甲方核查。

第五条 乙方发生重组、清算或者财务状况恶化等情况致使经营或者经济状况发生重大变化时，以及因违反国家法律、法规、规章受到有关执法部门处罚等，乙方应当及时向甲方报告。

第六条 乙方有下列情形之一的，甲方可以暂停对乙方适用本担保书所确定的便捷通关程序：

（一）未依法设置、编制、保存有关簿记、资料或者记录不真实、管理混乱的；

（二）未按照海关规定的期限办理补办进出口海关手续的；

（三）拖欠税款的；

（四）资信或者财务状况恶化的。

乙方在规定期限内改正或者改善的，甲方应当恢复对乙方适用本担保书所确定的各项便捷通关程序。

第七条 乙方应当认真执行本担保书，发生拖欠税款，不履行海关行政处罚的，以乙方全部资产向海关承担履行缴纳税款及罚款、没收货物追缴款的义务。

第八条 本担保书的实施，不免除乙方承担法律、行政法规、海关规章规定的其他义务和责任。

第九条 本担保书应当经双方签字、盖章，自海关确定企业管理类别生效之日起（　　年　月　日）生效。

第十条 本担保书自生效之日起有效期1年。到期甲乙双方未提出终止执行本担保书的，本担保书有效期自动延期，每次延期1年。

第十一条 在本担保书的有效期内，如遇有国家法律、行政法规、海关规章和规范性文件的规定发生变化，直接影响本担保书规定实施的，应先依照法律、行政法规、海关规章和规范性文件的规定执行。双方并应按上述规定及时协商修改本担保书。

第十二条 本担保书一式三份，具有同等法律效力，由海关总署、甲方、乙方各执一份。

甲方：	（盖章）	乙方：	（盖章）
代表：	（签字）	代表：	（签字）
日期：		日期：	

拓展阅读

“担保验放”令进口货物更快捷

5月11日，广州海关首批AA类企业担保验放货物顺利通关。当日，佳能（中国）有限公司向广州海关所辖白云机场海关申请以担保验放方式申报一批进口数码相机，“AA类企业担保验放”专窗关员按规定启用相应通关程序，在报关单电子数据审结后随即进行实物放行操作，货物在免予收取保证金及保函情况下快捷通关。这是广州海关首批AA类企业担保验放货物。截至7月5日，广州白云机场海关已为佳能（中国）公司136票“担保验放”货物提供了快捷通关服务。

佳能（中国）有限公司在广州机场口岸空运进口大量市场热销的数码摄影、摄像产品，通关效率直接影响其产品在华南地区物流渠道分配速度的快慢，并直接影响其市场销售战略的执行。享受“担保验放”通关便利后，佳能平均每票货物通关时间缩短了12个小时，基本上当天到达的货物均能保证在第二天上架销售，为企业节约了经营成本，提高了市场竞争力。

目前，广州海关已对包括佳能（中国）有限公司在内的10家AA类企业开通适用担保验放通关程序。

（来源：中国海关总署网站 www. customs. gov. vn；2009年7月15日）

第三节　企业适用“担保验放，便捷通关”程序的操作要点

确定您的企业可以适用担保验放后，如何申请享受担保验放措施？下面为您详细讲解申请步骤和办理通关手续操作要点。

企业申请享受“担保验放”措施：您的企业主管海关会对 AA 类企业送达适用 AA 类管理决定书时，以适用担保验放措施申请资格告知书告知企业享有申请“担保验放”的资格；如果您的企业（AA 类企业）需要办理“担保验放”，应向主管海关提出申请，并提交“企业适用担保验放通关程序申请表”、企业已签署的“适用担保验放通关程序责任担保书”一式二份；直属海关审核通过后开通企业“担保验放”权限，将一份已签订的“适用担保验放通关程序责任担保书”退还企业。以上手续办好后，您就可以办理“担保验放”了。

小贴士　企业适用担保验放通关程序申请审批表（可从相关海关网站直接下载）

表 4－1　企业适用担保验放通关程序申请审批表

＊＊海关　　　　　　　　　　　　　　　　　　　　年　月　日

企业名称		经营范围	
企业代码		生产产品	
企业性质		上年度出口额（万美元）	
企业类别	A 类□	AA 类□	
开户银行		账号	
海关注册登记			
企业申请适用	担保验放□		

表4－1续

<table>
<tr><td colspan="2">郑重承诺：
本企业保证上述各项内容（附：企业的《资产负债表》、《损益表》和《现金流量表》）真实无讹，如有变更，将立即通知海关。
法定代表人签字　　　　　企业盖章
年　月　日</td></tr>
<tr><td>注册地海关初审意见：
盖　章
年　月　日</td><td>直属海关审批意见：
盖　章
年　月　日</td></tr>
</table>

下面以天津海关为例，向您详细讲解本地 AA 类企业和异地 AA 类企业适用担保验放通关程序申请及审批程序：

本地企业适用担保验放通关程序的申请及审批：

（1）注册地海关向企业送达《适用 AA 类管理决定书》时，告知企业享有“担保验放”申请资格。

（2）企业获得 AA 类管理资格后，自天津海关网站下载并填写企业适用担保验放通关程序申请审批表、下载并签署《适用担保验放通关程序责任担保书》（一式三份）提交注册地海关。注册地海关审核并签注意见后报送企业管理处审批。

（3）企业管理处对注册地海关报送的材料审核通过后，将企业名称维护在“便捷通关优惠表”中，开通“担保验放”程序，并将其中一份加盖天津海关印章的《适用担保验放通关程序责任担保书》退还企业。

（4）海关每年对企业进行年度审核时，同时对企业是否继续享有"担保验放"资格进行重新审核。

海关提醒 如果您的企业管理类别下调，那会自动失去担保验放资格，无法再享受相关便捷措施。

异地企业在天津关区适用担保验放通关程序的申请及审批：

异地企业在天津关区申请适用担保验放通关程序实行备案制。企业管理主管部门为接受异地企业备案申请部门。

（1）提交备案申请

异地企业自天津海关网站下载并填写"企业基本情况信息表"、"异地企业适用担保验放通关程序备案申请书"，携带主管地直属海关签发的《适用AA类管理决定书》（复印件一式二份，原件供验核），企业与主管地直属海关签署的《适用担保验放通关程序责任担保书》（复印件一式二份，原件供验核），一并提交企业管理处。

（2）企业管理处审核

企业管理处审核企业《适用AA类管理决定书》、《适用担保验放通关程序责任担保书》原件真实有效后，在其中一份《适用担保验放通关程序责任担保书》复印件上加盖企业管理处印章并返还企业用于通关现场验核；核实H2000通关系统内企业管理类别，并确认该企业在"便捷通关优惠表"中的属性。企业未与主管地直属海关签署《适用担保验放通关程序责任担保书》或直属海关未在"便捷通关优惠表"中进行维护的，企业管理处不受理其在我关区的担保验放申请。

（3）年度审核

企业管理处在年度审核时对企业是否继续享有"担保验放"资格进行重新审核，未通过审核的将取消企业在我关区的担保验放资格。

海关提醒 为提高通关效率，加快通关速度，申请“担保验放”资格的企业一般应具备税款网上支付和电子支付条件。

企业如何办理“担保验放”通关手续呢？下面为您详细介绍：

（1）您的企业在报关单预录入时，报关单的征免性质项目按实际情况录入。报关单申报成功后，打印报关单时选择“担保验放”功能，打印出“进（出）口货物担保验放清单”（格式与报关单相同，右上角有“担保验放”字样），并加盖印章。

海关提醒 对于无法正常打印“进（出）口货物担保验放清单”而企业希望适用担保验放通关程序的，需由企业对该票货物向现场海关提出书面申请。企业未提交申请的，按一般通关程序办理。

小贴士 一定要注意，如果不选择打印“进（出）口货物担保验放清单”而直接打印报关单办理手续的，海关会对申报货物按一般通关程序办理。

（2）企业办理通关业务时需持《适用担保验放通关程序责任担保书》（异地企业的担保书需加盖企业管理处印章）供现场验核。现场海关亦可根据需要验核企业《适用 AA 类管理决定书》。

（3）下列情形，不允许办理担保验放：

1）需要提供许可证件而无法提供的。

2）需要审批或行政许可审批的货物（如退运货物、暂时进出口货物、减免税货物税款担保等）未办理审批手续的。

3）海关认为其他不适宜进行担保的：

①企业适用担保验放通关程序，需由企业提出申请，而非海关主动给予。“进（出）口货物担保验放清单”可视为企业适用担保验放通关程序的申请；无法打印“进（出）口货物担保验放清单”的，需由企业对该票货物向现场海关提出书面申请。书面申请由现场海关留存保管。

②担保验放后的报关单电子数据原则上不得删除；确有合理理由申请删除的，须经现场海关审批同意。

③企业需严格履行担保书规定的责任义务，如发现企业有《适用担保验放通关程序责任担保书》第六条所列情形的，海关将暂停或终止企业担保验放资格。

④企业失去担保验放资格时需交回《适用担保验放通关程序责任担保书》。

小贴士 企业可自行登录相关海关互联网站进行下载“企业适用担保验放通关程序申请表”、《适用担保验放通关程序责任担保书》和“担保验放通关现场申请审批表”等资料。

为了让您更加直观地了解担保验放的相关情况，我们制作了一个担保验放的内容表格供您参考。

事项名称	担保验放
文件依据	《中华人民共和国海关法》 《中华人民共和国进出口关税条例》 《中华人民共和国海关进出口货物征税管理办法》 《中华人民共和国海关事务担保条例》
办理条件	担保验放适用担保验放措施的企业办理货物的进出口手续时，出现因暂时无法提供某些单证（不包括进出口许可证件）或其他信息或海关无法确定货物的商品归类、估价等结关条件而不能及时验放货物的问题，企业可要求海关先放行货物，向海关提供税款担保。
应提交资料	当事人应当提交书面申请以及真实、合法、有效的财产，权利凭证和身份或者资格证明等材料，以保函形式向海关提供担保的，保函应当以海关为受益人，且载明下列事项： （1）担保人、被担保人的基本情况； （2）被担保的法律义务； （3）担保金额； （4）担保期限； （5）担保责任； （6）需要说明的其他事项。 担保人应当在保函上加盖印章，并注明日期。
受理机构、时间、地点	各隶属单位业务现场
办理时限	海关自收到当事人提交的材料之日起 5 个工作日内对相关财产、权利等进行审核，并决定是否接受担保。当事人申请办理总担保的，海关应当在 10 个工作日内审核并决定是否接受担保。 符合规定的担保，自海关决定接受之日起生效。对不符合规定的担保，海关应当书面通知当事人不予接受，并说明理由。
收费	无
备注	国家对进出境货物有限制性规定，如废旧物品、濒危物种、有毒化学品、易制毒化学品、化学武器前体、监控化学品、音像制品、金银、文物、药品、食品、体育及狩猎用枪支弹药和民用爆破器材、无线电器材、商用密码产品（如保密机）等，应当提供许可证件而不能提供的，以及法律、行政法规规定不得担保的其他情形，不得凭保放行。

拓展阅读

海关总署：守法企业好处多

1月26日是国际海关日的主题是"海关与商界：伙伴合作、共创佳绩"。笔者从海关总署了解到，守法企业在通关环节会得到越来越多的"好处"。

目前，海关按照企业守法和信用度以自高向低的顺序设置了AA、A、B、C、D五个管理类别。

对A类企业，海关优先选择作为海关便捷通关试点；经企业申请，实施"属地报关、口岸验放"；经企业申请，优先派员到企业结合生产或装卸环节实施查验；优先办理货物申报、查验、放行手续；优先安排在非工作时间和节假日办理加急通关手续；按规定实行银行保证金台账"空转"或不实行银行保证金台账制度；优先办理加工贸易备案、变更、报核等手续；优先办理企业注册登记换证及报关员注册登记手续；优先组织对报关员的报关业务培训和岗位考核等一系列通关便利措施。

对AA类企业，除享受A类通关便利措施外，海关还实行免担保先放后税；指派专人负责协调解决企业办理海关事务的疑难问题；对进出口货物实行较低的查验率等通关便利措施。

此外，在2009年实行的分类通关试点中，被海关选中的AA、A类试点企业将享受"担保验放，自动放行"和"事后交单"便捷通关模式。

笔者了解到，要想成为被海关认可的守法企业，应该注意把进出口报关差错率控制在3%以下，同时需要企业会计制度完善，业务记录真实、完整，且能主动配合海关管理，及时按规定办理各项海关手续，按时报送相关材料，向海关提供的单据、证件要真实、齐全、有效。此外要在商务、人民银行、工商、税务、质检、外汇、监察等行政管理部门和机构无不良记录等。

海关倡导的原则是"守法便利、差别管理、动态调整、关企合作、贸易安全"。企业在守法自律、规范经营的同时，要主动加强与海关沟通与合作，及时了解国家的相关政策以及海关的各项规章制度。

（来源：海关总署网站 http：//www. customs. gov. cn/publish/portalo/tab1/module1187/info210592. htm；2010年1月26）

第四节　企业适用“担保验放，便捷通关”程序的好处

下面是一个真实的案例：

“是海关担保验放模式帮我们解决了资金周转困难的燃眉之急”，山东某浆纸有限公司的韩经理说起前几天通关的事儿，高兴之情溢于言表。

据韩经理介绍，2013 年 2 月 17 日，因为急需生产原料，公司从泰国进口了 3 万余吨木片，涉及税款近 300 万元，由于目前公司资金周转困难，没有能力及时支付这笔税款，但如果这批木片不能及时投入使用的话，企业将面临“断粮”的危险。正在企业一筹莫展的时候，日照海关通关部门提醒企业，企业是日照海关辖区首批 AA 类企业，为什么不按照海关对于 AA 类企业的管理规定，利用“担保验放”模式进行货物通关，凭借进出口担保验放清单享受“即报即放，先放后税”的优惠政策呢？

在日照海关的具体指导下，2 月 26 日，公司的 3 万余吨木片成功办理“担保验放”手续，企业赢得了 10 天的资金周转时间，进口货物也在第一时间投入到企业的生产中去，保证了企业的正常运营。

从此则案例我们可以清楚地看到，担保验放措施作为海关对 AA 类进出口发货人最主要的便利措施，其政策的吸引力主要体现在三个方面：一是减轻企业进出口资金压力，二是快速提高通关效率，三是降低通关成本。

拓展阅读

兰州海关实施“担保验放”通关措施取得良好成效

兰州海关认真贯彻落实总署“十项措施”，在强化风险管理基础上，对关区AA类企业进口零关税矿产品实行“G+担保验放”措施，减少通关环节，缩短通关时间，提高通关效率，帮助企业降低通关成本，积极支持企业应对金融危机，取得良好效果。2009年1~3月，共受理“担保验放”报关单558票，货运量20万吨，货值2.54亿美元，征收税款2.82亿元。经测算，实施担保验放货物通关时间比以往缩短2天左右，每10 000吨货物可降低通关费用近5 000美元，企业可延长10天左右缴税期，提高资金使用率，得到企业及地方政府的好评。主要做法是：

深入开展调研，加强前期评估

为确保“担保验放”措施顺利实施，2008年12月，兰州海关对符合条件的关区AA类企业2008年全年电子及纸面数据进行全面汇总分析，并派员深入企业开展调研，对进口的零关税矿产品实行“绿色通道”管理的可行性及现存监管风险进行了周密的风险评估，将此结果作为调整零关税矿产品通道管理的前提条件。评估结果显示关区3家AA类企业进口的零关税矿产品税收风险低、物流监管风险可控。据此，2009年年初，兰州海关与金川集团有限公司、酒泉钢铁（集团）有限公司、兰州石油化工国际事业公司3家AA类企业签订《适用担保验放通关程序责任担保书》，并落实担保承诺。

调整通道设置，优化通关流程

为方便AA类企业办理矿产品进口通关手续，兰州海关调整相关通道设置，优化通关流程，减少通关环节，设置了“G通道”和“G+担保验放”模式，由企业根据实际需要，在预录入环节自行选择“G通道”或“G+担保验放”模式进行申报，并实行放行环节前置，审单及征税环节后移，将约40%的进口报关单通过通道分流。特别是明确进口零关税矿产品在通关环节选择“G+担保验放”模式，报关单数据录入后经过电子审单，无须人工审单和现场交单、缴税，直接转入放行环节，一般每票货物到港卸货舱单录入当天即可办理放行手续，通关时限缩短2~3个工作日，在口岸一般不产生转栈费等，有效降低企业通关成本。

强化工作协调，严密流程监管

为确保“管得住、通得快”，兰州海关合理设置现场作业流程，明确通关各环节责任分工，重点是强化协调与配合，做好通关环节工作衔接，做到通关信息沟通及时，管理协调一致，确保不出现监管漏洞。在操作程序上，对担保验放进口货物前期由关税部门做好价格预审核。通关过程中企业申报电子数据经审单环节审结后，由查验部门设置登记台账并凭担保验放清单办理货物放行手续，通关环节做好单证审核、税费征收。结关后由稽查部门进行跟踪稽查，核查货物流向，确保监管到位。

开展风险分析，严格后续稽查

根据大宗散装货物的贸易和货物特点，加强“担保验放”货物的风险分析和后续管理。一是加强风险分析，发挥风险预警作用，随时对享受优惠措施的企业和商品进行风险分析，适时进行风险预警布控，制订相应管理措施。二是发挥稽查规范企业行为和完善海关管理的作用，及时掌握担保验放优惠措施的执行情况，发现执行中存在的问题和不足，及时提出改进和完善措施。三是对实施担保验放优惠措施企业开展验证稽查，根据企业经营报告及有关数据，对施行担保验放优惠措施的进口报关单证和货物进行检查，验证企业的诚信守法状况，获取企业“单证流、货物流、资金流、信息流”的实际情况。

加强关企合作，解决企业难题

认真履行《适用担保验放通关程序责任担保书》约定，建立与“担保验放”企业的联系沟通机制，指定专人负责与口岸海关和开展“担保验放”企业的联系，及时了解企业在开展进出口活动中存在的疑难问题，收集对改革海关监管流程的建议和意见，为企业提供海关政策法规咨询等服务。

（来源：新华网 http：//www. gs. xinhuanet. com/news/2009 – 04/07/content_ 16179003. htm；2009 年 4 月 7 日）

第五节　企业适用“担保验放，便捷通关”程序的注意事项

1. 如何登录系统主界面

（1）企业操作员将IC卡插入连接在电脑上的读卡器中。

（2）从Windows桌面上点击“中国电子口岸通关系统（QuickPass）”快捷方式。

（3）在系统弹出的界面中（见图4－1），输入IC卡的密码，点击进入预录系统登录界面。

图4－1

2. 进入系统主界面

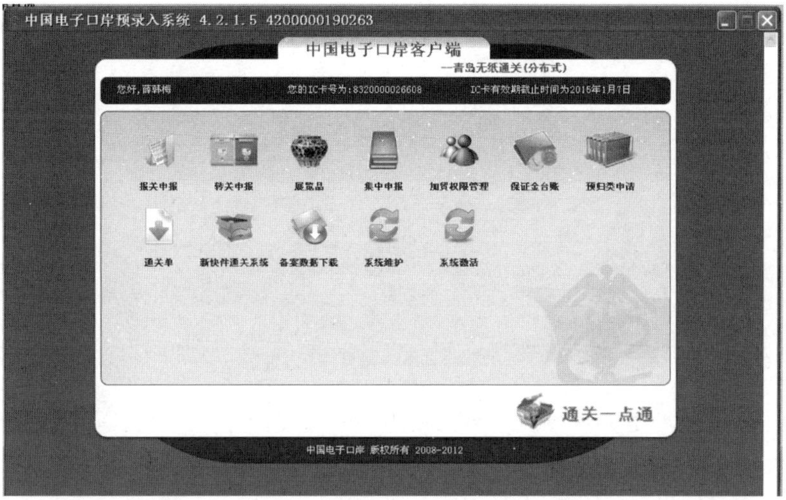

图 4-2

海关提醒 在整个使用过程中，IC 卡都需插入读卡器中。本系统根据 IC 卡的信息进行操作员身份认证，并将经操作员处理的数据自动电子签名、加密。

3. 实时预录界面

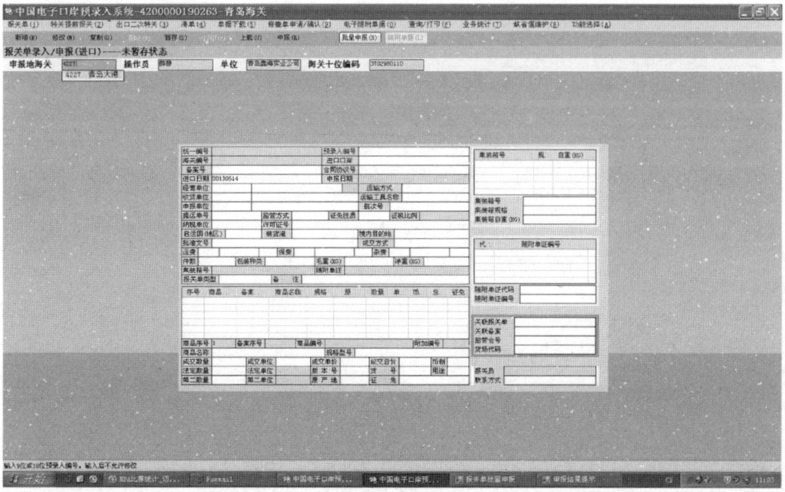

图 4-3

4. 输入报关单号

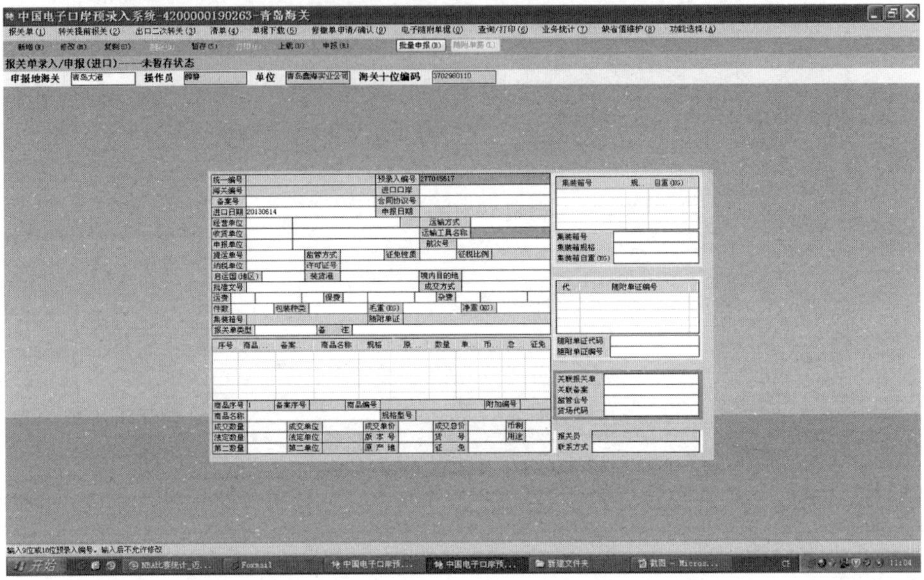

图 4-4

5. 录入货物商品信息

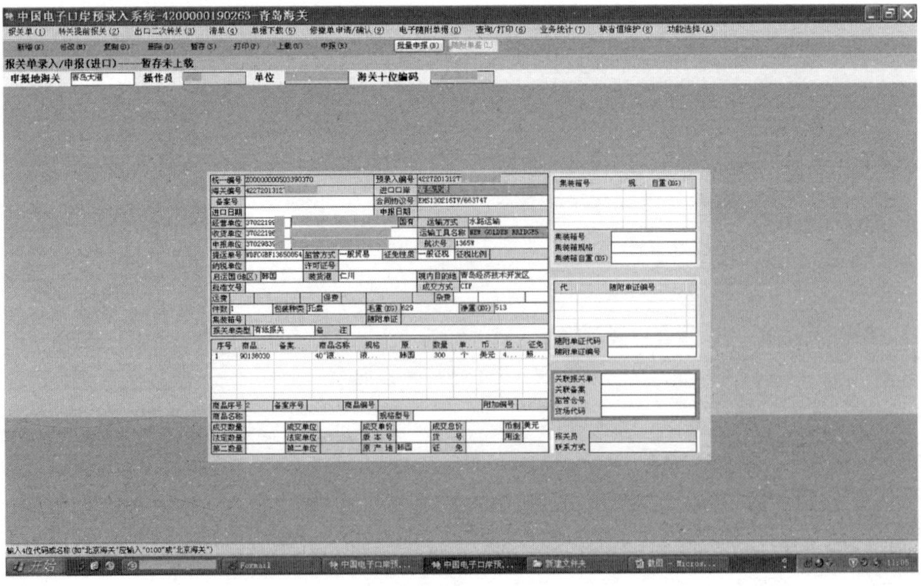

图 4-5

6. 申报要素录入界面

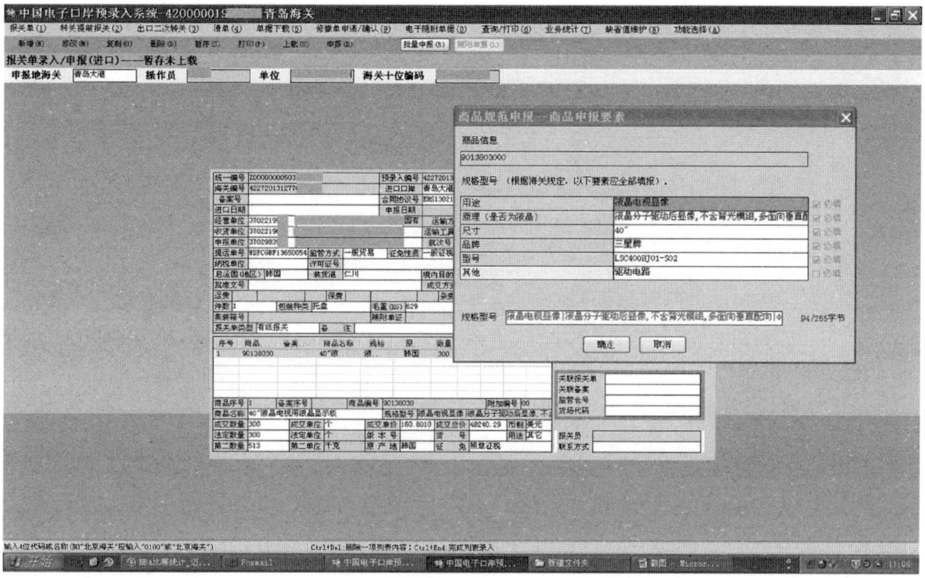

图 4－6

7. 单项商品信息

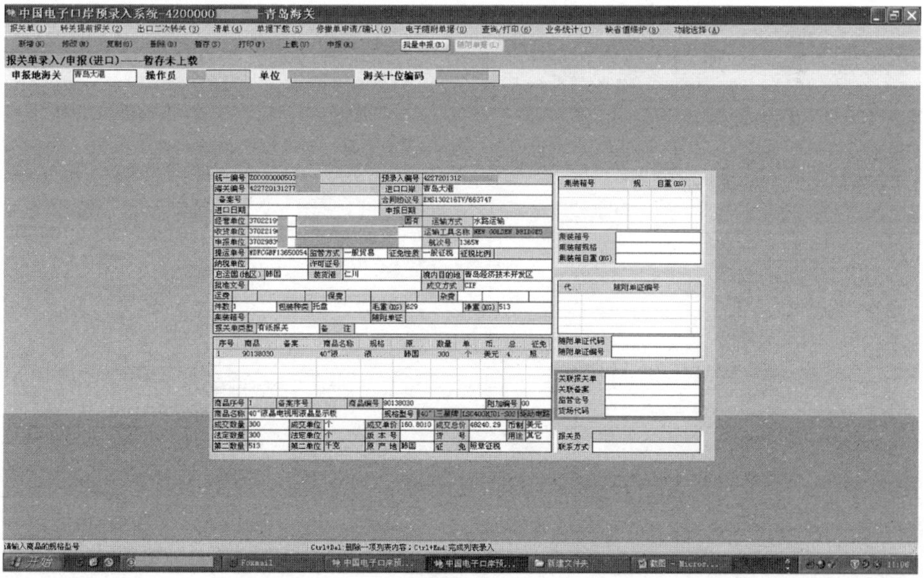

图 4－7

8. 暂存成功界面

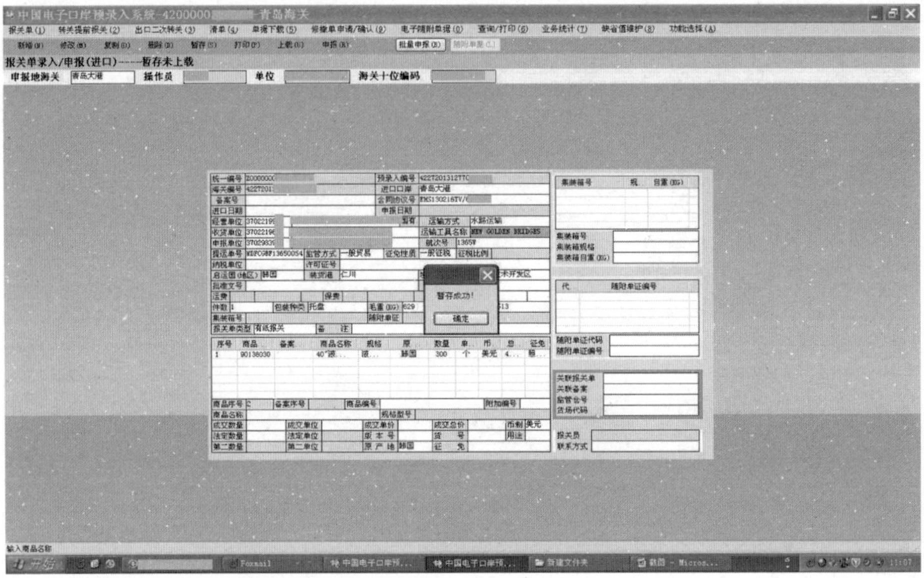

图 4－8

9. 查询界面（打印核对）

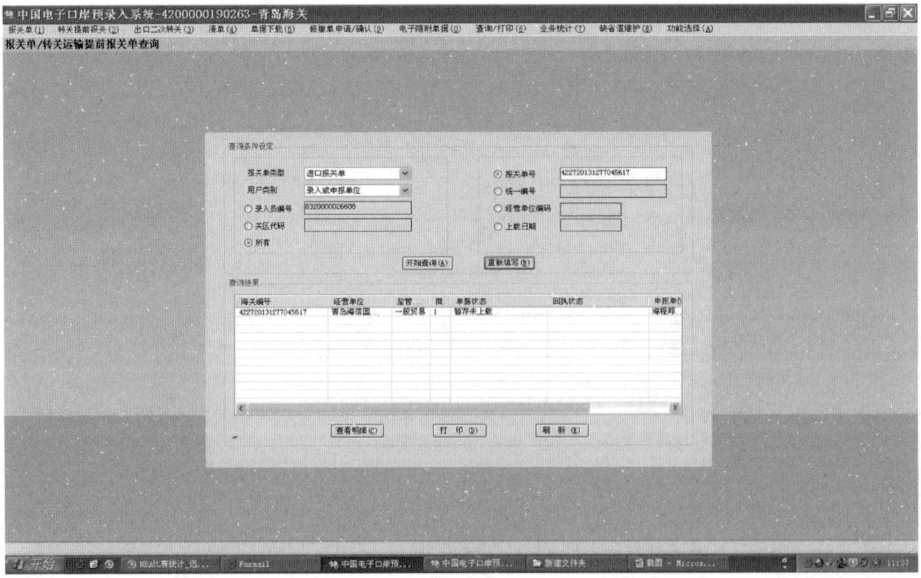

图 4－9

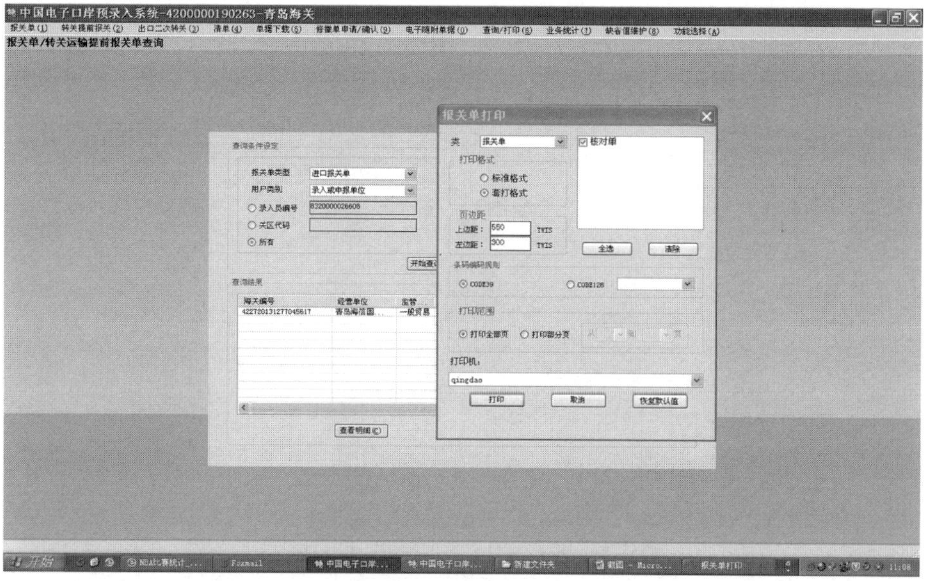

图 4 - 10

10. 核对完毕申报前

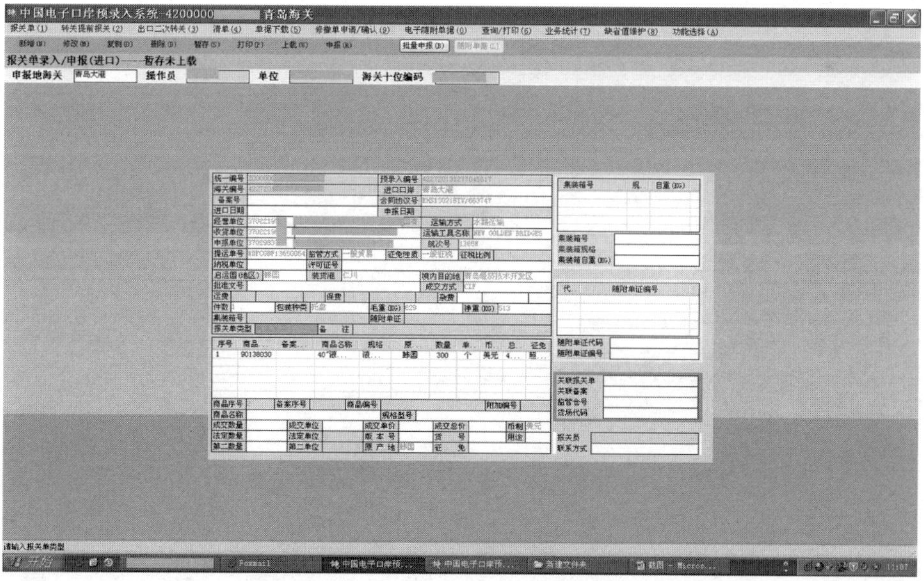

图 4 - 11

11. 信息比对（通关一点通）

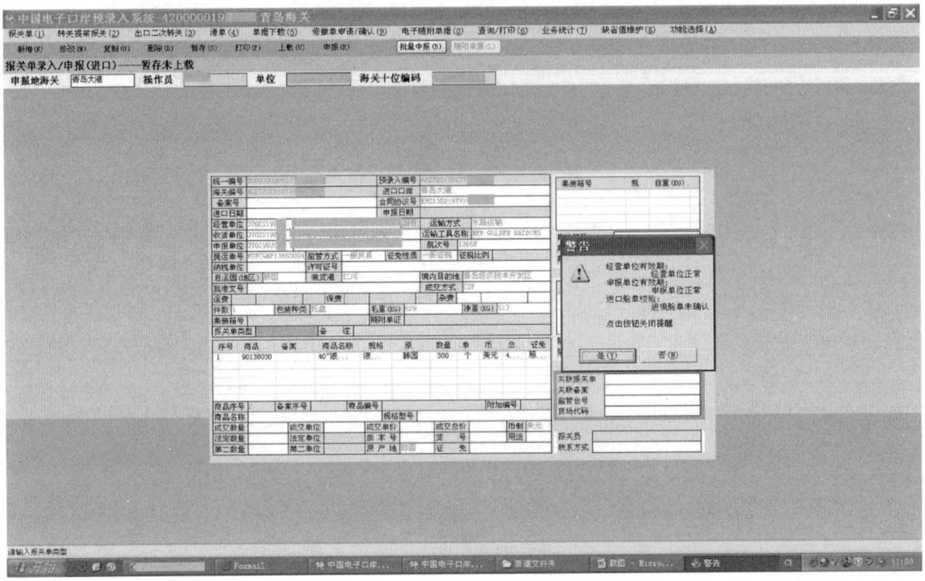

图 4－12

12. 申报成功

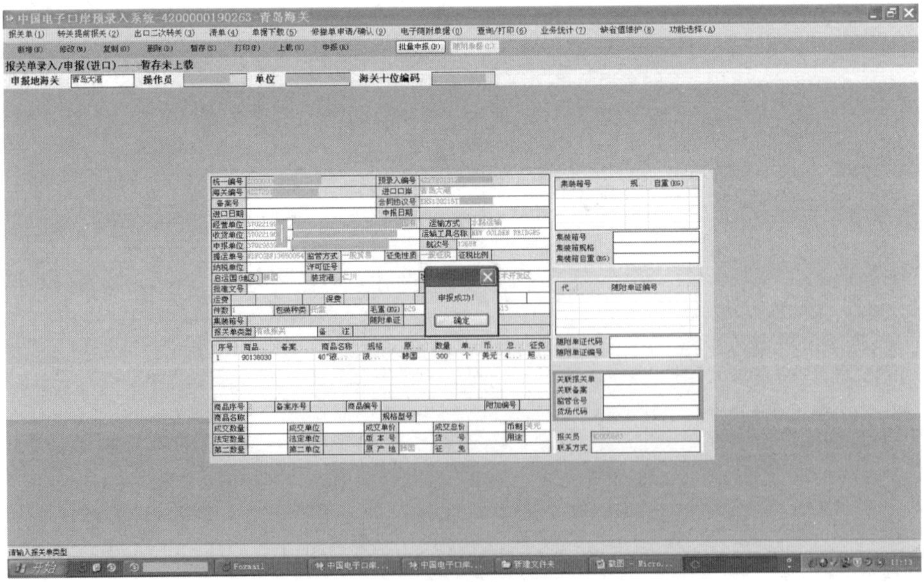

图 4－13

13. 上传申报发往数据中心

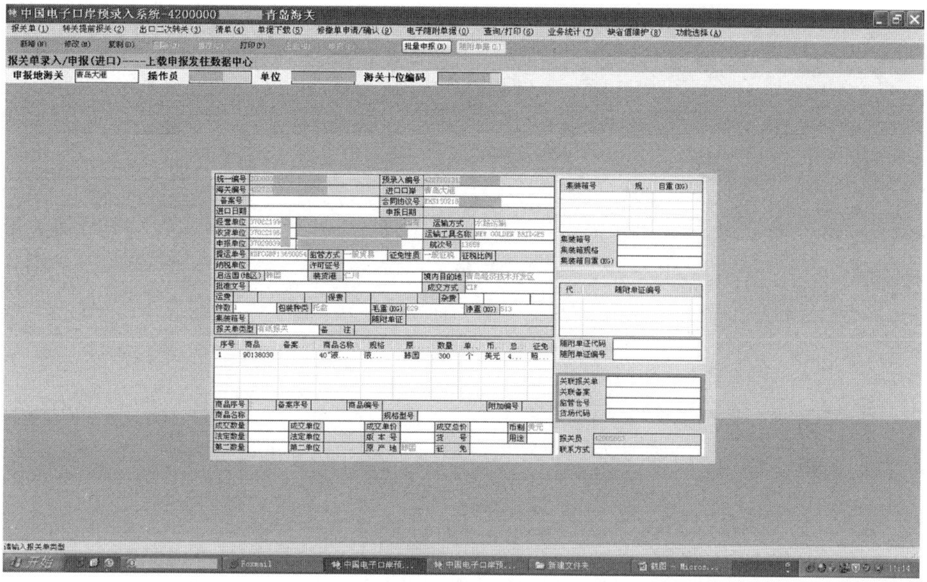

图 4－14

14. 回执查询界面（报关单已发往海关）

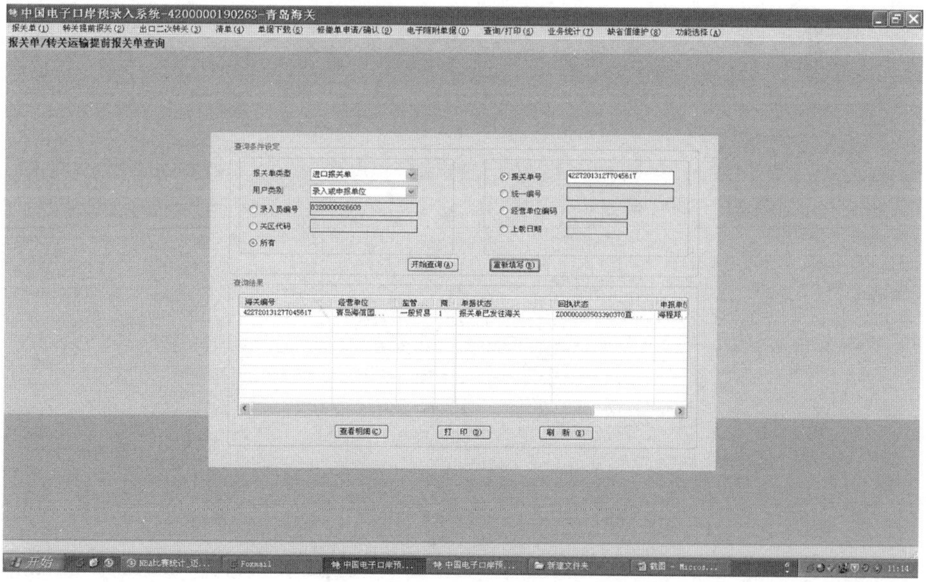

图 4－15

15. 回执查询（接单交单，报关单审结）

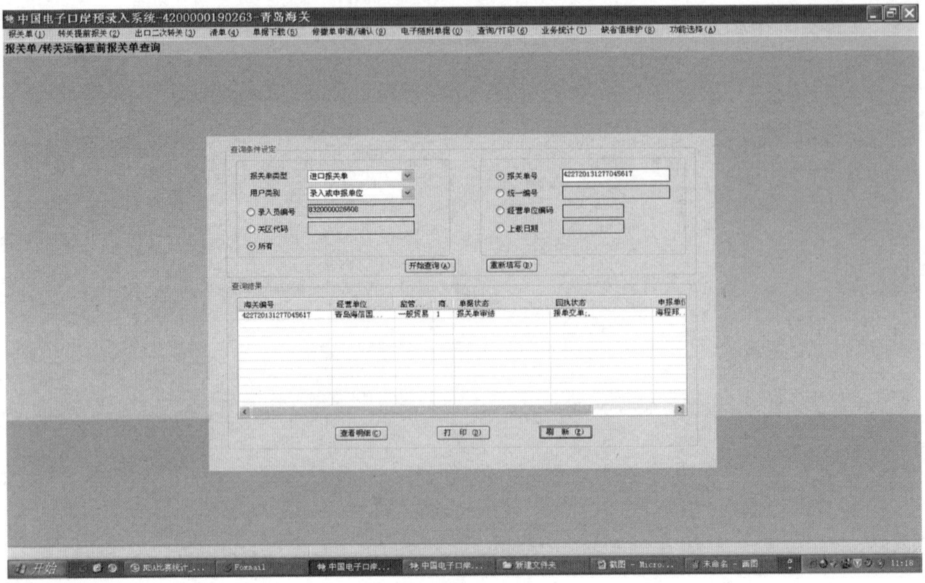

图 4－16

16. 打印报关单界面（打印报关单及 H2000 担保验放单）

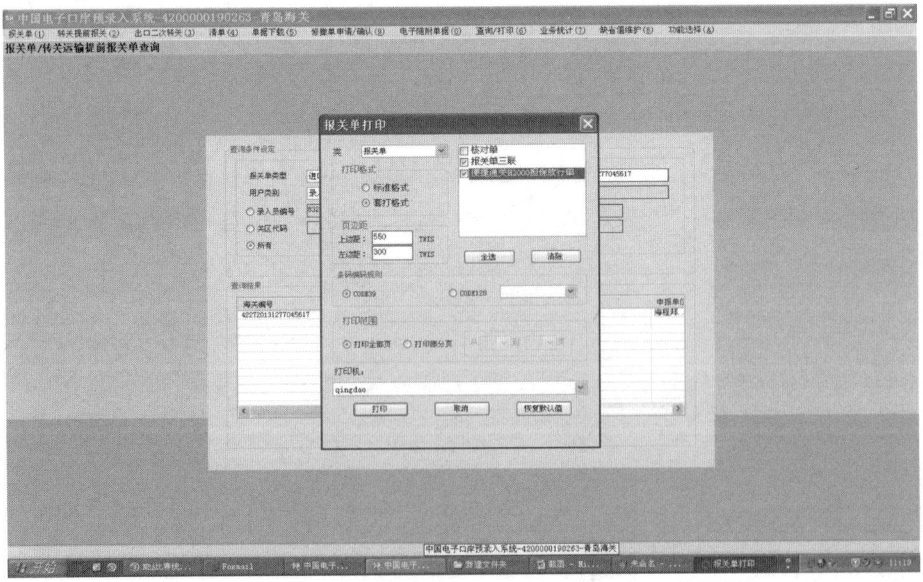

图 4－17

打印完毕后，装订完结单据后，海关交单放行。

企业在做好担保验放申请，申报、放行成功后，记得做好事后交单工作，海关只需要几步简单的操作，就会为您办好后续手续。然后您就可以再去打印相关证明联了。

第五章　“提前申报，货到验放”便捷通关措施

如果进出口货物的运输工具尚未实际运抵海关监管场所，企业基于加快通关速度等需要，希望提前向海关申报，海关是否允许？提前申报应满足什么条件？什么样的企业才能申请提前申报？带着这些问题我们走进本章，带您了解提前申报、货到验放的相关规定。

第一节　了解“提前申报，货到验放”便捷通关措施

“提前申报”是海关为了加速企业通关，在货到以前提前进行单证审核，使货物到港后就能提货的一项便捷通关措施。具体是指，进出口货物的收发货人或其代理人，经海关批准后，在货物实际运抵海关监管场所前向海关申报，货物运抵后海关办理查验、放行手续的行为。与其他便捷通关措施一样，“提前申报”必须与企业的资信状况相联系，所以企业进行“提前申报”的前提是“经海关批准”。不管是进口还是出口，均可以采用“提前申报”的方式，“提前申报”一般要求进出口货物的舱单数据已传输到海关，并且进出口货物的品名、规格、数量等要素已确定无误。对于经过海关总署批准的便捷通关企业也可实行“无舱单的提前申报”，但这些企业的报关货物在海关放行时也必须核销舱单，也就是说，此种情况下舱单最迟在海关放行前传输到海关。

那么，哪些企业才能申请提前申报呢？

根据现行海关规定，就进口而言，进口货物的收发货人或其代理人均可向海关提出进口提前申报；而就出口而言，对于海运集装箱货物、空运和铁路运输的货物，只能批准A类及以上企业办理出口提前申报手续；对陆运（公路运输）货物和从国内出口进入海关特殊监管区域的保税监管货物，可以允许所有企业办理出口提前申报手续。

拓展阅读

满洲里海关出台新规助推果菜走出国门

一辆满载新鲜苹果的货车穿过中俄边境的满洲里口岸驶向俄罗斯西伯利亚地区。该车货物的货主包晓宇高兴地说：“水果保存周期比较短，尤其是放置在集装箱内更容易腐烂，出口风险比较大，海关安排我们这批鲜活货物走果蔬绿色通道，从接单到放行，仅用几分钟就办完了通关手续。”包晓宇反映的正是满洲里海关出台新规，为开发开放试验区果菜出口开设的“绿色通道”，多措施保障农产品“鲜、活、快”顺利出口，全面服务口岸经济发展的一个缩影。

从满洲里海关了解到，该关经向海关总署申请审批备案，于近日出台了《满洲里海关促进果菜出口管理办法》（以下简称《管理办法》），全力助推果菜出口贸易发展，努力将满洲里口岸打造为中俄边境最大的果蔬出口基地。《管理办法》中包括多项新型服务举措：出口果菜运抵海关监管场所后，果菜发货人或代理人可按规定向海关提前申报；对于需查验的出口果菜，出口企业可申请海关进行预约查验或优先查验；对在海关监管场所内装车出口的果菜，出口企业可申请海关结合装车环节实施监管和查验；现场海关对出口果菜的查验优先使用机检查验等。

满洲里海关还加强与果菜企业的联系沟通，与果菜行业协会签订了《合作备忘录》，明确双方权利、义务，并加强对行业协会出口通关业务的指导；建立健全企业信息数据库，海关根据企业诚信记录动态调整企业管理类别，为企业提供差异化客户式服务。

据满洲里海关统计数据显示，今年前两个月，满洲里公路口岸共出口果菜5.09万吨，贸易值达3 218万美元，迎来2013年果菜出口的开门红。

满洲里海关新一届党组成立以来，全面贯彻全国海关关长会议精神，深入践行“四好”海关工作总体要求，立足内蒙古自治区发展实际，靠前站位，主动施为，努力推动区域经济发展，取得显著成效。该关全力推进海关特殊监管区域申建，认真做好政策指导和项目审核，批准赤峰市与通辽市建设保税仓库，将满洲里综合保税区作为开发开放试验区建设的“开篇之作”加以推动，实现了署区领导的高层对接，积极促成了署领导及有关司局领导来访；全面落实总署促进外贸稳定增长的各项措施，以支持地方重点项目建设、促进口岸扩大开放为着力点，出台支持呼伦贝尔市外向型经济发展若干措施；支持汽车整车、天然气、煤炭等商品的进口，积极联系企业开展通关模拟测试，全程提供跟踪服务。深化与南京海关区域通关合作，积极推动“苏满欧”班列早日运行。

在满洲里公路口岸通关现场，海关关员正为果菜进出口企业人员提供包括通关指引、业务咨询在内的多项服务，货主们对海关关员的热情服务纷纷伸出了大拇指。在海关关员的心中，“为国把关、促进发展”始终是他们心中最神圣的使命，正是具备了这样强烈的责任感和使命感，才使满洲里海关始终屹立于祖国北部边疆。

（来源：满洲里日报 http：//www. nmg. xinhuanet. com/nmgwq/mzl/mz-lyw/2013－05/02/c_ 115618000. htm；2013年5月2日）

第二节 "提前申报，货到验放"便捷通关措施的适用范围

根据《中华人民共和国海关进出口货物申报管理规定》第18条的规定，"验核提前申报的进出口货物许可证件有效期以海关接受申报之日为准"；《中华人民共和国海关进出口货物征税管理办法》第13条规定，"进口货物到达前，经海关核准先行申报的，应当适用装载该货物的运输工具申报进境之日实施的税率"。

另外，根据《海关总署关于采取临时保障措施的进口商品提前报关有关问题的通知》（署监函〔2002〕414号）的规定，"凡实施临时保障措施的商品，除享受便捷通关措施的企业外，一律不允许提前申报"。

以上提及了提前申报的三个适用情况：一是许可证件，对于进出口货物涉及许可证件的，在向海关提前申报时，使用的许可证件一定要在有效期内；二是进口适用税率，由于税率存在调整情况，特别是在跨年度或国家采取临时措施时，税率往往会存在变动和调整，对于提前申报企业而言，适用税率以装载货物的运输工具申报进境之日实施的税率为准；三是对于国家采取临保措施时，除享受便捷通关措施的企业，也就是除了AA和A类企业还能办理提前申报外，其他的企业是无法申请提前申报的。

"提前申报"的时限要求：进口货物可以在货物起运后、抵港前，且进境舱单已传输到海关并经海关确认后（无舱单提前申报的情况除外），进口货物的收货人或代理人可以向海关申报（包括电子申报和纸面申报）；出口货物需在运入海关监管场所前3日内，出口货物的发货人或其代理人可以向海关申报。也就是说，"提前申报"的"提前"并非无限期的提前。实践中有的企业为了使手中持有的许可证在有效期内通关，会提前很长时间甚至是半年或一年向海关申报。这是严重违反海关管理

规定的行为，海关可以根据《中华人民共和国海关法》和《中华人民共和国海关行政处罚实施条例》中的相关规定对其进行处罚。

小贴士 提前申报适用汇率和税率及许可证件有效期标准

根据海关规定，对于提前申报情况下进出口货物税率、汇率的适用，按照《中华人民共和国进出口关税条例》及相关规定办理。

提前申报的进口货物，应当适用装载该货物的运输工具申报进境之日实施的税率和汇率。提前申报的出口货物，适用海关接受申报之日实施的汇率和税率。

提前申报进出口货物的许可证件有效期以海关接受申报之日为准。如果遇到国家贸易管制政策发生变化的，以贸易管制政策实施的时间为准。

第三节　企业适用“提前申报，货到验放”便捷通关措施的操作要点

一、进口“提前申报，货到验放”便捷通关措施的操作要点

如果您的企业已经具备了提前申报的资质，需要做好哪些准备工作呢？下面我们以办理进口货物提前申报为例详解操作要点：

1. 做好舱单的预申报

如果您的货物需要提前申报，那么负责装载您货物的运输企业或其代理人应按照规定，在运输工具抵港前向海关发送货物的舱单电子数据，这是做好提前申报的前提。

2. 开始办理提前申报

在确认海关已接受您货物的舱单电子数据后，您就可以提前向海关发送报关单电子数据。

3. 海关接受申报，办理相关接单复核、税费处理等工作

此时您的提前申报工作已经完成。剩下的就是货物到港确认，海关办理实物放行，当然这中间还可能会出现查验、改单或者删单等情况。最后，对于放行后的货物您可千万别忘记办理证明联签发。

海关提醒 对属于法定检验检疫货物的，您应当提前向检验检疫部门办理报检手续，取得检验检疫电子通关单后，再办理货物的提前申报。

二、出口“提前申报，货到验放”便捷通关措施的操作要点

如果您是出口企业，是否也可以办理提前申报呢？前面已经讲过，根据海关现行规定，对于出口货物，原则上应采取“运抵申报”的通关方式。“运抵申报”的通关方式，即在货物实际运抵海关监管场所后才能向海关申报电子数据报关单，对于已实现运抵报告电子数据联网传输的监管场所，由计算机系统自动控制货物运抵申报；对于未能实现运抵报告电子数据联网传输的监管场所，由现场接单审核关员负责审核纸质运抵报告，验核货物运抵海关监管场所的时间不得晚于向海关电子申报的时间。对符合海关相关要求，并经海关批准的，可以实行“提前申报”的通关方式。下面我们以办理出口货物转关提前申报为例详解操作要点：

一是您的货物在运抵起运地海关监管场所前，首先向起运地海关申报录入“出口货物报关单”电子数据，由起运地海关提前受理电子申报，生成“出口转关货物申报单”数据，传送到出境地海关。

二是一定要在电子申报之日起 5 日内，将您的货物运抵起运地海关的监管场所并办理转关手续。

三是注意提交相关所需单证：（1）出口货物报关单；（2）汽车载货

登记簿或船舶监管簿；（3）广东省内公路运输的，提交出境汽车载货清单。

四是在您的货物运抵出境地后，办理出境手续时，还要提交以下单证：（1）起运地海关签发的出口货物报关单；（2）出口转关货物申报单；（3）汽车载货登记簿或船舶监管簿。

海关提醒 出口提前报关的转关货物必须在报关单电子数据申报之日起5日内运抵起运地海关监管场所，办理转关和验放等手续，超过期限的，起运地海关就会对您的报关单一律删单重报。非转关的提前申报出口货物必须在报关后3日内全部运抵监管场所，未按期运抵的，海关也会对您的报关单一律删单重报。

拓展阅读

黄埔海关做好服务经济大文章

黄埔海关 2004 年全关税款实际入库额为 285.19 亿元，同比增加 66.39 亿元，增长 30.33%，创历史新高。

坐落在广州市经济技术开发区的黄埔海关，是广东省内 7 个直属海关之一。近年来，为支持地方外向型经济发展，黄埔海关大胆创新，采取了一系列措施有效地促进了企业投资、增资，为地方经济的发展做出了贡献。

联网监管利在企业见成效

实施加工贸易企业计算机联网管理模式，是黄埔海关目前推出的最简便迅捷的改革措施之一。联网监管后，以往最少要 3 天才能办好的商品备案环节，现在 3 分钟就能完成；而电子账册备案与变更的方便灵活，使企业应变国际市场需求，满足订单频繁变更的能力也大大提高。世界知名企业大众电脑集团属下的广川科技有限公司实施联网监管后，在国际市场上争取合同的能力大大提高，当年进出口总值就比上一年增长了 5 倍多。截至 2004 年年底，黄埔海关共对关区内 163 家年出口额超过1 000万美元的企业实施联网监管，这只是黄埔关区三资企业总数的 2%，但实际进出口额却占三资企业进出口总额的 40% 以上。黄埔新港海关于 2005 年 1 月 4 日启用"电子排队叫号报关"系统，试用以来，通关作业环节进一步"提速"。准备在全关区推广，审单速度将大大加快。该关同时还实行关员当天随机派岗，杜绝了"挑单做"和人为派"人情单"的现象。报关单位普遍反映：审单速度快了。一份正常报关单从挂号到出单仅需 2～3 分钟。

便利通关就在“家门口”

企业要实现“零库存”，就要求整个生产、周转和销售的循环网络高速运转。黄埔海关大胆改革，实施驻厂监管模式，在企业厂区内办理接单、审核、查验和放行等手续，为企业提供“一站式”服务。投资总额为5 400万美元的旭丽电子（广州）有限公司在广州科学城建成投产已两年多时间，实施驻厂监管后，旭丽公司每月几百辆次货柜车不用再从科学城开至广州开发区货检场，等于把车检场功能搬到了“家门口”，时间由过去的80分钟缩短为15分钟。黄埔海关还对符合条件的企业实行EDI无纸报关和网上缴纳税费服务。企业在厂区内就能向海关传输电子报关数据，并通过中国电子口岸数据中心平台缴纳税费服务。广州本田公司负责人深有感触地说：我们现在在现场从递单到最后放行只须4个小时，而以前起码要三四天才行。东风本田发动机公司也表示：便捷通关的试点让我司的通关速度大大加快，感谢黄埔海关的大力支持。一些重点企业经黄埔海关审批合格后，还能享受到“先放后税”和担保放行便利。

据统计，2004年黄埔海关驻厂监管共监管转关车辆4788辆次，监管出口货物24262吨，验放货物总值43939万美元，仅旭丽公司就节省各种费用250多万元。

快速通关陆海齐出招

黄埔海关从2001年年初开始就在下属东莞海关驻凤岗办事处进行陆路快速通关作业改革试点，通过陆路转关运输作业改革、陆路快速通关改革和电子监管配套改革三次飞跃，实现了“企业提前申报，海关提前审核”和“通道式快速验放货物”的通关模式，车辆在凤岗的通关所需平均时间由改革前的150分钟减少为7分钟。在试点取得成功的基础上，黄埔海关扩大改革范围，陆路快速通关作业改革进一步深化。在谈到海关服务经济时，东莞市市长刘志庚说：在新一届黄埔海关党组的领导下，东莞地区的隶属海关想企业所想，急企业所急，东莞经济有今天的好局面、好形势，海关功不可没。

由于黄埔海关特殊的地理位置，与陆运相比，海运快速通关作业改革难度更大、涉及面更广。黄埔海关于2002年10月在新港海关集司码头启动改革。通过与港务、理货、船代等部门的信息共享，将货物报关时间前置，并利用计算机对相关信息和数据进行自动比对和确认，加快通关速度。改革后该码头从企业向海关电子申报到放行的平均时间，进口货物缩短了近7天，二类码头缩短了76.6小时。

黄埔海关服务的改善，极大地促进了广州开发区企业业务的发展，2004年广州开发区的地区生产总值、工业总产值分别比2002年翻了一番，财税总收入居全国国家级开发区首位。中共广州市委常委、广州开发区党委书记、管委会主任凌伟宪表示，黄埔海关对开发区企业的服务和支持是尽职尽责的体现，是适应发展开拓创新的体现。这种为国把关、服务企业的精神深受企业投资者的赞赏，促进了广州开发区、增城地区和东莞地区经济的发展。

黄埔海关关长李佩林表示，将始终坚持“依法行政、为国把关、服务经济、促进发展”的海关工作方针，既要服务，也要把关；既要通得快，也要把得住。让真正守法企业享受最大便利，为关区的经济发展创造良好的环境。（记者：杨文雯）

（来源：华南新闻 http：//www.people.com.cn/GB/paper49/14199/1264983.html；2005年3月4日）

第四节 企业适用“提前申报，货到验放”便捷通关措施的好处

企业参与“提前申报，货到验放”可以大大缩减人力物力，减少报关流程中烦琐的程序，加快物品的流通速度，从而为企业节省了大量的物流成本，提高了企业的信誉。实施进口货物“提前报关，货到验放”的通关模式，将传统的货到报关改为货到港前凭电子舱单报关，货到港后由口岸海关进行实货验放，缩短了通关的时间，并实现关港数据共享。提前报关的进口货物，海关作业时间平均2.88小时，比非提前报关货物海关作业所需时间压缩了86%。

第五节 企业适用“提前申报，货到验放”便捷通关措施的注意事项

一、注意事项

办理提前申报会使进出口企业受益良多，但是也要注意相关事项。做好相关准备工作才可事半功倍。

首先，您作为进出口货物的收发货人或其代理人申请办理提前申报的，应确保进出口货物的品名、规格、数量等信息无误，并对申报内容的真实性、准确性、完整性和规范性承担相应法律责任。其次，如果您进口提前申报货物因故未到或者所到货物与提前申报内容不一致的，进口货物的收货人或其代理人需向海关提交说明材料和报关单撤销或修改申请，海关审批后办理相关手续。出口提前申报货物因故未在海关规定的期限内运抵海关监管场所的，海关撤销原提前申报的报关单。因故运抵海关监管场所的货物与提前申报内容不一致的，出口货物的发货人或

其代理人需向海关提交说明材料和报关单撤销或修改申请，海关审批后办理相关手续。

二、重点关注

对于提前申报出口货物而言，还有几个需要您重点关注的地方：

1. "提前申报"的前提

"提前申报"是海关为了加速企业通关，在货到以前提前进行单证审核，使货物到港后就能提货的一项便捷通关措施。与其他便捷通关措施一样，"提前申报"必须与企业的资信状况相联系，所以企业进行"提前申报"的前提是"经海关批准"。"提前申报"一般要求进出口货物的舱单电子数据已传输到海关，并且进出口货物的品名、规格、数量等要素已确定无误。对于经过海关总署批准的便捷通关企业也可实行"无舱单的提前申报"，但这些企业的报关货物在海关放行时也必须核销舱单，也就是说，此种情况下舱单最迟需在海关放行前传输到海关。

2. "提前申报"的相关适用

根据《中华人民共和国海关进出口货物申报管理规定》第 18 条的规定，"验核提前申报的进出口货物许可证件有效期以海关接受申报之日为准"；《中华人民共和国海关进出口货物征税管理办法》第 13 条规定"进口货物到达前，经海关核准先行申报的，应当适用装载该货物的运输工具申报进境之日实施的税率"。

另外，根据《海关总署关于采取临时保障措施的进口商品提前报关有关问题的通知》（署监函〔2002〕414 号）的规定，"凡实施临时保障措施的商品，除享受便捷通关措施的企业外，一律不允许提前申报"。

3. "提前申报"的时限要求

进口货物可以在货物起运后、抵港前，且进境舱单已传输到海关并经海关确认后（无舱单提前申报的情况除外），进口货物的收货人或代理人可以向海关申报（包括电子申报和纸面申报）；出口货物需在运入海关监管场所前3日内，出口货物的发货人或其代理人可以向海关申报。也就是说，“提前申报”的“提前”并非无限期的提前。实践中有的企业为了使手中持有的许可证在有效期内通关，会提前很长时间甚至是半年或一年向海关申报。这是严重违反海关管理规定的行为，海关可以根据《中华人民共和国海关法》和《中华人民共和国海关行政处罚实施条例》中的相关规定对其进行处罚。

4. **注意查验和放行问题**

对于所有提前申报的货物，必须在货物运抵海关监管区并海关收到运抵报告电子数据后，才能办理货物的查验、放行手续。

拓展阅读

杭州海关19项创新一年为浙企节省近亿元资金

1月22日中午，中国国际石油化工联合有限责任公司的“海运1号”，满载着27万吨、价值1.8亿美元的原油，缓缓靠泊上了舟山册子油库码头。因为应用了海关的“油品提前报关系统”，这些原油尚在“漂洋过海”时就提前办理了各项报关放行手续。船舶刚靠泊到位，船上的原油立即开始卸载。公司业务员小蒋高兴地说：“以前最担心的就是船舶到港后不能马上卸油，多滞港一小时就要产生7万多美元的费用。每等一分钟，都感觉是在烧钱。现在油船即到即卸即离，再也不用担心了。”

像这样直接受益于海关创新项目的企业，远不止“联化公司”一家。据不完全统计，2007年，杭州海关全力推进浙江外贸发展，先后推出了19项旨在提高通关效率、降低企业通关成本的科技应用及业务创新项目，覆盖了水陆空所有通关渠道，共为浙江省进出口企业节省费用近亿元。

陆路：集卡车不再空载，每月节省成本100万元

没有海港口岸，也没有国际空港，凭借着年成交额315亿元的小商品市场，义乌吸引着众多的运输物流业主前来抢滩，但难题随之而来了。“从义乌运货到宁波，回来一般都是空车，想想都觉得可惜，但我们也不知道上哪儿找货源。”义乌国联堆场的集装箱卡车司机王自祥说。仅义乌国际物流中心一个点，一天进出的大集装箱卡车就将近800辆。

如果能将散落在船运公司、货代公司、物流运输企业、进出口企业的物流需求信息联通起来，那浙江现有物流运输能力就将成倍提高。基于这一设想，杭州海关认真调研了浙江、上海等地区集装箱运输现状，历时一年，为浙江物流“量身定制”了解决问题的“法宝”——浙江国

际物流信息服务系统。

这个系统将物流相关各方的信息集中、分类，而后再分发给信息需求方，让相关各方“各取所需”：运输企业能在集装箱车卸车后，获知就近集装箱堆场中返程货物的运输需求信息；进出口企业可全程掌控物流运输状态，大幅节约物流成本；船运公司提高了集装箱周转率及用箱量，延伸了服务区域；货代公司降低了服务成本，增加了服务收益……困扰王自祥他们多时的问题解决了，“现在从宁波回来还能再拉一趟货，路没多跑，钱比以前赚得多了”。从2007年9月到现在，每天都有至少40辆返程空车从系统中“领”到运输需求，满载而归。按每一空车往返口岸需成本2 000元计算，4个月的时间，系统在为运输企业创造效益的同时，为社会节约了物流成本400多万元。

据介绍，目前，中国远洋运输（集团）总公司、法国达飞、美国总统轮船有限公司、地中海航运公司、以色列以星综合航运有限公司等国际级的船公司均已加入系统，发布信息。中国海运集团总公司还在义乌建立还箱点，长期参与物流匹配项目。杭州海关该项目负责人预计，2008年义乌地区通过系统配对实现“双重”运输的集装箱卡车将达到100～150辆/天，预期为社会节约的物流成本将超过1亿元。系统在全省推广后，省内的物流企业都将享受“物流放大器”带来的便利与实惠。

空运：速度上去了，费用下来了

1月15日，杭州南天邮电通讯技术有限公司进出口部负责人陈瑛如走进杭州机场海关的报关大厅，为一小时后将运抵机场的货物办理通关手续。“这批货公司生产线正急等着用，海关推出的提前申报业务，真是救了我们的急。”通关手续办理得很顺畅，货物“落地”后才半小时，小陈就提到了货。“我们的客户很多是诸如杭州电信、浙江移动等通讯‘大鳄’，对进口商品的通关时效要求特别高。现在海关推行‘空中报关’，各项手续提前办，我们再也不用为赶不及拿货犯愁了。”

陈瑛如口中的“空中报关”是杭州海关从2007年4月起，依托自主开发的“空港大通关信息系统”而实施的通关新模式。在此模式下，装载进口货物的飞机从境外机场一起飞，相关的报关预录、集中审单、部分纳税义务人税费支付、交单准备等报关环节就都可以提前通过电子数据传输来完成。也就是说，企业可以为尚在飞行途中的货物办理各项通关手续，等到货物落地，就可以快速提货。

“开发这个系统，就是为了把海关监管、检验检疫、航空公司航班管理、货栈仓库管理、报关中介代理服务等通关各环节的业务操作集中到一起，信息共享了，各环节紧紧相扣，时间也就省了下来。”杭州萧山机场海关办公室主任张列这样解释平台开发的初衷，“选择空运的货物，看重的就是时间，所以我们就是与时间赛跑，尽可能地让物流‘飞’起来。”据测算，系统运行后，海关平均作业时间由原先的84小时缩短至2小时以内，绝大部分进口货物在飞机落地后3小时内完成通关。

同时，海关为出口货物定制了“个性化审单”来实现快速通关。对于守法企业和风险较低的进出口货物，杭州海关实行一站式“放行交单”，进出口货物向海关申报成功后可以直接到海关办理货物放行手续。出口货物平均通关时间比之前缩短了95.56%，仅需2.73小时。创新通关模式节省下的不仅仅是时间，还有资金。系统运行至今，2.26万票货物从中受益，以一次申报节约交通、纸张、通讯等费用25元来计算，共为企业节省了56万元。“考虑到2008年空港业务的快速发展，预计全年仅此一项节省的资金就可突破百万元。”张列主任笑着说。

水路：58 569条电子数据，省下费用200万元

创新带来财富的故事，在海港口岸同样精彩上演。

2007年3月起，舟山地区的进出口贸易企业彻底告别了拿着船舶舱单在各口岸部门间东奔西跑的报关方式，取而代之的是数据的一次录入、全面通关。就是这个小小的改变，使得2007年58 569次船舶申报节省了

200余万元。

带来这个转变的，是杭州海关推出的“浙江进出境船舶动态管理系统”。作为浙江省“大通关”重点工程之一，系统通过联结海关、检验检疫、边检、海事、港务、引航等多家口岸单位，改变了原先每份船舶舱单都要分别跑四个执法部门申报的状况，电子数据一次传输四个部门共用，帮助企业实现船舶申报“一点登录，全面通关；一次录入，全面申报”。

10月，杭州海关进一步推出“外籍船舶修理联网申报核查系统”，使得浙江众多的船舶修理企业足不出岛，点点鼠标就能完成船舶修理物料的申报、核查等海关手续。对此，舟山市鑫亚船舶修造有限公司的陈红军感慨地说，“船舶维修作业时间一般都比较长，配件供应的批次多、数量大，以往天气不好出不了岛而原料又急着报，心里别提多烦闷。现在通过网络走，台风天照样做业务”。

现在，舟山20余家大型修船企业都用上了这个被他们称之为大陆与小岛间的“通关桥梁”的系统，外籍船舶修理物料平均通关时间从原先的8小时大幅缩短到1小时以内。以每次申报可节约交通、纸张、食宿、通讯等费用335元计算，系统运行3个月，已为舟山地区外籍船舶修理企业节省费用31.4万元。随着国际海上航运业的迅猛发展，2008年这笔节省下的费用将达到500万元。

创新项目的经济账，远不止这些

2007年年初开始全面推行的“属地申报，口岸验放”区域通关模式，让217家企业的5万多个集装箱货物从中受惠。以平均每个集装箱减少在口岸滞留一天所节省的港杂、货代、二次报关及专用监管车辆等费用800元计算，全年节约资金4 000万元。

2007年9月，义乌小商品申报制度改革，8 000多个税则号的商品一下子简化到98个。小商品简化申报、合并归类、适用旅游商品代码等措施纷纷上马，4 个月就为小商品出口商省下了各类申报、代理费用 2 800 余万元。

2007 年 10 月底，"环嘉兴港大通关"平台上马，不仅将上海等干线港的功能延伸到了嘉兴、金华等内陆港和内陆物流中心，还把港区服务移到了企业的"家门口"。用水路运输替代公路运输，一个 40 尺集装箱就可降低运输成本 1 000 元。系统运行 2 个月来，3 098 箱集装箱货物"尝了鲜"，共节约下成本 155 万元。

还有，公共服务网站、呼叫中心、电子口岸、电话热线等各类信息化办事窗口。2007 年杭州海关通过它们共接受企业咨询 67 500 余次，在为企业实实在在解决问题的同时，直接为企业减少了交通及通信费用数十万元。

"出台这些项目，就是要向创新要效率、要效益。上述这些项目中有相当部分投入使用才半年或一个季度，估计今年至少可以为浙江省外贸企业带来 2 亿 ~3 亿元的经济效益，而且通过节约交通能源，对节能减排、保护环境也有直接的好处。"杭州海关关长徐道文表示，"今年杭州海关将在充分运用好现有科技业务改革成果的基础上，继续深入研究浙江省进出口物流的运行特点，继续出台新的措施，使更多守法企业不仅能享受到通关便利，更能从中获益。"（记者：柴燕菲、俞晶）

（来源：中新浙江网 http：//biz. zjol. com. cn/05biz/system/2008/01/24/009173983. shtml；2008 年 1 月 24 日）

第六章　广东陆路口岸跨境快速通关方式

粤港地区来往香港公路车辆是否只能使用本地清关或转关方式办理通关手续呢？您是否觉得在陆路口岸海关办理转关业务时需要海关审核、签注盖章，手续比较烦琐呢？您是否对在办理转关业务时排队等候领取海关施封锁的情况感到苦恼呢？您是否觉得在车辆通关过程中需要在口岸滞留较长时间呢？进入本章可以让您了解跨境快速通关模式带给您的通关便利。

第一节　了解跨境快速通关方式

为适应区域经济发展的要求，进一步简化海关手续，提高粤港地区跨境公路运输通关效率，海关总署决定在粤港地区实施来往香港公路车辆快速通关改革。

跨境快速通关是指从事跨境公路货物运输业务的承运人或其代理人，在车辆进境前或出口货物报关单申报前，向进境地或者起运地海关申报载货清单电子数据，海关应用卫星定位管理设备和电子封志等监控手段实施途中监控，实现对车辆及其所载货物在公路口岸自动快速核放的一种通关方式。

跨境快速通关是海关总署为适应陆路跨境运输业的迅猛发展而设计的全新监管模式，是区域通关改革中的一项重要内容，是海关主动适应区域经济和现代物流发展的基本要求、提高把关服务能力的具体体现。跨境快速通关坚持“守法便利”的原则，以载货清单电子数据提前申报为前提，通过整合车载GPS、电子关锁和电子地磅等各项监控技术，加强对跨境运输车辆的途中监控，实现对车辆在公路口岸自动快速核放。跨境快速通关模式是跨关区快速通关改革的继承与发展，其目标在于通过我国与其他区域陆路关境海关之间的行政执法互助，充分利用现代信息技术手段，在确保有效监管的前提下，进一步加快跨境运输工具和货物在两地陆路关境之间的验放速度，实现在有效监管的前提下，符合条件的跨境运输车辆可以径行通过口岸海关通道，大大提高通关效率。

2007 年 8 月 10 日，深圳皇岗—广州白云机场线路正式启动总署“跨境快速通关改革”的标准业务模式运作。2007 年 8 月 10 日至今已在深圳、广州、黄埔关区开通 32 条试点线路。

海关总署公告超链接

海关总署公告2007 年第58 号

为适应区域经济发展的要求，进一步简化海关手续，提高粤港地区跨境公路运输通关效率，海关总署决定在粤港地区实施来往香港公路车辆快速通关改革，现将有关事项公告如下：

一、来往香港公路车辆快速通关是指从事来往香港公路货物运输业务的承运人或其代理人，在车辆进境前或出口货物报关单申报前，向海关申报载货清单电子数据，海关应用卫星定位管理设备和电子封志等监控手段实施途中监控，实现对车辆及其所载货物在公路口岸自动快速核放的一种通关方式。

二、经海关备案并使用海关认可的卫星定位管理设备和电子封志的车辆，其承运人或其代理人可选择来往香港公路车辆快速通关方式办理，具体包括以下三种：

（一）进出口货物收发货人或其代理人在车辆及所载货物运抵指运地或起运地海关监管场所前，向海关申报货物进出口的，按转关提前报关方式办理；

（二）进出口货物收发货人或其代理人在车辆及所载货物运抵指运地或起运地海关监管场所后，向海关申报货物进出口的，按直转方式办理；

（三）过境货物采用过境方式办理。

三、选择来往香港公路车辆快速通关方式的承运人或其代理人，在车辆抵达海关监管场所卡口通道时，应将纸质载货清单投入单证申报箱供海关核查，海关卡口控制与联网管理系统进行自动核放。正常情况下，海关人员不在相关纸质单证上批注、盖章；异常情况下，按海关提示操作。

四、选择来往香港公路车辆快速通关方式的承运人或其代理人，应当在车辆进境前或出口货物报关单申报前向海关申报载货清单电子数据，并在车辆抵达进境地或起运地海关监管场所 1 小时前进行车次确认，同一车次应当只对应一份载货清单。

五、承运人或其代理人未进行车次确认或车次提前确认不足 1 小时的，禁止入境或进入起运地海关监管场所。特殊情况经海关批准对车辆做滞后处理的，要求车辆等待至 1 小时之后，由海关对载货清单电子数据进行人工审核、放行操作。

六、已作车次确认的车辆抵达进境地或起运地海关监管场所前，承运人或其代理人如对载货清单进行修改，必须重新办理车次确认，海关重新计算载货清单提前申报时间。

七、自载货清单电子数据申报之日起超过 5 日，如该载货清单所对应的货物未运抵进境地或起运地海关监管场所办理手续，载货清单电子数据将被自动撤销。

八、除海关特准外，车辆经进境地海关放行后，指运地海关方可办理进口货物报关单接单手续。

对涉税货物，必须在车辆进境后，方可办理进口货物报关单接单手续。

车辆运抵指运地或起运地海关监管场所后方可办理进出口货物放行手续。

对采用转关提前报关方式的，同一车次对应的货物报关单，应一次性办理报关单接单手续。

九、进出口货物运抵进境地或出口起运地海关监管场所前，且海关尚未受理审核相对应的进出口货物报关单的，承运人或其代理人可自行修改或者撤销载货清单电子数据，但必须重新办理车次确认，海关重新计算载货清单提前申报时间。

十、货物已运抵进境地或起运地海关监管场所，或海关已办理了相对应的进出口货物报关单接单手续，承运人或其代理人如需修改纸质载货清单的，应向海关提出书面申请，经海关审核同意后，方可修改，提前向海关申报载货清单的时间将从修改载货清单电子数据后重新计算。其中：

（一）承运进口货物时，在车辆离开进境地海关前，向进境地海关申请；离开进境地海关后，向指运地海关申请。

（二）承运出口货物时，向起运地海关申请；

（三）承运过境货物时，向进境地海关申请。

十一、货物入境后、运抵指运地海关监管场所前；出口货物的车辆启运后、运抵出境地海关监管场所前，承运人或其代理人如确需作废纸质载货清单电子数据的，应向海关提出书面申请，经海关审核同意后，方可作废，并重新申报载货清单电子数据。如对应的出口货物报关单已通过海关审核的，须在撤销对应的出口货物报关单后，方可办理纸质载货清单的作废手续。其中：

（一）承运进口货物或过境货物时，向进境地海关申请；

（二）承运出口货物时，向起运地海关申请。

货物运抵指运地或出境地海关监管场所后，海关不接受承运人或其代理人作废纸质载货清单的申请。

十二、转关提前报关、直转方式下，海关对含有《中华人民共和国海关关于转关货物监管办法》（海关总署令第 89 号）附件 1《限制转关物品清单》范围物品的载货清单不接受申报。

过境方式下，海关对含有《中华人民共和国海关对过境货物监管办法》（海关总署令第 38 号）规定禁止过境货物的载货清单不接受申报。

十三、来往香港公路车辆快速通关方式下，来往内地与香港的货运车辆使用的纸质载货清单为《内地海关及香港海关陆路进/出境载货清单》。纸质载货清单必须经海关确认后方可打印，内容应与向海关申报的载货清单电子数据完全一致。

十四、对同一车次载运多个集装箱或使用多个电子封志的，所施加的全部电子封志号应在载货清单上列明。

十五、进口货物运抵指运地海关监管场所后，因故需要退运的，需经书面申请及指运地海关核准，按转关货物的退运方式办理。

十六、出口货物运抵出境地海关监管场所后，因故需要退运的，需经书面申请及出境地海关核准，按转关货物的退运方式办理。

十七、对因电脑系统故障，货物在进境地或起运地海关无法按来往香港公路车辆快速通关方式通关的，承运人或其代理人应当改按转关方式办理。承运人或其代理人必须在电脑系统恢复正常后的一个工作日内，向海关补预录入相应的载货清单电子数据。

十八、选择来往香港公路车辆快速通关方式的承运人或其代理人，应当按海关要求将货物运抵指定的场所。货物运输途中因交通意外等原因需更换运输工具或驾驶员的，承运人或其代理人应及时报告附近海关。经附近海关核实同意后，监管换装并通知进境地、指运地海关或起运地、出境地海关。

十九、本公告中未明确事项按《中华人民共和国海关关于转关货物监管办法》等有关规定办理。

二十、本公告适用于广东省内具备来往香港公路车辆快速通关条件的各类监管区域或场所。

二十一、本公告由海关总署负责解释。

二十二、本公告自2007年11月10日起施行。

特此公告。

二〇〇七年十一月一日

海关总署解读来往香港公路车辆快速通关改革公告

中华人民共和国海关总署于2007年11月1日以海关总署公告2007年第58号对外公布了《海关总署关于在粤港地区实施来往香港公路车辆快速通关改革的公告》（以下简称《公告》），并于2007年11月10日起施行。

一、海关总署制定和发布《公告》的背景

近些年来，随着区域经济、进出口物流的迅猛发展，以及内地与香港两地联系的日益紧密，海关面临任务更重、难度更大、要求更高的形势。为适应区域经济发展要求，进一步提高来往广东与香港之间（简称来往粤港）公路车辆的通关效率，简化海关手续，海关总署在区域通关改革取得成功的基础上，决定整合卫星定位管理设备（简称GPS）、电子封志等监控手段，结合“载货清单”电子化和前期已经取得的陆路通关改革成果，开发了“跨境快速通关系统”，在兼顾海关监管要求的基础上，实现来往粤港公路运输车辆在进出关境口岸的自动快速核放。本着“积极稳妥、逐步实施”的原则，海关总署决定首先在粤港地区进行试点运行。

为配合“跨境快速通关系统”的试点运行，使广大进出口货物收发货人、承运人及其代理人了解相关业务流程，海关总署专门制定并对外发布了《公告》。《公告》的发布，有利于进出口货物收发货人、承运人及其代理人加深对海关此项业务的了解，也便于改革的顺利实施。

二、《公告》的主要内容

《公告》解释了来往粤港公路车辆快速通关方式的含义，以及具体运作的三种方式：转关提前报关、直转、过境。

《公告》明确了来往粤港公路车辆快速通关的基本流程和相关条件。货物承运人如果选择此种通关模式，即可享受在口岸海关（如皇岗口岸）自动核放、无须办理人工手续的通关便利，但需具备三个基本条件：一是车辆应当经深圳海关备案并使用海关认可的卫星定位管理设备和电子封志。二是应当在车辆进境前或出口货物报关单申报前向海关申报“载货清单”电子数据，并在车辆抵达进境地或起运地海关监管场所1小时前进行车次确认。三是转关提前报关、直转方式下，不得运载限制转关物品；过境方式下，不得运载禁止过境货物。

在《公告》中，明确了如果货物承运人未按海关要求提前进行车次确认，海关可能采取的相关措施，以及对货物收发货人或其代理人办理报关手续时的相关要求，如需征收关税和增值税货物须在车辆进境后方可办理报关单接单手续，车辆运抵指运地或起运地海关监管场所后，方可办理货物放行手续。提前报关的同一车次对应的货物报关单，应一次性办理报关单接单手续等。

《公告》还对电子封志的录入、修改，“载货清单”电子数据作废的条件和流程等进行了详细规定，并明确了发生电脑系统故障等特殊情况下的处理措施。

三、《公告》内容与现行业务模式的主要区别

一是符合条件的进出口货物在公路口岸可享受无须办理任何人工手续，海关进行自动快速核放的通关便利。

二是承运车辆需使用海关认可的卫星定位管理设备和电子封志。

三是承运人需提前向海关申报“载货清单”电子数据，并在车辆抵达进境地或起运地海关监管场所1小时前进行车次确认。

四、《公告》的应用过程中需要注意的问题

选择来往香港公路车辆快速通关方式的货物承运人应确保提前申报的“载货清单”电子数据准确无误，并按海关要求在车辆抵达进境

地或起运地海关监管场所1小时前进行车次确认。否则，承运人将无法享受在公路口岸海关自动快速核放的便利。设立车次确认环节，主要是考虑到目前货物承运人可能提前申报多份“载货清单”电子数据，因此需对最终即将进出境的车辆所对应的“载货清单”电子数据进行确认。这样规定，既便于承运人提前揽货，也便于海关准确、有效监管。

在这种快速通关方式下，虽然公路口岸海关不再对相关纸本“载货清单”和《来往香港汽车进出境签证簿》办理人工签注手续，但司机仍需将《来往香港汽车进出境签证簿》和“载货清单”等纸本单证随身携带，并要求将纸本“载货清单”投递到通道的申报箱，以备电脑系统发生故障等特殊情况下应急使用，确保车辆及其所载货物的快速通关。

拓展阅读

海关总署：粤港澳跨境快速通关模式正式启动

新华社广州7月24日电（记者张毅）　记者从海关总署广东分署了解到，随着“深港物流绿色通道”日前正式开通，粤港澳跨境快速通关模式正式启动，进入操作阶段。

跨境快速通关是对粤港澳之间进出口货物实现跨关境快速通关、内地海关之间快速转关和快速分流的一种通关模式，是海关总署区域通关改革的重要内容。

深圳海关启用的“深港物流绿色通道”，从香港葵涌码头至深圳华南国际物流中心全长51公里。它运用实时GPS定位追踪系统及“统一陆路载货清单”等电子报关数据，在皇岗口岸，由通道自动核放系统直接核放，免予办理人工录单、人工审核、人工验放等手续。

跨境快速通关模式使澳门的货物无须空运或海运至香港再出口，只要通过与澳门近在咫尺的珠海就可以将货物陆运至内地出口码头，既节省时间又节省运输成本。

在广州白云机场和澳门机场之间，用陆运方式接驳联运的空运进出口货物的“空陆联运”运转顺利。据海关统计，自2005年9月22日拱北海关与广州海关正式启动粤澳“空陆联运”货物境内段通关监管模式以来，共有142票“空陆联运”货物在拱北海关顺利办理了通关手续。

（来源：新华社 http：//www. gov. cn/jrzg/2006 – 07/24/content_ 344147. htm；2006年7月24日）

第二节　跨境快速通关方式的适用范围

一、跨境快速通关方式应具备四个基本条件

（1）载货清单电子数据的提前申报；

（2）运输车辆经海关备案；

（3）承运车辆须安装海关认可的监控设备，使用电子关锁；

（4）所承运的集装箱及箱式货车车厢必须符合海关监管要求和国际公约。

二、适用跨境快速通关方式车辆及承运人具备的条件

（1）跨境公路货物运输业务的承运人或其代理人为转关车辆领取电子关锁并做好备案手续，在运输途中使用电子关锁。

（2）跨境公路货物运输业务的承运人或其代理人为转关车辆安装海关认可的 GPS 设备。

（3）跨境公路货物运输业务的承运人或其代理人取得具备跨境快速通关业务授权条件的操作员卡（IC 卡）并可使用电子口岸 QP 客户端以申报电子载货清单数据。收发货人或其代理人取得具备报关单申报授权条件的操作员卡（IC 卡）并可使用电子口岸 QP 客户端用以申报报关单数据。

海关提醒 载货清单电子数据的提前申报是跨境快速通关的条件，也是跨境快速通关系统与转关模式最大的区别。其要求运输企业必须提前向海关申报载货清单电子数据（类似于海空运输的舱单）。这就要求跨境公路货物运输业务的承运人或其代理人取得含跨境快速通关业务授

权的操作员卡（IC卡）并可使用电子口岸QP客户端以申报电子载货清单数据。

小贴士 电子关锁申领指引

（1）电子关锁供应商：广州朗昇网络科技有限公司

业务办理时间：周一至周五，上午08：30至12：00，下午14：00－17：30

24小时服务热线：020－89883988、400－700－8368

投诉热线：020－89883988

公司网址：www. hggs. net

业务办理网点：广州市海珠区新港西路135号中大科技综合楼B座1403－1408，深圳市福田区梅观路梅林海关大楼214室。

（2）首次领锁时，企业需携带以下有关证明材料的原件和复印件（A4规格）到朗昇公司服务网点提交领锁申请。

①来往香港货运企业备案登记证或境内汽车运输企业载运海关监管物注册登记证书（俗称“红本”或“蓝本”）原件及复印件，原件在备案时出示。

②汽车载货登记簿（简称司机簿）原件和复印件2份（司机簿前三面）。须体现照片、车辆备案号、详细资料等内容。

③车辆电子关锁备案申请表企业可上公司网站打印填写，关锁ID号处留空。此表需法人签字并盖章。

④营业执照副本复印件。须体现有效年检。

⑤经办人身份证原件及复印件。

重要提示：电子关锁申领后需到车辆注册地海关备案后才能使用。深圳海关电子关锁备案部门为：梅林海关。

（3）费用：电子关锁押金600元/把，使用免费。

小贴士 QP预录入系统申请及电子口岸IC卡申领

（1）QP预录入系统申请

①安装QP预录入系统对企业性质没有特殊要求，符合条件的加工贸易企业、运输企业或报关行都可以进行申请。

②安装QP系统需携带以下资料到企业主管地的电子口岸数据分中心办理手续：企业组织机构代码表，电脑主机（普通配置即可），企业公章（如不能携带公章，则需企业签订协议盖章后再递交协议）。

（2）电子口岸IC卡申领

①电子口岸法人卡、经理卡（非法人企业使用）、操作员卡申领及备案流程请参阅各主管地数据分中心的《电子口岸IC卡业务指引》，并根据要求下载相关表格填制并按指引的相关流程办理。

②每个企业只能申领一张法人卡或经理人卡，但可申请多张操作员卡。经授权的操作员卡方可进行跨境快速通关的载货清单录入和车次确认操作。

拓展阅读

深圳海关推广“跨境快速通关”

今年以来，出口企业在经营成本增加、人民币升值、市场需求萎缩等多种国内外经济因素作用下，开拓国际市场面临诸多严峻挑战。为给深圳出口企业创造便捷高效的通关环境，深圳海关想方设法通过各项措施，缩短深圳企业与国际市场距离，加快其全球供应链速度，与企业携手共渡难关。

据了解，今年以来，深圳海关在推广“跨境快速通关”项目上狠下功夫，不仅进一步完善了“跨境快速通关”模式，还将深圳湾、惠州地区车检场列入“跨境快速通关”试点，进一步扩大“跨境快速通关”模式适用范围。同时，对50S亚太转运中心落户深圳机场给予大力帮助。

为帮助企业实现供应链提速，深圳海关积极落实“中欧安全智能贸易航线试点计划”（简称“安智贸”）。“安智贸”项目自2007年11月19日在深圳启动至今运作顺利。截至今年6月30日，深圳海关接受“安智贸”项下货物出口申报270票，出口集装箱711标箱，使用电子封志161个，6家中方出口企业参与了“安智贸”项目。

为实现“安智贸”项目中欧AEO互认，中国海关吸收《全球贸易安全与便利标准框架》中AEO制度的有关内容，在原有部门规章基础上制定出新修订的《企业分类管理办法》（CACC），并在2008年4月1日起开始实施。新办法中的AA类企业相当于AEO，海关给予相应的通关便利措施。目前，中欧双方已将欧盟和中国的AEO制度进行比较，2010年前有望全面实施AEO互认。

无纸通关为企业有效降低贸易成本、提高企业的国际竞争力带来实际好处。今年，深圳海关积极稳妥推动通关无纸化改革试点。4月10日在大鹏海关正式启动试点工作，全面试行检验报关单批量放行、企业自存单证和事后交单等。目前，审批无纸通关试点企业共25家，其中AA类企业5家，A类企业18家，B类企业2家。已开展无纸通关业务的A类企业15家，B类企业2家。

截至6月17日，深圳海关使用H2000系统子系统无纸通关批量放行出口报关单1 079票，日平均验放无纸通关单证15份。出口企业普遍认为，企业通过系统能够全天候、全方位联网办理出口报关业务，并实时接收海关反馈信息，有效降低了企业的贸易成本，提升了产品的国际竞争力，通关效率也大幅提高，这些措施为企业开拓国际市场提供了极大的方便。（记者：李玫　通讯员：孙翔、王侥　实习生：王典）

（来源：深圳商报 http：//szsb. sznews. com/html/2008 – 07/25/content _ 272755. htm；2008年7月25日）

第三节　企业适用跨境快速通关方式的操作要点

一、跨境快速通关的流程

（一）跨境快速通关的整体流程（见图6－1）

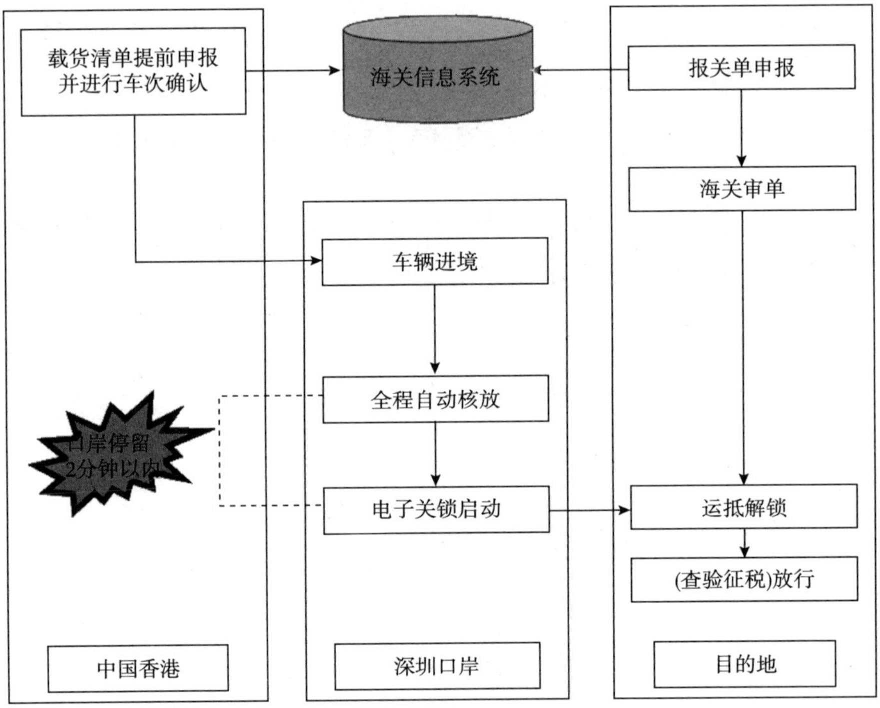

图6－1　跨境快速通关流程

（二）跨境快速通关的进口流程

载货清单申报→车次确认→口岸进境→主管地海关进场→货物通道验放（如图6－2所示）。

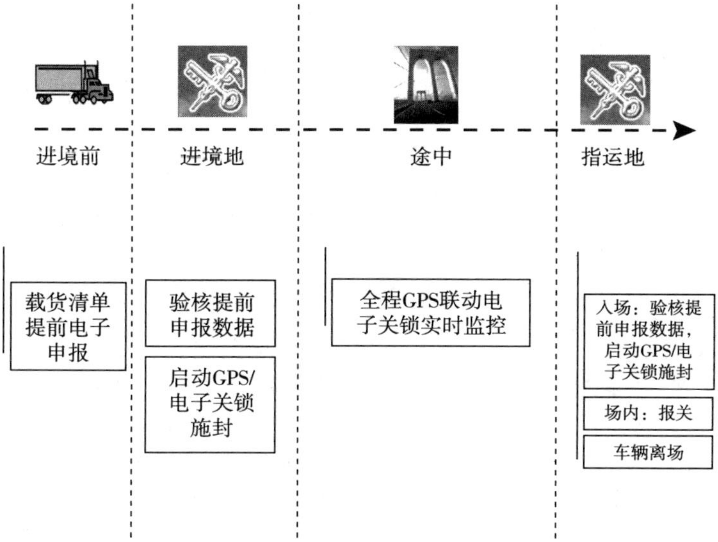

图6－2　整体通关流程演示——进口

（三）跨境快速通关的出口流程

载货清单申报→车次确认→主管地海关进场→货物通道验放→口岸出境（如图6－3所示）。

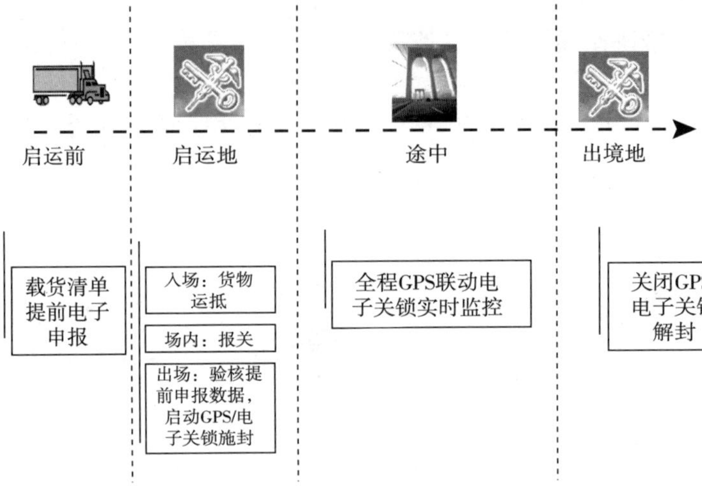

图6－3　整体通关流程演示——出口

（四）跨境快速通关流程（进口）提前报关方式（见图6－4）

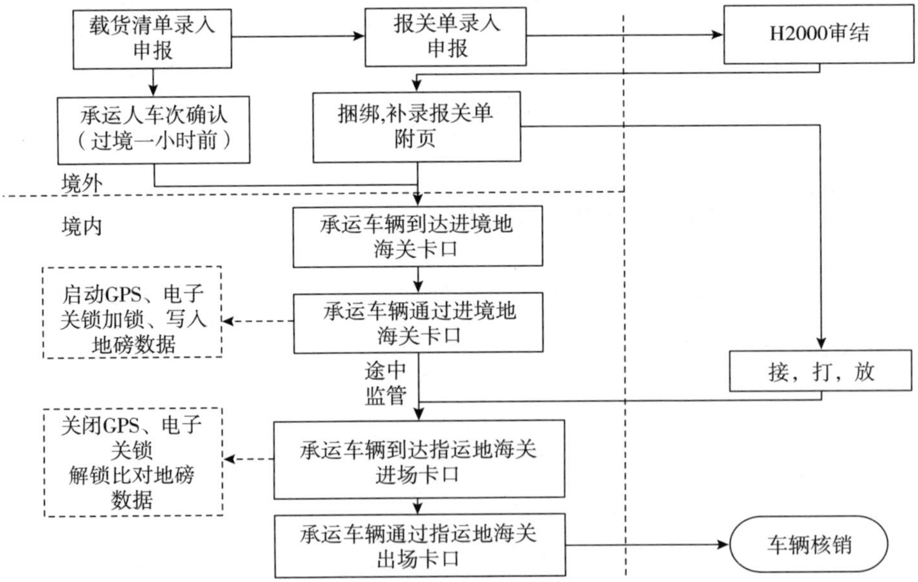

图6－4　跨境快速通关流程（进口）提前报关方式

（五）跨境快速通关流程（进口）直转方式（见图6-5）

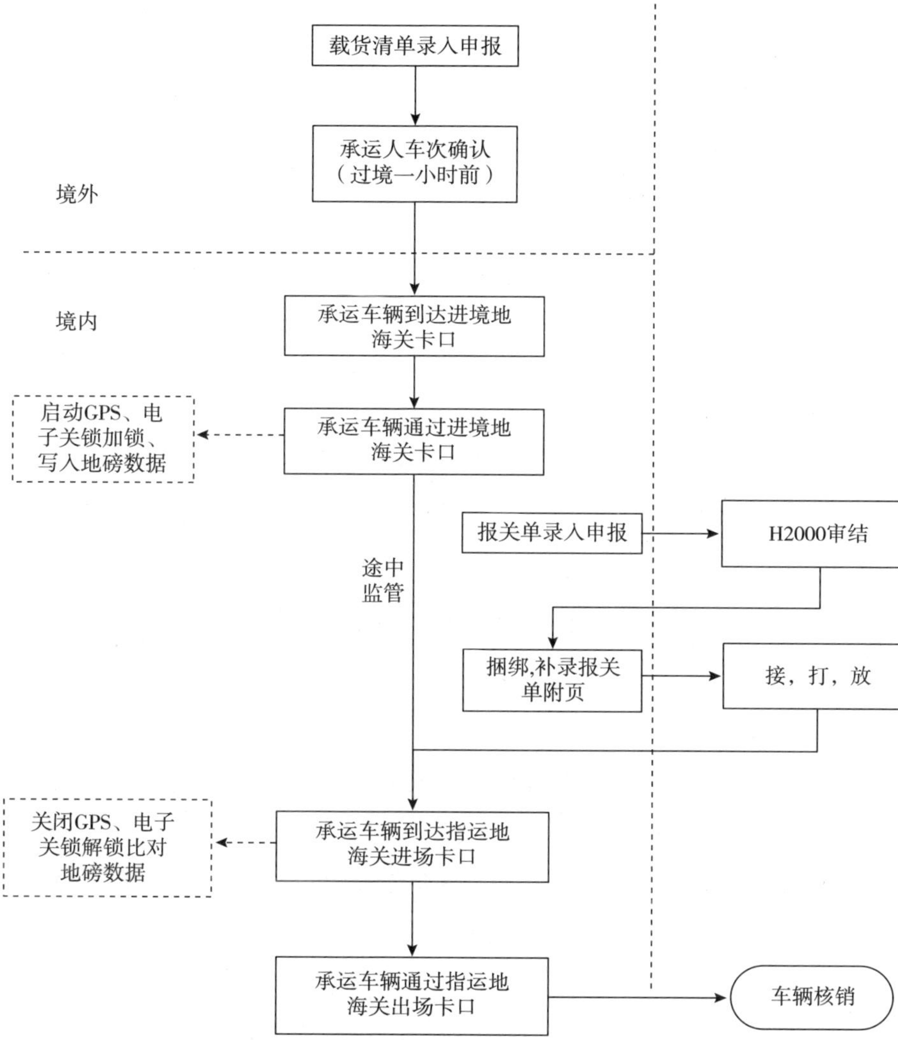

图6-5　跨境快速通关流程（进口）直转方式

（六）跨境快速通关流程（进口）（见图 6－6）

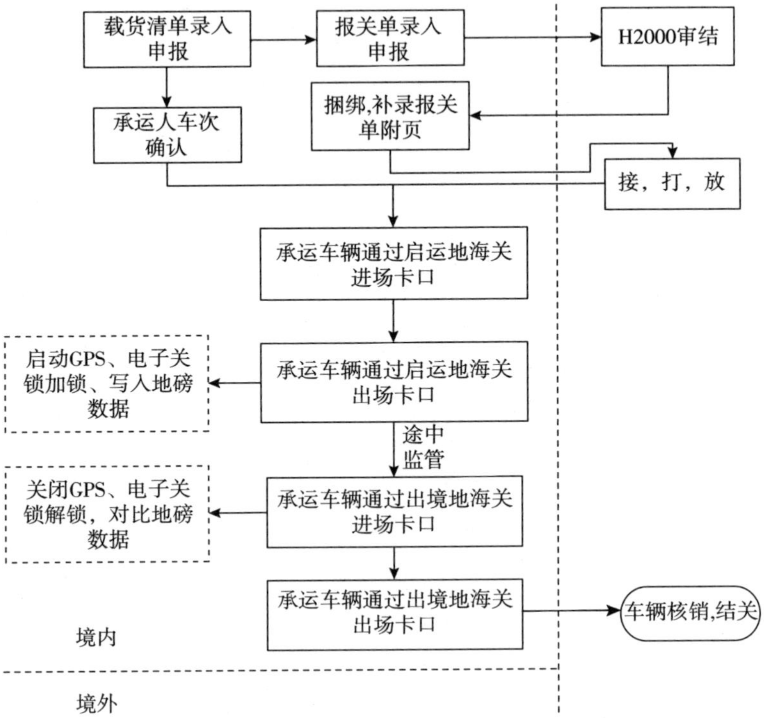

图 6－6　跨境快速通关流程（进口）

二、企业适用广东陆路口岸跨境快速通关方式的操作要点

（一）如何登录系统主界面

（1）企业操作员将 IC 卡插入连接在电脑上的读卡器中。

（2）在 Windows 桌面上点击“中国电子口岸通关系统（QuickPass）”快捷方式。

（3）在系统弹出的界面中（如图 6－7 所示），输入 IC 卡的密码，点击确认按钮。

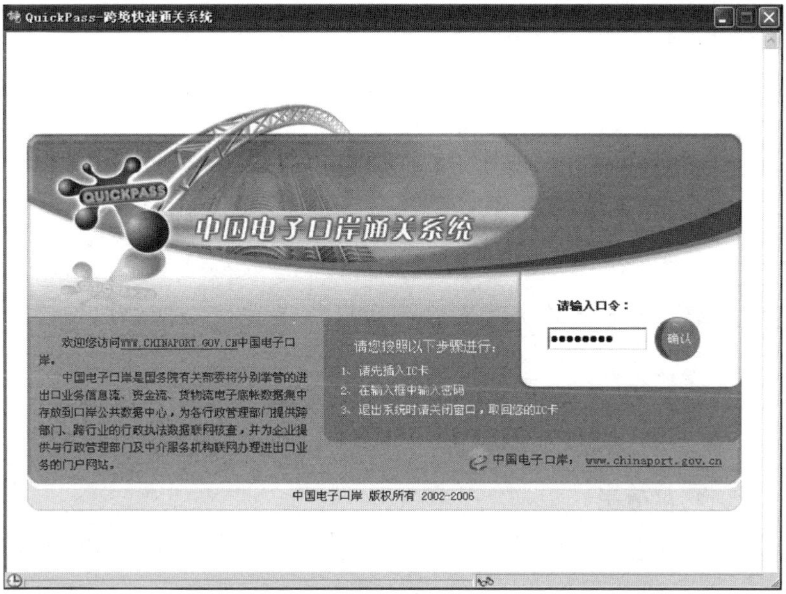

图 6－7

（4）系统弹出欢迎界面（如图 6－8 所示）

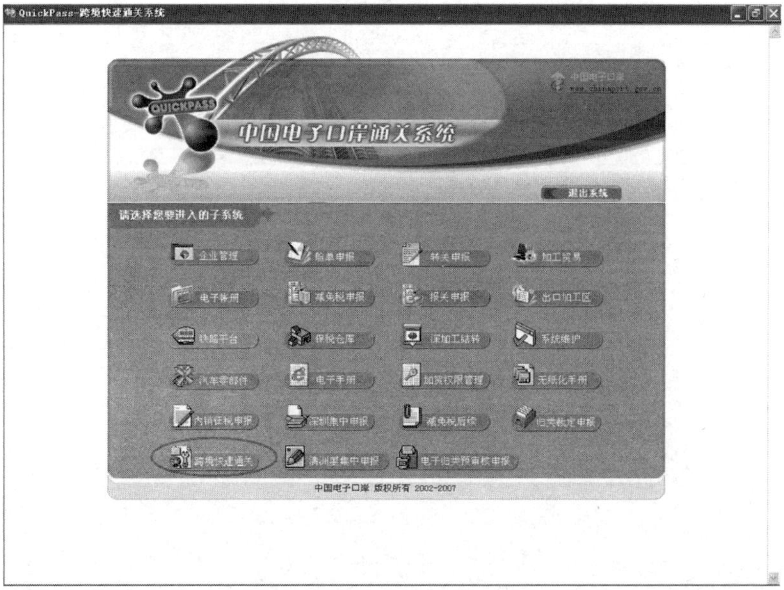

图 6－8

海关提醒 在整个使用过程中，IC卡都须插入读卡器中。本系统根据IC卡的信息进行操作员身份认证，并将经操作员处理的数据自动电子签名、加密。

（二）载货清单录入申报

海关提醒 企业操作员必须先到主管海关完成企业，以及企业运输工具、电子关锁备案后，方可进行载货清单录入申报操作。

1. 进口载货清单

企业用户点击“载货清单录入申报”菜单下“进口载货清单”，进入如下界面（如图6－9所示）。

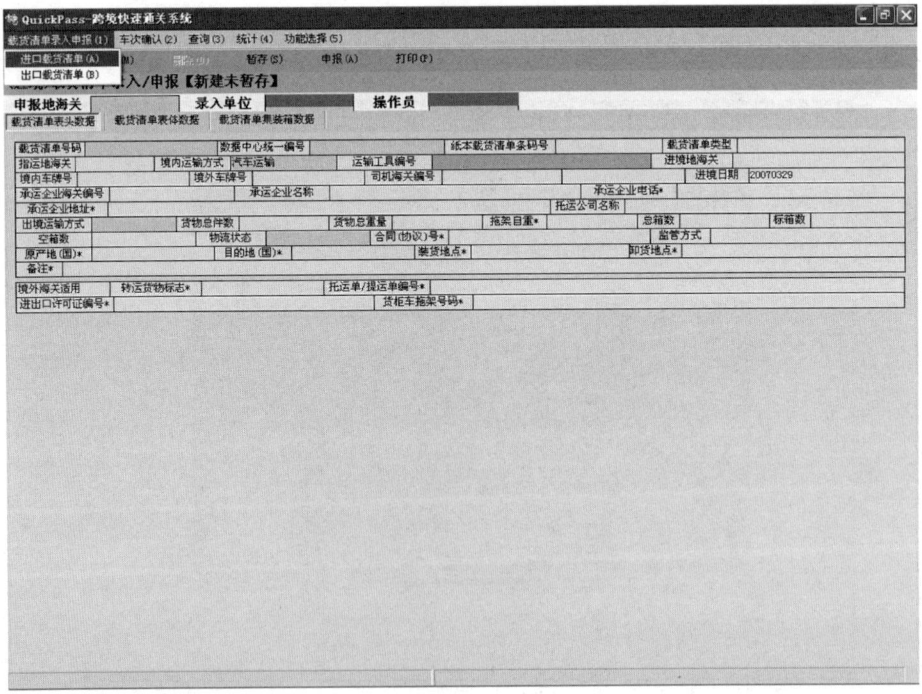

图6－9

（1）录入操作说明：

用户按照“载货清单填制规范”分别录入“载货清单表头数据”、“载货清单表体数据”、“载货清单集装箱数据”相应的信息后，点击“申报”按钮，完成载货清单申报操作。用户申报操作后，系统反馈“申报成功”提示信息。

海关提醒 第一，带 * 号栏目为选填项，不带 * 号栏目为必填项。

第二，用户录入“载货清单表体数据”和“载货清单集装箱数据”后，均必须在录完最后一个栏目后进行回车操作，这样才能在系统中增加一条记录并保存下来。

第三，用户如果在“载货清单类型”下拉菜单中选择“过境”，则用户必须录入“出境运输方式”栏目。

（2）系统功能按钮操作说明。

新增（N）：用户录完一票载货清单后，点击“新增”按钮，可以重新录入一票新的载货清单。

修改（M）：用户可以对单据状态为暂存成功、申报成功（申报失败）、审核通过（审核失败）、取消车次确认成功（取消车次确认失败）、进境或者运抵的载货清单进行修改操作。

删除（D）：用户可以对车辆进境/运抵前的所有载货清单进行删除操作。

暂存（S）：用户在进行载货清单录入操作时，可以随时点击“暂存”按钮，进行“暂存”操作，数据将保存在本机。

申报（A）：用户录入一票载货清单后，点击“申报”按钮，数据将通过电子口岸系统自动发送给海关系统进行审核处理。

打印（P）：用户可以对所有已通过海关审核的载货清单进行打印操作。

2. **出口载货清单**

企业用户点击“载货清单录入申报”菜单下“出口载货清单”，进入如图6－10所示界面：

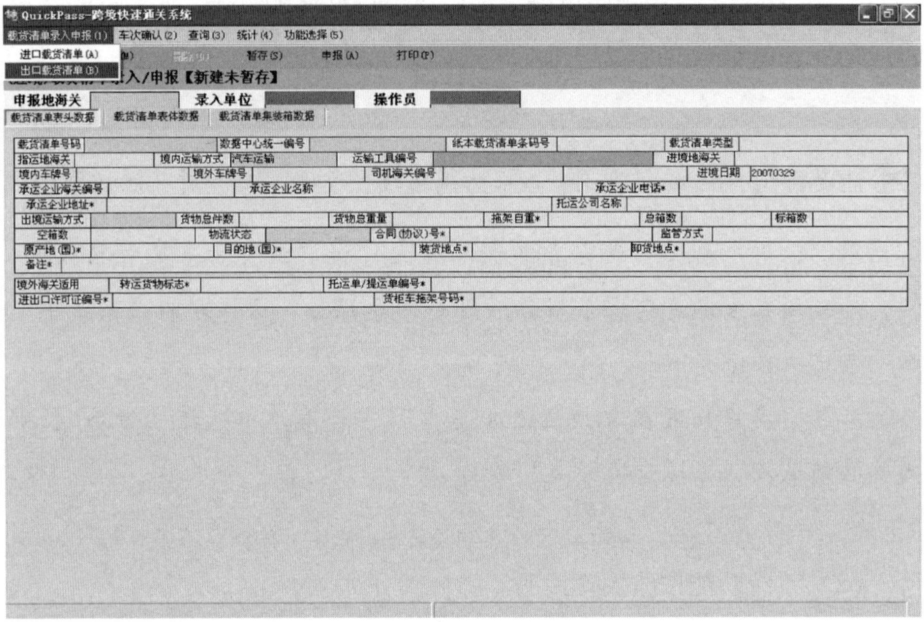

图6－10

（1）录入操作说明：

用户按照“载货清单填制规范”分别录入“载货清单表头数据”、“载货清单表体数据”、“载货清单集装箱数据”相应的信息后，点击“申报”按钮，完成载货清单申报操作。用户申报操作后，系统反馈“申报成功”提示信息。

海关提醒 第一，带＊号栏目为选填项，不带＊号栏目为必填项。

第二，用户录入“载货清单表体数据”和“载货清单集装箱数据”后，均必须在录完最后一个栏目后进行回车操作，这样才能在系统中增加一条记录并保存下来。

（2）系统功能按钮操作说明：

同“进口载货清单系统功能按钮操作说明”。

（三）车次确认

海关提醒 只有载货清单单据状态为“审核通过”，用户才可以进行车次确认操作。

1. 车次确认

企业用户点击“车次确认”菜单下“车次确认”，进入如图6－11所示界面：

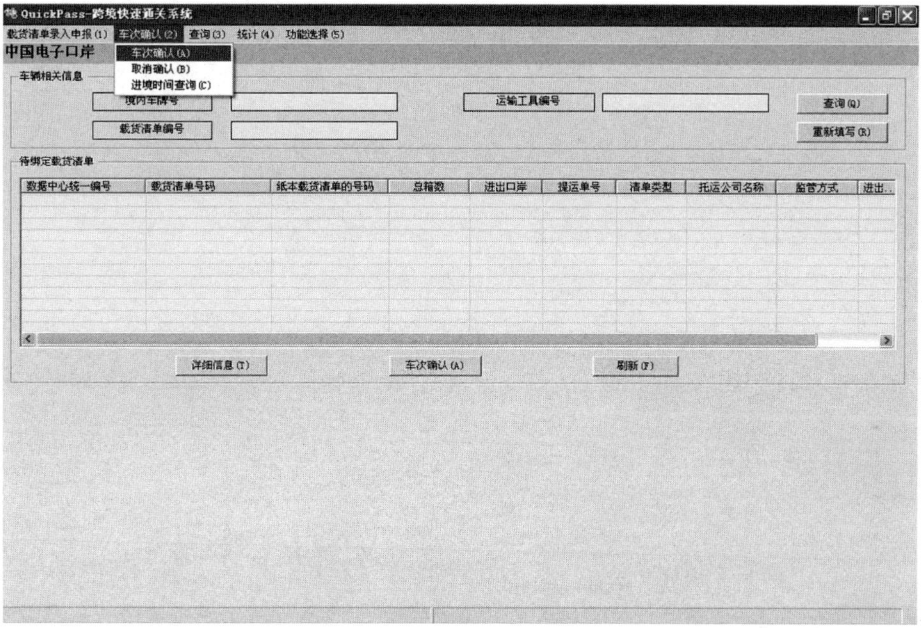

图6－11

（1）录入操作说明。

①用户选择录入任一查询条件：“境内车牌号”、“运输工具编号”、“载货清单编号”，点击“开始查询”按钮，系统查询到所有需要确认的

载货清单列表记录。

②用户在载货清单列表中选择一条记录，则查询条件中“境内车牌号”、“运输工具编号”、“载货清单编号”内容将自动返填回来，用户可以在载货清单栏目中进行修改，同时可以将该编号修改为18位或13位均可。

③用户对载货清单列表中记录内容确认后，点击“车次确认”按钮，完成车次确认操作（如图6-12所示）。

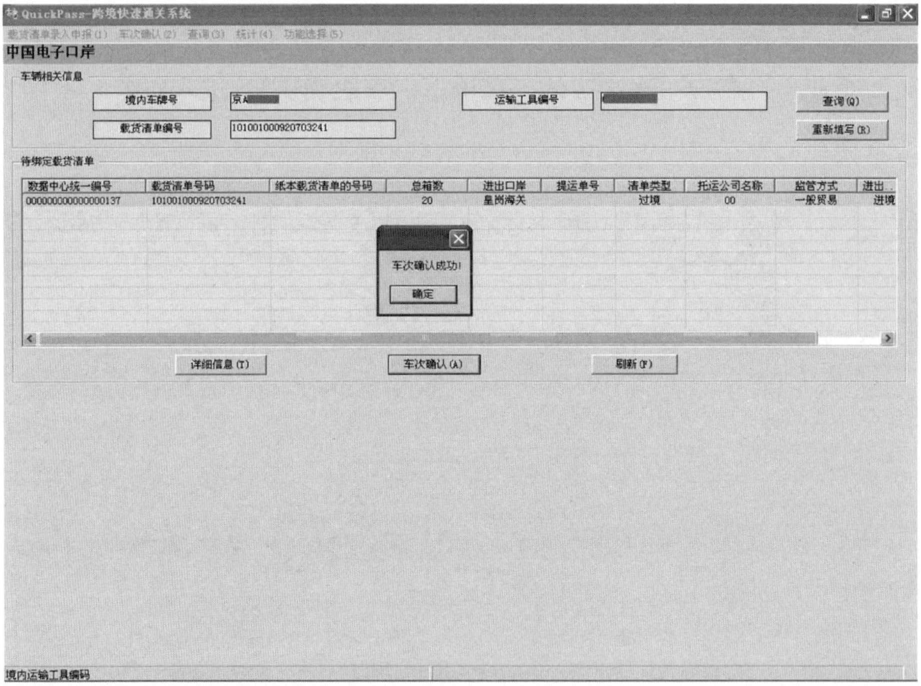

图6-12

（2）系统功能按钮操作说明。

重新填写（R）：用户点击该按钮，系统查询条件会自动清空，可以重新录入查询条件内容。

详细信息（T）：用户在查询结果列表中任意选择一条记录，点击“详细信息”按钮，查看已经申报的载货清单详细内容。

打印（P）：用户在查询结果中任意选择一条记录，点击“打印”按钮，可以将已经审核通过的载货清单打印输出。

刷新（F）：用户点击“刷新”按钮，查询结果列表内记录将更新最新的信息。

2. **取消确认**

重要提示：车辆确认成功后车辆没有进境/运抵前，用户均可以进行取消确认操作。

企业用户点击“车次确认”菜单下“取消确认”，进入如图 6－13 所示界面：

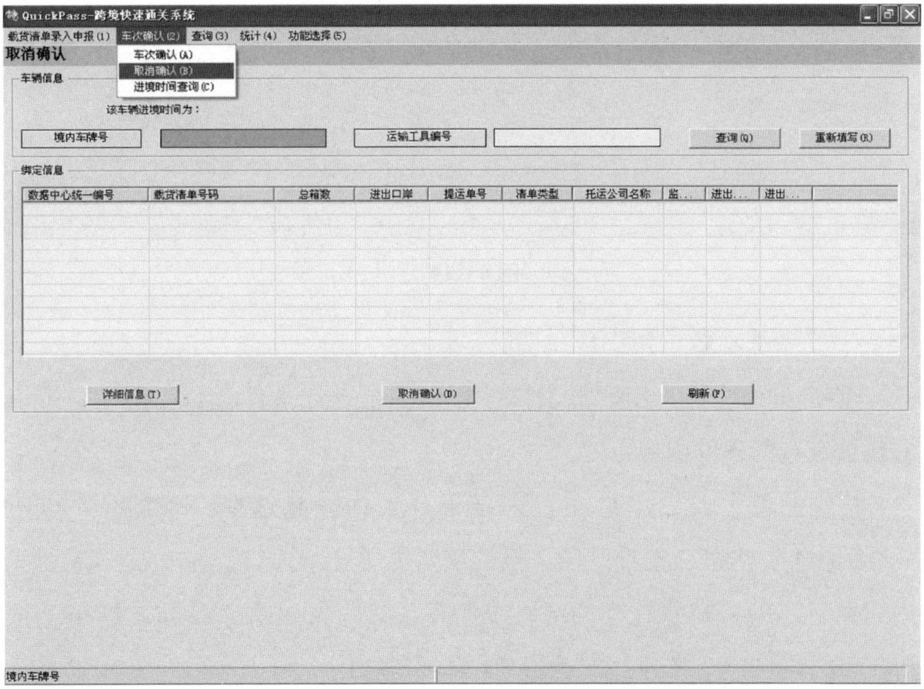

图 6－13

（1）录入操作说明：

用户选择录入任一查询条件：“境内车牌号”或“运输工具编号”，点击“开始查询”按钮，查询到需要进行取消车次确认的载货清单列表记录。选择其中任意一条记录，点击“取消确认”按钮，完成取消确认操作（见图6－14）。

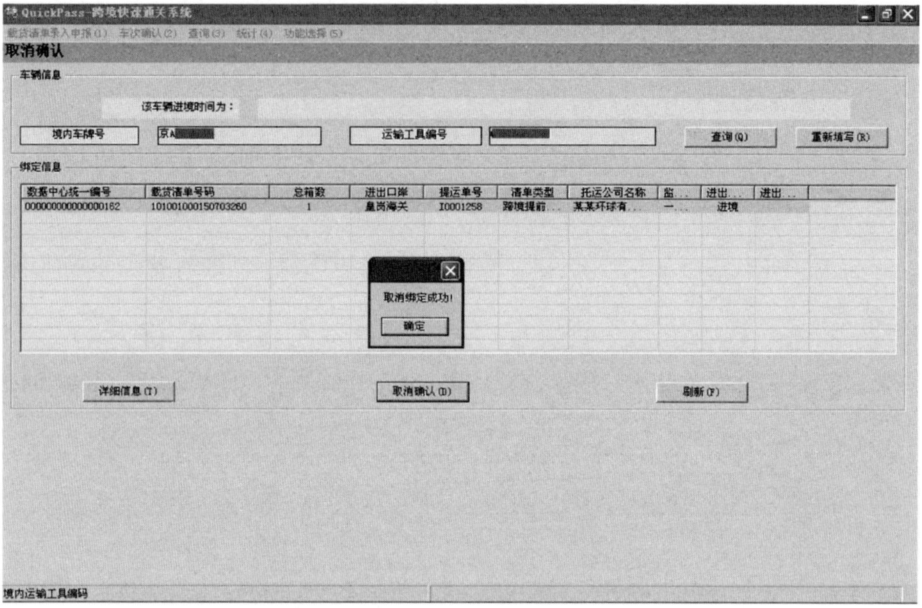

图6－14

（2）系统功能按钮操作说明：

重新填写（R）：用户点击该按钮，系统查询条件会自动清空，可以重新录入查询条件内容。

详细信息（T）：用户在查询结果列表中任意选择一条记录，点击“详细信息”按钮，查看已经申报的载货清单详细内容。

打印（P）：用户在查询结果中任意选择一条记录，点击“打印”按钮，可以将已经审核通过的载货清单打印输出。

刷新（F）：用户点击“刷新”按钮，查询结果列表内记录将更新最新的信息。

3. 进境时间查询

承运企业用户可以在车辆进境或运抵前通过“进境时间查询”功能

查询海关允许企业进境或运抵的时间。

用户点击“车次确认”菜单下“进境时间查询”，进入如图 6－15 所示界面：

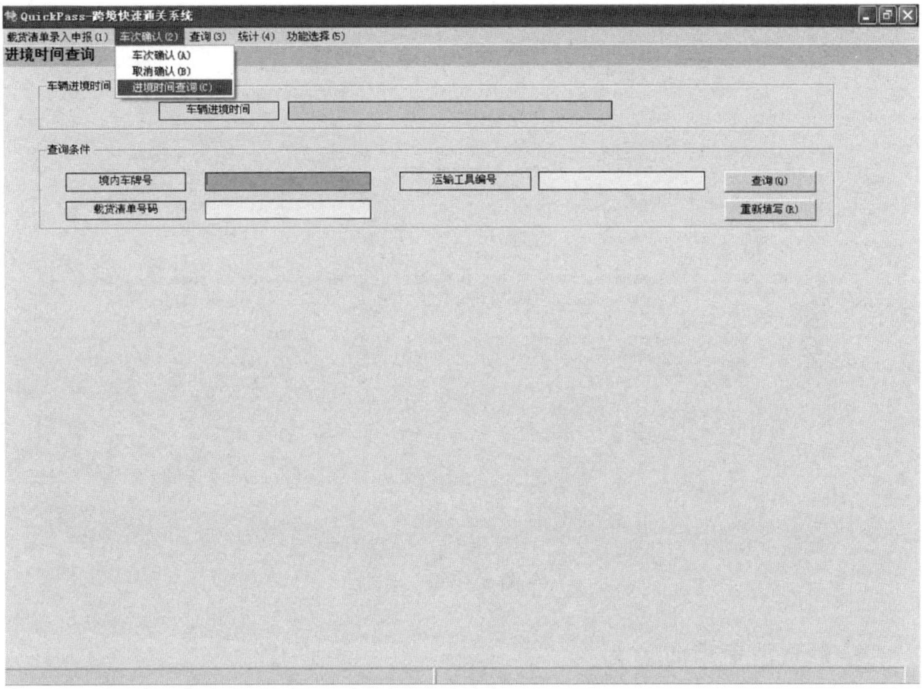

图 6－15

（1）录入操作说明：

用户选择录入任一查询条件：“境内车牌号”、“运输工具编号”、“载货清单编号”，点击“查询”按钮，海关允许承运企业“车辆进境时间”自动返填。

（2）系统功能按钮操作说明：

重新填写（R）：用户点击该按钮，系统查询条件会自动清空，用户可以重新录入查询条件内容。

（3）查询。

企业用户完成暂存、申报操作后，可通过“查询”功能查询该载货清单的申报内容以及载货清单申报的最新状态，如图 6－16 所示：

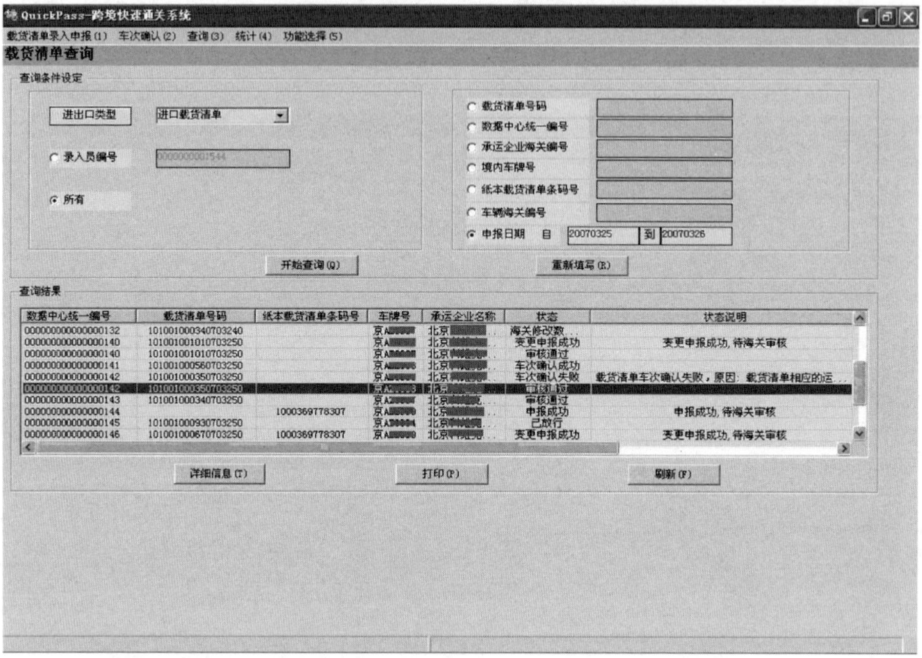

图 6－16

4. 载货清单查询

（1）录入操作说明：

企业用户通过选择查询条件进行查询。

①组合查询一：用户在“单证类型”中点击“空格”键在下拉菜单中选择一种单据类型，并选择“录入员编号”或“所有”，点击“开始查找”按钮进行查询，所有符合条件的查询结果列表均反馈在界面下方。

②组合查询二：用户在“单证类型”中点击空格键在下拉菜单中选择一种单据类型，并选择“录入员编号”或“所有”，同时在“载货清单号码”、“数据中心统一编号”、“承运企业海关编号”、“境内车牌号”、“纸本载货清单条码号”、“车辆海关号”、“申报日期”中选择一个进行组合查询。点击“开始查找”按钮进行查询，所有符合条件的查询结果列表均反馈在界面下方。

（2）系统功能按钮操作说明：

重新填写（R）：用户点击该按钮，系统查询条件会自动清空，可以重新录入查询条件内容。

详细信息（T）：用户在查询结果列表中任意选择一条记录，点击“详细信息”按钮，查看已经申报的载货清单详细内容。

打印（P）：用户在查询结果中任意选择一条记录，点击“打印”按钮，用户可以将已经审核通过的载货清单打印输出。

刷新（F）：用户点击“刷新”按钮，查询结果列表内记录将更新最新的信息。

5. 载货清单统计

用户可以通过该统计功能的不同统计条件统计出该企业录入员在一个时间段内申报进出口载货清单的数量（如图 6－17 所示）。

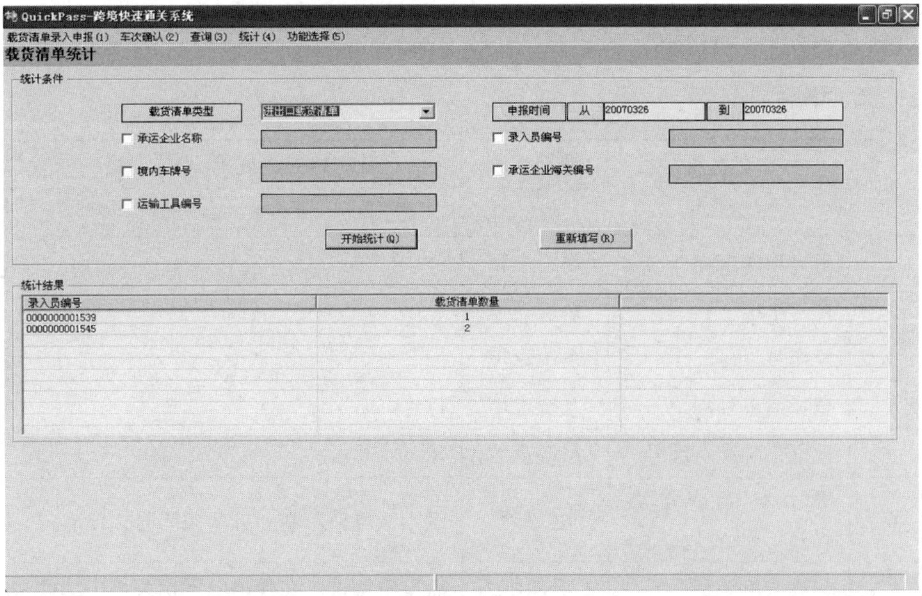

图 6－17

（1）录入操作说明：

企业用户通过选择统计条件进行统计。

①组合统计一：用户在“单证类型”中点击空格键在下拉菜单中选择一种单据类型，并录入相应的“申报时间”，点击“开始统计”按钮进行统计，所有符合条件的统计结果列表均反馈在界面下方。

②组合统计二：用户在“单证类型”中点击空格键在下拉菜单中选择一种单据类型，并录入相应的“申报时间”，点击“开始统计”按钮进行统计，所有符合条件的统计结果列表均反馈在界面下方，同时在“承运企业名称”、“录入员编号”、“境内车牌号”、“承运企业海关编号”、“运输工具编号”中选择一个进行组合统计。点击“开始统计”按钮进行查询，所有符合条件的统计结果列表均反馈在界面下方。

（2）系统功能按钮操作说明：

重新填写（R）：用户点击该按钮，系统统计条件会自动清空，可以重新录入统计条件内容。

6. 填制规范

序号	字段名称	是否必填	规范
载货清单表头数据			
1.	申报地海关	不可编辑	
2.	录入单位	系统返填	
3.	操作员	系统返填	
4.	载货清单号码	系统返填	18 位
5.	数据中心统一编号	系统返填	18 位
6.	纸本载货清单条码号	必填项	纸本载货清单右上方的条码号，13 位
7.	载货清单类型	必填项	点击空格键，在弹出的下拉菜单中选择
8.	指运地海关（进口）/起运地（出口）	必填项	货物报关地，过境时为出境地海关
9.	境内运输方式	不可编辑	系统默认为汽车运输

续表

序号	字段名称	是否必填	规范
10.	运输工具编号	必填项	在海关备案的10位运输工具编码
11.	进/出境地海关	必填项	进入或离开中国海关关境的口岸地海关的名称
12.	境内车牌号	返填项	录入境内运输工具编码后返填，允许编辑
13.	境外车牌号	返填项	录入境内运输工具编码后返填，允许编辑
14.	司机海关编号	必填项	在海关备案的10位编码
15.	司机姓名	必填项	运输工具的驾驶员姓名，允许编辑
16.	进/出境日期	必填项	预计进入/离开中国关境的日期。实际进境日期以海关审核“车次确认”通过后所给出的时间为准。例如：20070824
17.	承运企业海关编号	返填项	录入境内运输工具编码后返填，允许编辑
18.	承运企业名称	返填项	录入境内运输工具编码后返填，允许编辑
19.	承运企业电话	返填项	录入境内运输工具编码后返填，允许编辑，可空
20.	承运企业地址	返填项	录入境内运输工具编码后返填，允许编辑，可空
21.	托运公司名称	必填项	委托运输企业运送本批货物的企业名称
22.	出境运输方式	非必填项	填写载货清单类型为“过境”时，本字段允许编辑，点击空格键，在弹出的下拉菜单中选择
23.	货物总件数	必填项	有外包装货物的实际件数。特殊情况，如为托盘装入集装箱的，可填写托盘数；散装货物填写为1
24.	货物总重量	必填项	单位为公斤

续表

序号	字段名称	是否必填	规范
25.	托架自重	非必填项	单位为公斤
26.	总箱数	必填项	货柜箱总数，吨车（箱式货车）填1
27.	标箱数	必填项	装运货物的集装箱数折合成标准箱的数量
28.	空箱数量	必填项	未装载货物的空集装箱的数量
29.	物流状态	不可编辑	无须填写
30.	合同协议号	非必填项	填写进出口货物合同（协议）的全部字头和号码
31.	监管方式	必填项	海关对该批进出口货物进行监管的方式。点击空格键，在弹出的下拉菜单中选择，或者输入4位代码/汉字，回车即可。输入1~4位代码/一个以上的汉字（按名称的汉字顺序录入），亦可调出代码表，供用户选择
32.	原产地（国）	非必填项	货物的原产国别、地区。点击空格键，在弹出的下拉菜单中选择，或者输入3位代码/国别名称，回车即可
33.	目的地（国）	非必填项	货物将要运抵的目的地国别、地区的名称。点击空格键，在弹出的下拉菜单中选择，或者输入3位代码/国别名称，回车即可
34.	装货地点	非必填项	填写本车次装载货物的地点，如生产工厂、货物包装地、远洋海运转陆运的码头等，手工录入
35.	卸货地点	非必填项	填写本车次卸载货物的地点，如：工厂、陆运转海运码头等，手工录入
36.	备注	非必填项	填写需要向海关进一步说明的内容，手工录入

续表

序号	字段名称	是否必填	规范
境外海关适用			
37.	转运货物标志	非必填项	根据境外海关要求填写，点击空格键，在弹出的的下拉菜单中选择
38.	托运单/提运单编号	非必填项	指运输公司出具的托运单或者提运单的编号
39.	进出口许可证编号	非必填项	指境外进出口商在办理进出境手续时所应提交给海关的许可证的编号
40.	货柜车托架号码	非必填项	指运送货物的运输车辆的托架编号
载货清单表体数据			
41.	商品序号	系统返填	不可编辑
42.	商品编号	必填项	通常在下一个栏目“商品名称及规格”内先录入商品名称，调出商品归类表，并选择一项商品名称，则商品编号自动返填到本字段内；亦可手工录入
43.	商品名称及规格	必填项	
44.	包装方式	必填项	按实际外包装方式填写。点击空格键，在弹出的下拉菜单中选择；亦可输入1位代码，回车，则相应信息显示在该字段中
45.	件数	必填项	指货物的包装个数
46.	重量	必填项	指货物的重量，单位为公斤
47.	价格	非必填项	指进出口商品的总价
48.	币制	非必填项	指商品计价所使用的货币种类。点击空格键，在弹出的下拉菜单中选择
49.	付货人	必填项	将该批货物委托给承运企业的单位
50.	收货人	必填项	指该批货物的接收方
51.	唛头	非必填项	指货物包装上的运输标记
52.	唯一托运编码	非必填项	由承运企业给出的、具有唯一性的托运单编号

续表

序号	字段名称	是否必填	规范
53.	联合国危险品标识代码	非必填项	指联合国颁布的危险物品标识代码
54.	关于商品的自由文本	非必填项	
载货清单集装箱数据			
55.	集装箱号码	必填项	指标注在集装箱箱体上该箱的编号，吨车录入“#”＋“运输工具海关编号”，例如：#5103123456
56.	电子关锁号码	必填项	录入多把电子关锁时，中间用“｜”分隔。如果是空箱，关锁号可空
57.	集装箱类型	必填项	包括非冷藏柜、冷藏柜、空柜。点击空格键，在弹出的下拉菜单上选择，或者输入2位代码，回车即可。
58.	集装箱规格	必填项	指集装箱的大小。点击空格键，在弹出的下拉菜单上选择
59.	集装箱自重	非必填项	单位为公斤
60.	拆拼箱人	非必填项	
61.	备注	非必填项	

第四节　企业适用跨境快速通关方式的好处

一、跨境快速通关的特点

（1）无转关申报单；

（2）载货清单提前申报；

（3）卡口无异常自动通过；

（4）司机簿、载货清单不需盖章、批注。

二、业界效益

（1）跨境快速通关方式大大减少了车辆在口岸的滞留时间，口岸海关进出场通道卡口自动核放，无须办理人工手续。

根据相关统计，车辆滞留时间由原来的平均35分钟缩减至2分钟以内。同时，车辆在指运地海关的停留时间也相对缩短，主管海关进出场通道卡口自动核放，取消了司机簿和载货清单盖章手续，无须查验的车辆可以不停车直接通过卡口，节省通关时间。

（2）人工操作环节的减少使得通关时间趋于“可预测”，便于企业运输、生产计划安排。在传统模式下，值班关员、协勤武警人工验放一辆车要核对、录入单证和关锁条码等信息，环节复杂。

（3）电子关锁和GPS的使用有利于企业自身监控和车辆调度。运输公司通过使用电子关锁、GPS定位等功能，可对运输工具进行信息监控和跟踪管理。

（4）促进物流和区域经济的发展。实现卡口通道作业自动化后，车辆通过口岸海关及主管地海关的通关时间大幅度缩减，有效减少企业运输成本，提高通关效率，促进了物流业和多方经济的发展。

三、海关监管

（1）更加严密中途运输监管。通过车辆数据信息在各海关之间的交互传输，口岸海关和指运地海关的监管被有效结合起来，构建了区域范围内的中途监控信息网络，加大了对转关货物运输途中监管力度。

（2）减少人工操作环节，优化人力资源配置。旧的作业模式，关员、协勤武警进行手工作业验核传统的铅封关锁，工作量巨大。应用该系统后，人工操作环节及相对应的工作量减少，可将有限的资源配置到更需要的岗位。

（3）减少车辆在口岸滞留时间，减轻通关压力。卡口通道实现作业自动化，车辆通过车检场的通关时间从原来的平均35分钟缩减到2分钟，电子验放的速度比原来成倍提高，在实现快速高效通关的同时也带动了其他口岸部门，合理利用口岸资源，提升口岸通关能力。

（4）有利于整体提升广东海关通关效率和监管业务水平。利用现代科技手段，最大程度地排除人为因素和执法随意性，不仅有利于提高管理效率，解决了海关一线监管任务重、人力资源不足的问题，还从技术上实现了对权力运行的制约和监督，有效降低化解业务和廉政风险。

拓展阅读

通关只需2分钟粤港跨境快速通关试点成效初显

新华社广州12月9日电（记者王攀）眼下，运输车辆从香港到深圳皇岗口岸过境平均只需2分钟，而在应用粤港跨境快速通关系统之前，则需等待大约35分钟。

在深圳皇岗口岸，由于在出发前已将载货清单电子数据传输到海关进行申报，并装有电子车牌和电子关锁，来自香港的两地牌货柜车抵达皇岗停车后，通道上的设备对车牌进行识别，对关锁进行施封，随即提示无须查验便可直接放行，整个过程不到2分钟就可完成。

据海关总署广东分署业务处负责人王侃介绍，跨境快速通关实际上是“口岸自动核放”和“陆路快速通关”的“升级版”，通过电子车牌、电子关锁、GPS、电子地磅等监控设备，连接电子口岸、海关单证作业系统、卡口系统等多个信息系统，实现了跨境公路运输车辆在内地口岸海关全程自动核放，在内地指运地海关通道快速通过的目标。

跨境快速通关效率提高在哪里？王侃给记者算了一笔“时间”账：按照传统程序走的话，跨境车辆进入皇岗后办理进口货物转关手续，包括靠台停车、递交纸本清单申报、海关人工审核、盖章、核发关锁、收费、施封关锁等程序，平均要花上35分钟，遇上高峰期，排队的时间就更难以预计。

据介绍，跨境快速通关试点从2007年8月启动至今，广东省内海关已分别开通皇岗口岸至广州机场、广州联邦快递亚太转运中心等14条线路试点运作。2010年1至10月，省内海关共验放跨境快速通关车辆近3万辆次，同比增长76.8%。

目前，联邦快递、50S、顺丰等大型快递公司均已使用该快速通关模式。

（来源：新华社中央政府门户网站 www. gov. cn；2010年12月9日）

第五节　企业适用跨境快速通关方式的注意事项和常见问题

一、注意事项

（1）选择“跨境快速通关”方式的承运人或其代理人应当在车辆进境前或出口货物报关单申报前，向进境地海关或者起运地海关申报载货清单电子数据，并在车辆抵达进境地或起运地海关监管场所 1 小时前在电脑中进行车次确认操作。对未按时限要求提前办理车次确认的车辆，海关进行滞后处理。

（2）已作车次确认的车辆抵达进境地或起运地海关监管场所前，承运人或其代理人如对载货清单进行修改，必须重新办理车次确认。

（3）载货清单电子数据申报之日起超过 5 日，该载货清单所对应的货物未运抵进境地或起运地海关监管场所办理手续的，载货清单电子数据将被自动撤销。

（4）除海关特准外，海关在接受承运人或其代理人申报的载货清单电子数据后，方可接受相应的货物报关单申报。

（5）进出口货物运抵进境地或出口起运地海关监管场所前，海关尚未受理审核相对应的进出口货物报关单的，承运人或其代理人可自行修改或者撤销载货清单电子数据。进出口货物运抵进境地或出口起运地海关监管场所前，海关已受理并审核通过了相对应的进出口货物报关单的，经承运人或其代理人书面向海关申请，海关同意后，承运人或其代理人可修改载货清单电子数据。

（6）货物已运抵进境地或起运地海关监管场所，或海关已经办理了相对应的进出口货物报关单接单手续的，承运人或其代理人如需修改纸质载货清单，应向海关提出书面申请，经海关审核同意后方可修改：

车辆承运进口货物时，在车辆离开进境地海关前，向进境地海关申请；离开进境地海关后，向指运地海关申请。车辆承运出口货物时，向起运地海关申请。车辆承运过境货物时，向进境地海关申请。

（7）进口货物进境后、运抵指运地海关监管场所前，出口货物车辆启运后、运抵出境地海关监管场所前，承运人或其代理人如确需作废纸质载货清单的，应向海关提出书面申请，经海关审核同意后，方可作废。如对应货物已办理报关手续，须撤销对应的出口货物报关单后，方可办理纸质载货清单的作废手续。其中，承运进口或过境货物时向进境地海关申请，承运出口货物时向起运地海关申请。货物运抵指运地或出境地海关监管场所后，海关不接受承运人或其代理人作废纸质载货清单的申请。

（8）跨境提前报关、跨境直转方式下，海关对含有《中华人民共和国海关关于转关货物监管办法》（海关总署令第 89 号）附件《限制转关物品清单》所列物品的载货清单不接受申报；过境方式下，海关对含有禁止过境货物的载货清单不接受申报。

（9）“跨境快速通关”方式下，来往内地与香港的货运车辆使用的纸本载货清单为“内地海关及香港海关陆路进/出境载货清单”。纸本载货清单内容可以打印，也可以手工填写，应与申报的载货清单电子数据完全一致。

（10）对同一车次载运多个集装箱或使用多把电子关锁的，所施封的全部关锁号应在载货清单上列明。

二、常见问题

Q：对企业而言，“跨境快速通关”较“转关提前报关”有什么不同？优势在哪里？

A：对企业而言，节省了通关时间。采用“转关提前报关”模式，需要做报关单和载货清单的捆绑，两地海关需要在司机本上盖章。选择“跨境快速通关”模式的车辆通过海关监管场所卡口通道时，卡口系统自动核放，关员无须在相关纸质单证上批注、盖章。车辆经过口岸海关和指运地海关时，无须停车、无须人工施封锁及盖章，可提高效率。

Q：如何办理备案手续？（深圳正在核实）

A：在使用“跨境快速通关”模式前，运输企业及车辆均需要在海关系统中完成备案。具体来说，来往香港和内地的运输企业和车辆需要在注册地深圳梅林海关进行备案。

Q：车次确认是否在EDI平台进行操作？

A：使用“跨境快速通关”模式的单证，由运输企业在QP系统的“跨境快速通关”模块的“车次确认”菜单下进行车次确认及反确认操作，不需在EDI平台进行车次确认。

Q：车次确认后如何修改？（深圳正在核实）

A：对于已经完成车次确认，但还未通过卡口的车辆，企业可通过系统提供的“取消车次确认”功能进行反确认；对于已经递交报关单的，则不能进行“取消车次确认”的操作。

Q：出口车辆进入主管地海关车检场后提示放行的是否需要办理施封及盖章手续？

A：出口车辆进入主管地海关车检场后，系统会自动判断选查结果，司机跟进入场通道电子显示屏的提示操作即可，提示车辆“离场通道放行”的，可直接驾驶车辆到出场通道验封离场，无须停车办理申领普通关锁、盖章等手续。

Q：进口车辆进入口岸海关如何操作？

A：进口车辆进入口岸海关前，应提前将预录入的电子关锁锁在车辆指定的施封位置，车辆到达口岸海关后直接走“E通道”，根据通道提示操作即可，如起杆放行的，可直接驾车到离场通道，不用再去施封台办理领取关锁手续。

拓展阅读

让通关更便捷　让企业得实惠

南昌开通“香港直通车”业务，“直接转关”降低物流费用及通关成本

6月4日，南昌出口加工区卡口一辆挂着粤港两地牌照的海关监管车缓缓驶出园区，载着满满一车的电脑配件发往香港，正式拉开了南昌开通“香港直通车”出口的序幕。

“开通‘香港直通车’，像我们这些外企的出口通道更加快捷了。”作为这批出口货物的货主，南昌出口加工区重点企业富港电子有限公司关务经理施宏霞兴奋地告诉记者，“快速、省钱、简化，是‘香港直通车’的直观体现。”

简短的“三个词”，包含着内地海关与香港海关、内陆海关与口岸海关在外贸进出口大通关理念、货物监管模式、业务办理流程、智能化监管手段等一系列的海关业务改革，而改革的最终目标就是：让通关更便捷，让企业得实惠。

直通车可直接往来内地香港

南昌海关的一位工作人员告诉记者，“香港直通车”一般指拥有内地、香港两地车牌，可以直接往来内地、香港两地的车辆。随着区域经济、进出口物流的迅猛发展，以及内地与香港两地联系的日益紧密，海关面临的任务更重、难度更大、要求更高。

为适应区域经济发展要求，进一步提高来往广东与香港之间公路车辆的通关效率，简化海关手续，早在2007年，海关总署在区域通关改革取得成功的基础上，决定整合卫星定位管理设备、电子封志等监控手段，结合“载货清单”电子化和前期已经取得的陆路通关改革成果，开发了“跨境快速通关系统”，在兼顾海关监管要求的基础上，实现来往粤港公

路运输车辆在进出关境口岸的自动快速核放。

随后，广东地区海关率先开始试点“粤港直通”模式，试点情况较理想，跨境运输车辆过关时间由原来的约45分钟，大幅缩减至1到2分钟，大大加快了粤港两地货物的流通速度。

手续简化通关更便捷

作为“粤港直通”模式的延伸，本次南昌海关高新办在南昌出口加工区力推开通“香港直通车”业务，是适应南昌外贸发展、优化外贸发展环境的客观需求。海关人员结合现行与传统两种转关运输模式的对比，向记者介绍了“香港直通车”新模式的优势：手续简化，通关更便捷。

根据传统转关模式，由南昌出口加工区走公路运输出口到香港的货物，首先要由南昌转关致深圳梅林海关华南物流园，在华南物流园进行验货驳货，接驳车一般为香港直通车，接驳后通过深圳离境口岸海关（如深圳皇岗海关等）监管后出口到香港。此类模式，出口货物先后要经过深圳梅林海关、皇岗海关的监管，且在梅林华南物流园货物分拨、接驳造成时间较长、费用增加等不利因素。

而“香港直通车”模式，则是由南昌出口加工区公路转关出口的货物装车后直接到深圳最终离境口岸，经过离境口岸海关监管后出口到香港。

两种模式比较，“香港直通车”模式节省了中间环节——深圳华南物流园的海关监管及相关手续办理。直通车准点送达，无疑给企业吃了一颗“定心丸”。

通关成本降至低点

据介绍，“香港直通车”业务类似于进出口货物的“直接转关”，因其节省了中间监管环节，对出口企业而言，整个物流环节费用支出及通关成本都有较明显的下降。原本走航空渠道的出口货物，开始纷纷考虑走“香港直通车”。

“直通车运输更实惠，而且快速便捷。”同是南昌出口加工区企业的绿扬光电公司关务小谈告诉记者，因出口货物受交货时间紧影响，原来公司一直采用航空运输，现在他们开始考虑走“香港直通车”了。

通关速度大大加快

绿杨光电有限公司负责人告诉记者，作为南昌开通“香港直通车”首单享受“进口”受益的公司，他们在5月31日进口的一批总价43.3万美元的原材料，从香港装车进境，深圳皇岗海关验放，最终到达南昌出口加工区仅用时15个小时，比过去节省约一半时间。

时间就是金钱，南昌海关此举将广泛惠及我市外贸企业。记者了解到，在试运行顺利后，我省将根据辖区业务需要全面推广“香港直通车”。（记者：邓小飞、曲倩影）

（来源：南昌日报 http：//www.ncrbw.cn/html/2012－06/06/content_67501.htm？div＝－1；2012年6月6日）

附录：中国海关监管通关业务改革新动态

为更好地落实党的群众路线教育实践活动，海关总署监管司紧密结合工作实际，深入一线，积极推动制度创新、观念创新、办法创新，以更好地促进贸易便利化、服务企业、推动进出口稳定发展。2013 年 8 月、9 月期间，海关总署监管司已在全国多个海关举行"'关企零距离'——监管司落实群众路线教育实践活动恳谈会"（以下简称"恳谈会"），一方面向企业宣讲海关促进贸易便利化、优化监管通关服务的重要措施，一方面听取企业在通关过程中的需求、意见和建议。同时，还向在座的企业赠送了"关务通·监管通关系列"丛书，从而使企业全面、深入地了解海关监管通关业务体系，高效通关。

以下内容，即为海关总署监管司在"恳谈会"上向企业宣讲的中国海关监管通关业务改革的最新内容。因在宣讲中引起了企业的高度关注和极大期待，本书特别进行了收录，以使企业能更全面、详细地了解改革的最新动态，做好享受改革成果的准备，从而快速通关，创造更多的利润。

一、关于通关作业无纸化改革

通关作业无纸化改革是在进一步强化风险管理运行机制和企业守法管理的基础上，加快推进随附单证电子化，完善通关作业无纸化模式与通关流程，逐步推进单证审核依据由纸质单证为主向电子数据为主的转变，不断完善通关各环节业务制度，改进海关监管与服务，有效防范执法、廉政、管理风险，努力实现有效监管和高效运作的有机统一，推进适应科学发展要求的现代化海关建设的一项重要举措。

据统计，2013 年 1 月至 8 月，全国海关办理无纸通关报关单占同期报关单总数的 37.44%。其中 8 月份单月达到 56.57%，单月无纸通关报关单数占同期报关单总数突破 50%。

深化通关作业无纸化改革成效显著，不但通关作业无纸化报关单占比大幅增长，通关效率也大幅提高。据统计，2013 年 1 月至 8 月，全国出口通关无纸化报关单平均通关时间为 0.21 小时，较改革前缩短了 1.69 小时，降低了 88.95%，99.28% 的货物实现 24 小时放行；进口通关无纸化报关单平均通关时间为 3.03 小时，较改革前缩短了 26.7 小时，降低了 89.81%，96.35% 的货物实现 24 小时放行。

近期，海关总署监管司积极采取措施进一步加大通关作业无纸化改革推进力度，下发了专门通知，要求全国海关进一步提高思想认识，加大改革推进力度，落实深化通关作业无纸化改革工作的各项安排，加快推进改革进程。监管司同时结合群众路线教育实践活动，组织开展通关作业无纸化改革专题调研，深入通关作业无纸化改革一线，了解现场海关在改革过程中的想法和建议，帮助他们解决相关业务问题，召开企业座谈会，听取企业对改革的意见并及时改进。

二、关于深化区域通关改革

为深化区域通关改革，实现在更高层次上整合区域海关管理资源，简化海关作业环节，建立区域海关分工协作、错位监管、良性互动、协同配合的区域通关新格局，海关总署顺应广大进出口企业和社会各界的呼声，将进一步推进区域通关改革。目前，有关实施方案正在研究拟定之中。根据方案，拟拓展“属地申报，口岸验放”模式功能，进一步便利高资信企业的低风险货物通关，对 AA 类企业无需查验的低风险货物实行属地申报，属地放行，进一步整合属地与口岸海关监管资源，减少口岸通关压力；逐步降低“属地申报，口岸验放”的企业准入门槛，在2012年放开120 000家B类生产型企业出口货物“属地申报，口岸验放”的基础上，2013年扩大到进口货物，2014年择机扩大到所有B类生产型企业的进出口货物，以进一步减少口岸海关通关压力；进一步强化转关规定，严格执行应转尽转要求，推进“转关运输无纸化”改革；进一步简化转关手续，逐步取消海关纸质关封及转关纸质单证的签章操作，实现转关申报、放行、核销所有作业环节的无纸化。同时，应用物联网技术，进一步强化转关途中监管，实现转关监管全程电子化；进一步完善跨境快速通关模式，在启用公路舱单的基础上，将试点范围逐步扩大至内澳、中俄、中蒙、中哈、中越等公路边境口岸的货运车辆。

区域通关业务改革将分阶段实施。启动实施的具体时间安排将另行公告。

三、关于关检合作“三个一”

推进关检合作“三个一”试点工作，是海关和检验检疫部门为贯彻落实中央关于“改进海关、质检等方面的监管和服务”的指示精神，进一步加强关检协作配合、构建和谐口岸、简化通关程序、提高通关效率、降低通关成本、促进外贸稳定增长的具体举措。开展“三个一”试点，即关检双方实施“一次申报（一次录入、分别申报）、一次查验（一次开箱，关检依法查验/检验检疫）、一次放行（关检联网核放）”。为进一步促进口岸通关便利，广州海关与广东出入境检验检疫局于2012年5月24日在广州南沙港启动了关检合作“三个一”试点，海关总署和质检总局随后又于2012年9月份将改革试点扩大至广东省范围内的海关和检验检疫部门。作为第一批启动试点的广州海关，该关现已将试点推广到关区全部31个海运和空运作业点，适用于进口环节除固体废物外的所有商品，涉及企业1 421家。

“三个一”试点启动以来，各试点海关依据现行的法律法规，广泛听取外界意见和建议，从实际出发，结合地方政府、企业需求，大胆创新，以提高服务效率为核心，积极探索试点工作的新内容、新方式。试点企业均表示实施关检合作“三个一”试点后，通过对原有的报关、报检数据项进行整合，关检申报数据项从原来的169项合并为92项，且不需再通过两个界面录入，为企业节省了录入打单时间。部分企业反映申报环节时间可节省约25%，查验环节时间及费用均可节省近半。试点工作在提高通关效率、降低通关成本、提高口岸通关服务整体效能等方面取得了初步实效，得到了参与试点企业的广泛认同，也得到了地方党委政府的高度重视和充分肯定，并在全国形成了良好效应。

为进一步扩大试点成效，深入贯彻落实国务院常务会议精神和国务院领导同志指示要求，满足进出口企业提高通关效率的要求，2013年7月24日，我署与质检总局联合下发了《关于进一步扩大关检合作“三个一”试点工作的通知》，在前期广东地区试点的基础上，将范围扩大到天津、上海、福建、黑龙江、吉林、辽宁、内蒙古等7个省区市的直属海关和直属检验检疫局。

海关总署监管司

2013年9月26日

书目介绍

乐贸系列

外贸操作实务子系列

书名	作者	定价	书号	出版时间
1. 出口营销实战(第三版)	黄泰山	45.00 元	978-7-80165-932-3	2013 年 1 月第 3 版
2. 外贸实务疑难解惑 220 例	张浩清	38.00 元	978-7-80165-853-1	2012 年 1 月第 1 版
3. 外贸高手客户成交技巧	毅　冰	35.00 元	978-7-80165-841-8	2012 年 1 月第 1 版
4. 外贸纠纷处理实务——案例与技巧	熊志坚	35.00 元	978-7-80165-789-3	2011 年 1 月第 1 版
5. 报检七日通	徐荣才　朱瑾瑜	22.00 元	978-7-80165-715-2	2010 年 8 月第 1 版
6. 实用外贸技巧助你轻松拿订单	王陶(波锅涅)	25.00 元	978-7-80165-724-4	2010 年 4 月第 1 版
7. 外贸业务经理人手册(第 2 版)	陈文培	39.00 元	978-7-80165-671-1	2010 年 1 月第 1 版
8. 外贸实用工具手册	本书编委会	32.00 元	978-7-80165-558-5	2009 年 1 月第 1 版
9. 外贸实务经验分享 33 例	沱沱网中文站	28.00 元	978-7-80165-560-8	2009 年 1 月第 1 版
10. 外贸实务案例精华 80 篇	刘德标 吴珊红	29.80 元	978-7-80165-561-5	2009 年 1 月第 1 版
11. 外贸七日通(最新修订版)	黄海涛(深海鱿鱼)	22.00 元	978-7-80165-397-0	2008 年 8 月第 3 版
12. 金牌外贸业务员找客户——17 种方法·案例·评析	陈念祥 张思羽	35.00 元	978-7-80165-543-1	2008 年 8 月第 2 版
13. 出口营销策略(《出口营销实战》升级版)	黄泰山　冯斌	35.00 元	978-7-80165-459-5	2008 年 5 月第 1 版

出口风险管理子系列

书名	作者	定价	书号	出版时间
1. 轻松应对出口法律风险	韩宝庆	39.80 元	978-7-80165-822-7	2011 年 9 月第 1 版
2. 出口风险管理实务(第二版)	冯　斌	48.00 元	978-7-80165-725-1	2010 年 4 月第 2 版
3. 50 种出口风险防范	王新华　陈丹凤	35.00 元	978-7-80165-647-6	2009 年 8 月第 1 版

外贸单证操作子系列

书名	作者	定价	书号	出版时间
1. 跟单信用证一本通	何源	35.00 元	978-7-80165-849-4	2012 年 1 月第 1 版
2. 信用证审单有问有答 280 例	李一平　徐珺	37.00 元	978-7-80165-761-9	2010 年 8 月第 1 版
3. 外贸单证经理的成长日记	曹顺祥	38.00 元	978-7-80165-716-9	2010 年 3 月第 1 版
4. 外贸单证解惑 280 例	龚玉和　齐朝阳	38.00 元	978-7-80165-638-4	2009 年 7 月第 1 版
5. 跟单高手教你做跟单	汪　德	32.00 元	978-7-80165-623-0	2009 年 4 月第 1 版

福步外贸高手子系列

1. 巧用外贸邮件拿订单	刘　裕	45.00 元	978-7-80165-966-8	2013 年 8 月第 1 版
2. 小小开发信　订单滚滚来——外贸开发信写作技巧及实用案例分析	薄如骢	26.00 元	978-7-80165-551-6	2008 年 8 月第 1 版
3. 外贸技巧与邮件实战	刘　云	28.00 元	978-7-80165-536-3	2008 年 7 月第 1 版

国际物流操作子系列

货代高手教你做货代——优秀货代笔记	何银星	25.00 元	978-7-80165-696-4	2010 年 1 月第 1 版

通关实务子系列

1. 外贸企业轻松应对海关估价	熊　斌　赖　芸　王卫宁	35.00 元	978-7-80165-895-1	2012 年 9 月第 1 版
2. 报关实务一本通(第 2 版)	苏州工业园区海关	35.00 元	978-7-80165-889-0	2012 年 8 月第 2 版

彻底搞懂子系列

1. 彻底搞懂信用证(第二版)	王腾　曹红波	35.00 元	978-7-80165-840-1	2011 年 11 月第 2 版
2. 彻底搞懂中国自由贸易区优惠	刘德标　祖月	34.00 元	978-7-80165-762-6	2010 年 8 月第 1 版
3. 彻底搞懂提单	张敏　赵通	29.80 元	978-7-80165-602-5	2009 年 6 月第 1 版
4. 彻底搞懂关税	孙金彦	29.00 元	978-7-80165-618-6	2009 年 6 月第 1 版

外贸英语实战子系列

1. 十天搞定外贸函电	毅　冰	38.00 元	978-7-80165-898-2	2012 年 10 月第 1 版
2. 外贸高手的口语秘籍	李　凤	35.00 元	978-7-80165-838-8	2012 年 2 月第 1 版
3. 外贸英语函电实战	梁金水	25.00 元	978-7-80165-705-3	2010 年 1 月第 1 版
4. 外贸英语口语一本通	刘新法	29.00 元	978-7-80165-537-0	2008 年 8 月第 1 版

外贸谈判子系列

1. 外贸英语谈判实战	王慧　吴旻　张海军　蒋晓杰　仲颖	32.00 元	978-7-80165-767-1	2010 年 9 月第 1 版
2. 外贸谈判策略与技巧	赵立民	26.00 元	978-7-80165-645-2	2009 年 7 月第 1 版

贸易展会子系列

外贸参展全攻略——如何有效参加 B2B 贸易商展(第二版)	钟景松	33.00 元	978-7-80165-779-4	2010 年 10 月第 2 版

区域市场开发子系列

中东市场开发实战	刘军　沈一强	28.00 元	978-7-80165-650-6	2009 年 9 月第 1 版

加工贸易操作子系列

1. 加工贸易实务操作与技巧	熊　斌	35.00 元	978-7-80165-809-8	2011 年 4 月第 1 版
2. 加工贸易达人速成——操作案例与技巧	陈秋霞	28.00 元	978-7-80165-891-3	2012 年 7 月第 1 版

乐税子系列

1. 外贸会计财务处理实务——经验 · 技巧分享	徐玉树	38.00 元	978-7-80165-958-3	2013 年 8 月第 1 版
2. 生产企业免抵退税实务——经验 · 技巧分享(第二版)	徐玉树	42.00 元	978-7-80165-936-1	2013 年 2 月第 2 版
3. 外贸企业出口退(免)税常见错误解析 100 例	周朝勇	49.80 元	978-7-80165-933-0	2013 年 2 月第 1 版
4. 生产企业出口退(免)税常见错误解析 115 例	周朝勇	49.80 元	978-7-80165-901-9	2013 年 1 月第 1 版
5. 外贸企业出口退税操作手册	中国出口退税咨询网	42.00 元	978-7-80165-818-0	2011 年 5 月第 1 版
6. 生产企业免抵退税从入门到精通	中国出口退税咨询网	98.00 元	978-7-80165-695-7	2010 年 1 月第 1 版
7. 出口涉税会计实务精要(《外贸会计实务精要》第 2 版)	龙博客工作室	32.00 元	978-7-80165-660-5	2009 年 9 月第 2 版

外贸企业管理子系列

小企业做大外贸的四项修炼	胡伟锋	26.00 元	978-7-80165-673-5	2010 年 1 月第 1 版

国际贸易金融子系列

1. 国际贸易金融服务全程通(第二版)	郭党怀 张丽君 张贝	43.00 元	978-7-80165-864-7	2012 年 1 月第 2 版
2. 国际结算与贸易融资实务	李华根	42.00 元	978-7-80165-847-0	2011 年 12 月第 1 版

毅冰谈外贸子系列

1. 毅冰私房英语书——七天秀出外贸口语	毅　冰	35.00 元	978-7-80165-965-1	2013 年 9 月第 1 版

“实用型”报关与国际货运专业教材

1. 进出口商品归类实务(2012 修订版)	林　青	45.00 元	978-7-80165-902-6	2013 年 1 月第 2 版
2. 现代关税实务(第 2 版)	李　齐	35.00 元	978-7-80165-862-3	2012 年 1 月第 2 版
3. 国际贸易单证实务(第 2 版)	丁行政	45.00 元	978-7-80165-855-5	2012 年 1 月第 2 版
4. 报关实务(第 3 版)	杨鹏强	45.00 元	978-7-80165-825-8	2011 年 9 月第 3 版
5. 海关概论(第 2 版)	王意家	36.00 元	978-7-80165-805-0	2011 年 4 月第 2 版

6. 电子口岸实务	杨鹏强　林青	30.00 元	978-7-80165-771-8	2010 年 9 月第 1 版
7. 国际集装箱班轮运输实务	林益松　郑海棠	43.00 元	978-7-80165-770-1	2010 年 9 月第 1 版
8. 报检实务	孔德民	30.50 元	978-7-80165-717-6	2010 年 5 月第 1 版
9. 国际货运代理操作实务	杨鹏强	45.00 元	978-7-80165-709-1	2010 年 1 月第 1 版

待出：

供应链管理实务

“精讲型”国际贸易核心课程教材

1. 外贸单证实训精讲	龚玉和　齐朝阳	42.00 元	978-7-80165-937-8	2013 年 4 月第 1 版
2. 外贸英语函电实务精讲	傅龙海	42.00 元	978-7-80165-935-4	2013 年 2 月第 1 版
3. 国际结算实务精讲	庄乐梅　李　菁	49.80 元	978-7-80165-929-3	2013 年 1 月第 1 版
4. 报关实务精讲	孔德民	48.00 元	978-7-80165-886-9	2012 年 6 月第 1 版
5. 国际电子商务实务精讲	冯晓宁	45.00 元	978-7-80165-874-6	2012 年 5 月第 1 版
6. 国际贸易实务精讲（第 5 版）	田运银	45.00 元	978-7-80165-863-0	2012 年 2 月第 5 版
7. 国际贸易单证精讲（第 3 版）	田运银	45.00 元	978-7-80165-852-4	2012 年 1 月第 3 版
8. 国际商务谈判实务精讲	王　慧　唐力忻	26.00 元	978-7-80165-826-5	2011 年 9 月第 1 版
9. 国际贸易操作实训精讲	田运银　胡少甫 史　理　朱东红	49.80 元	978-7-80165-823-4	2011 年 8 月第 1 版
10. 国际会展实务精讲	王重和	38.00 元	978-7-80165-807-4	2011 年 5 月第 1 版
11. 国际货运代理实务精讲	杨占林	39.00 元	978-7-80165-636-0	2009 年 6 月第 1 版
12. 海关法教程（第 2 版）	刘达芳	40.00 元	978-7-80165-605-6	2009 年 3 月第 2 版

“实用型”国际贸易课程教材

1. 外贸跟单实务	罗　艳	48.00 元	978-7-80165-954-5	2013 年 8 月第 1 版
2. 国际贸易实务	丁行政　罗艳	48.00 元	978-7-80165-962-0	2013 年 8 月第 1 版

中小企业财会实务操作系列丛书

1. 小企业会计疑难解惑 300 例	刘华　刘方周	39.80 元	978-7-80165-845-6	2012 年 1 月第 1 版
2. 做顶尖成本会计应知应会 150 问	张　胜	38.00 元	978-7-80165-819-7	2011 年 8 月第 1 版
3. 会计实务操作一本通	吴虹雁	35.00 元	978-7-80165-751-0	2010 年 8 月第 1 版

“关务通”品牌图书

书名	作者	定价	书号	出版时间
关务通·原产地系列				
1.《原产地实务操作与技巧》	“关务通·原地产系列”编委会	70.00 元	978-7-80165-981-1	2013 年 10 月第 1 版
2.《原产地疑难解惑 470 例》	“关务通·原地产系列”编委会	70.00 元	978-7-80165-983-5	2013 年 10 月第 1 版
3.《如何从原产地淘金》	“关务通·原地产系列”编委会	90.00 元	978-7-80165-982-8	2013 年 10 月第 1 版
关务通·监管通关系列				
1.《便捷通关一本通》	“关务通·监管通关系列”编委会	60.00 元	978-7-80165-984-2	2013 年 10 月第 1 版
2.《快速通关自查手册》	“关务通·监管通关系列”编委会	60.00 元	978-7-80165-979-8	2013 年 10 月第 1 版
3.《进出境物品通关攻略》	“关务通·监管通关系列”编委会	60.00 元	978-7-80165-978-1	2013 年 10 月第 1 版
4.《通关典型案例启示录》	“关务通·监管通关系列”编委会	60.00 元	978-7-80165-980-4	2013 年 10 月第 1 版
5.《监管通关政策实用指导手册》	“关务通·监管通关系列”编委会	78.00 元	978-7-80165-907-1	2012 年 10 月第 1 版
6.《通关实务操作与技巧——货物、运输工具篇》	“关务通·监管通关系列”编委会	48.00 元	978-7-80165-909-5	2012 年 10 月第 1 版
7.《通关实务操作与技巧——进出境物品篇》	“关务通·监管通关系列”编委会	26.00 元	978-7-80165-905-7	2012 年 10 月第 1 版
8.《通关疑难解惑 720 例》	“关务通·监管通关系列”编委会	48.00 元	978-7-80165-903-3	2012 年 10 月第 1 版
关务通·加贸系列				
1.《加工贸易实务操作与技巧》	“关务通·加贸系列”编委会	60.00 元	978-7-80165-927-9	2013 年 3 月第 1 版
2.《海关特殊监管区域和保税监管场所实务操作与技巧》	“关务通·加贸系列”编委会	60.00 元	978-7-80165-926-2	2013 年 3 月第 1 版
3.《加工贸易疑难解惑 280 例》	“关务通·加贸系列”编委会	60.00 元	978-7-80165-928-6	2013 年 3 月第 1 版
关务通·稽查系列				
《小王在海关稽查的日子——企业如何配合海关稽查》	“关务通·稽查系列”编委会	70.00 元	978-7-80165-925-5	2013 年 3 月第 1 版

关务通·双语系列

《国际海关新视野》	上海海关	60.00 元	978-7-80165-918-7	2012 年 12 月第 1 版

关务通·电子口岸系列

1.《电子口岸实用功能》	“关务通·电子口岸系列”编委会	32.00 元	978-7-80165-904-0	2012 年 11 月第 1 版
2.《电子口岸实务操作与技巧——通关篇》	“关务通·电子口岸系列”编委会	55.00 元	978-7-80165-906-4	2012 年 11 月第 1 版
3.《电子口岸实务操作与技巧——加贸篇》	“关务通·电子口岸系列”编委会	55.00 元	978-7-80165-908-8	2012 年 11 月第 1 版
4.《电子口岸疑难解惑 400 例》	“关务通·电子口岸系列”编委会	38.00 元	978-7-80165-910-1	2012 年 11 月第 1 版

待出系列与书目

关务通·加贸系列

1.《< 中华人民共和国审定内销保税货物完税价格办法 > 实用指导手册》	“关务通·加贸系列”编委会
2.《加工贸易政策实用指导手册》	“关务通·加贸系列”编委会
3.《加工贸易典型案例启示录》	“关务通·加贸系列”编委会

以上图书均可在中国海关出版社网上书店（www. hgcbs. com. cn）、当当网、卓越网、京东网及各地新华书店等处购买。若有其他购书意向，请与本社发行部联系，联系电话:(010)65195616/5127/4221/4238/4246。

若想了解更多书讯，可关注中国海关出版社官方微信平台，微信号：hgbook。